# ドイツの雇用調整

藤内和公 著
Tonai Kazuhiro

法律文化社

# はしがき

(1) 本書は，ドイツにおける雇用調整の全体像とその特徴を明らかにし，日本の雇用調整との比較研究を行うものである。

2008年のリーマン・ショック（金融危機）は世界的規模で雇用危機と雇用調整を引き起こした。この雇用危機にあたり，各国は独自の雇用調整措置を講じた。その措置が失業を防止する程度は，各国の雇用危機の規模ともあいまってさまざまである。今回2008年のリーマン・ショックを契機とする雇用危機と雇用調整はかつてなく大規模であったために，その施策の後に，各国がいかに対応し，どのような効果があったかにつき，研究機関・研究者によって詳細に調査・分析されている。その意味では，このテーマを調査・研究するうえでは好機である。

そのなかで日本やドイツは雇用危機にさらされながらも，失業率の上昇にいたらせない施策が講じられ，成果をあげた。そのさいに日本では，雇用調整の伝統的手法である時間外労働削減や希望退職募集とともに，大量の「派遣切り」が行われ，また，雇用調整助成金の支給条件が緩和されて，かつてない規模で雇用調整のために一時休業・雇用調整助成金が活用され，大量失業の発生を防ぐのに役立った。

(2) これに対しドイツでは伝統的手法である操業短縮とともに，従来型の時間外労働削減に代わって労働時間口座が活用され，また派遣労働の削減や有期契約の不更新という非正規雇用の活用も行われた。日独を比較すると，ともに雇用危機を失業率の上昇なしに乗り切った点では共通するが，その乗り切り方でドイツは操業短縮の手法が伝統的であり，また，雇用調整における非正規雇用の活用の比重がやや低い。ドイツの雇用調整方法は総じて，現在雇用されている労働者が痛みを分かち合い失業者が増えることを抑制する，また，非正規雇用労働者へのしわ寄せが小さいという特色をもっている。

本書が雇用調整を研究するにあたりドイツを取りあげる理由もそこにある。ドイツでは，雇用調整の方法が社会調和的な，不安定労働者にしわ寄せの小さ

なものになっている。その背景には，労働組合が失業者や非正規労働者を組織し，雇用調整にあたり労働組合や従業員代表など労働側が強く関与し，労働側が社会調和的な方法を要求するという事情がある。

(3)　雇用調整にあたり職場に労働側利益代表（労働組合または従業員代表）があれば，それが雇用調整にあたり関与する。ドイツでは事業所組織法にもとづき従業員代表の関与がさまざまな局面で予定されている。私はこれまでドイツの従業員代表の法制とその運用実態を研究してきたが，従業員代表が関与する１つに雇用調整がある。先行研究で雇用調整にあたって従業員代表がどのように関与し，従業員代表が関与した雇用調整にはどのような特色が生じるかにつき，すでに研究の蓄積がある。だが，今回のリーマン・ショックを契機とする雇用調整は従来になく大規模であり，その分だけ従業員代表が頻繁に関与する機会でもある。これまで従業員代表制を研究してきた者として，雇用調整への従業員代表の関与の具体的な様子，その影響には関心をそそられる。その意味では，本書は拙著『ドイツの従業員代表制と法』（法律文化社，2009年）の一節を１冊にふくらませたものである。

(4)　1990年代半ば以後，頻発する企業のリストラのなかで，人員削減は必ずしも企業が経営難の場合にのみ行われるわけではなく，人員削減に着手すると株価が上がるように，より大きな収益をめざした「攻めのリストラ」もよく見られる。また，「ブラック企業」の用語がしばしば聞かれるように，日本の職場で労働法令が必ずしも遵守されているわけではない。平常時でもそのような状況はあるが，ただ，雇用危機時に行われる雇用調整では，人員削減も状況により避けがたいものがある。そのとき雇用調整が失業者増にならないように工夫されるかどうか，この点も関心がもたれるところである。

(5)　本書の内容をなすのは，1990年代に個人的な関心から書きためてきた諸論文と2010年にドイツで調査し入手した資料にもとづく。歴史的な流れは前者により，雇用調整の方法ごとの各論的な分析は主に最近の資料によっている。本書により，ドイツにおける雇用調整の全体像と特色が明らかになり，日本における雇用調整を改善することに役立てば幸いである。

なお，本書を構成する論文の初出一覧は，つぎのとおりである。

はしがき

第1章　雇用調整方法①：1970-80年代
　　　　ドイツにおける人員削減手続き　岡山大学法学会雑誌45巻4号55-67頁
　　　　1996年
第2章　雇用調整方法②：1990年代
　　　　ドイツにおける人員削減手続き　岡山大学法学会雑誌45巻4号27-55頁
　　　　1996年
第3章　雇用のための同盟とその展開
　　　　ドイツ雇用調整をめぐる諸問題　岡山大学法学会雑誌61巻3号43-64頁
　　　　2012年
第4章　リーマン・ショック後の雇用調整
　　　　ドイツの雇用調整　季刊労働法235号21-41頁　2011年
第5章　労働時間口座の活用
　　　　ドイツ労働時間口座制の普及と意義　労働法律旬報1751号6-38頁　2011年
第6章　操業短縮
　　　　ドイツの操業短縮　河野・菊池古稀記念『社会法の基本理念と法政策』（法
　　　　律文化社，2011年）　101-117頁
　　　　ドイツの雇用調整　季刊労働法235号21-41頁　2011年
第7章　非正規雇用の活用
　　　　ドイツ雇用調整をめぐる諸問題　岡山大学法学会雑誌61巻3号65-79頁
　　　　2012年
第8章　配置転換
　　　　ドイツ雇用調整をめぐる諸問題　岡山大学法学会雑誌61巻3号91-95頁
　　　　2012年
第9章　希望退職
　　　　ドイツにおける合意解約の実情　岡山大学法学会雑誌51巻1号83-121頁
　　　　2002年
第10章　整理解雇
　　　　ドイツの整理解雇における人選基準　岡山大学法学会雑誌45巻3号27-92頁
　　　　1996年
第11章　日独比較
　　　　ドイツ雇用調整をめぐる諸問題　岡山大学法学会雑誌61巻3号96-126頁
　　　　2012年
〈資料〉
　　　　ドイツにおける労働条件規制の交錯　岡山大学法学会雑誌54巻4号114-122
　　　　頁　2005年

　　　　　ドイツにおける労使協定等の実例（上・下）　岡山大学法学会雑誌46巻1号
　　　　　142-178頁　1996年，46巻2号292-320頁　1997年

　2010年の調査では，労働市場・職業研究所（IAB）のベルマン教授（Lutz Bellmann）および金属産業労組のホンブルク氏（Jochen Homburg）などに資料と情報を提供していただいた。記して謝意を表する。
　出版にあたっては，法律文化社の小西英央氏のお世話になった。お礼を申しあげる。また，本書は，平成22年度科学研究費補助事業・基盤研究(A)（課題番号20243006）の研究成果の一部である。

# 目　次

はしがき
図表一覧
凡　例

序　章　本書の課題と概要 …………………………………………… 1
　一　本書の課題 ……………………………………………………… 1
　二　本書の構成と概要 ……………………………………………… 2
　三　本書の記述と訳語 ……………………………………………… 7

## 第Ｉ部　総　論

第1章　雇用調整方法①：1970-80年代 ……………………… 11
　一　はじめに ………………………………………………………… 11
　二　被解雇者の人選過程 …………………………………………… 12
　三　人事部および従業員代表の思惑 ……………………………… 14
　四　人事部と従業員代表の協力 …………………………………… 17
　　　1　従業員代表の関与（17）　2　従業員代表と人事部の間の紛争とその処理（18）
　五　企業内の雇用政策の規定要因 ………………………………… 18
　　　1　賃金の意義（18）　2　先任権および成績基準の意義（19）
　　　3　職業的資格の違いの意義（20）
　六　小　括 …………………………………………………………… 20
　　　1　要約：企業内部労働市場の意義増大（20）　2　解　説（21）
　　　3　他の調査結果との比較（22）

v

## 第2章　雇用調整方法②：1990年代……24
　一　はじめに……24
　二　事業所レベルの関係者……25
　三　雇用調整方法の選択……27
　　　　1　解雇回避措置（27）　2　自己都合退職（28）　3　早期引退（28）　4　希望退職（29）　5　整理解雇（30）
　四　被解雇者の選考——基準，手続き，重要度……31
　　　　1　選考のための従業員分類（31）　2　選考対象者内の従業員の比較（32）　3　被解雇者リストの修正（33）　4　選考手続き（33）　5　企業内の人事選考の影響（35）
　五　比較的検討——東西地域における異同……36
　　　　1　最終手段の原則（37）　2　希望退職と解雇の関係（37）　3　選考基準（38）　4　事業所当事者の自己役割認識（38）
　六　小　　括……39

## 第3章　雇用のための同盟とその展開……40
　一　背景と意義……40
　二　経　　緯……41
　三　全国レベルの展開……42
　四　企業レベルの展開状況……44
　五　企業レベルの交渉状況等……53
　六　小　　括……56

## 第4章　リーマン・ショック後の雇用調整……58
　一　はじめに……58
　二　経済社会科学研究所の調査……60
　　　　1　事業所レベルでの対応（60）　2　経済危機に該当・非該当による比較（62）　3　今後予定される措置（64）　4　他調査にみる雇用調整方法（65）　5　小　括（66）
　三　雇用維持効果……67
　四　以前との比較，特色……68

# 第Ⅱ部 各　論

## 第5章　労働時間口座の活用………………………………73

一　労働時間の弾力化………………………………73
　　**1** 定　義（73）　**2** 背　景（74）　**3** 労働時間弾力化の現状（76）　**4** 時間外労働（77）　**5** 労働時間口座制の各種タイプ（80）

二　フレックスタイム制……………………………82
　　**1** 概　要（82）　**2** 経済社会科学研究所の事業所協定調査（83）　**3** フレックスタイム制の具体例（83）　**4** 部門別フレックスタイム制等（85）

三　そのほかの労働時間口座制……………………85
　　**1** 労働時間回廊制（85）　**2** 信号口座（89）　**3** 年間労働時間口座制（89）　**4** 生涯労働時間口座（91）

四　労働時間口座の普及状況と運用………………91
　　**1** 普及状況（91）　**2** 労働時間口座の運用（93）　**3** リーマン・ショック後の運用状況（97）　**4** 協約適用および従業員代表の有無による違い（99）

五　労働時間口座制の意義…………………………100
　　**1** 概　論（100）　**2** 導入目的（101）　**3** 一般的意義（101）　**4** 2008年金融危機における意義（103）　**5** 時間残高喪失のリスク（104）

六　長期口座の普及状況，積立事由，使途………104
　　**1** 長期口座の普及状況（104）　**2** 長期口座の目的（106）　**3** 使途の可能性（106）　**4** 労働者側における支持の少なさ（108）　**5** 事業所内の実際における不都合（109）　**6** 要約と展望（110）

七　小　括……………………………………………111

# 第6章　操業短縮 ……………………………………………………… 113

一　操業短縮の法的取扱い ………………………………………… 114
　　**1** 法的根拠（114）　**2** 従業員代表の共同決定（114）
二　操業短縮手当 …………………………………………………… 115
　　**1** 概　論（115）　**2** 歴　史（117）　**3** 要　件（117）　**4** 手当額（123）　**5** 受給期間（124）　**6** 再就職操短手当（124）　**7** 派遣労働者に対する操短手当（127）　**8** 手当財源（127）
三　大量解雇時の操業短縮 ………………………………………… 128
　　**1** 概　論（128）　**2** 操短の許可（128）　**3** 操短の実施（129）
四　操業短縮の実施状況 …………………………………………… 129
　　**1** 活用促進の措置（130）　**2** 実施状況（131）　**3** 使用者による操業短縮の濫用（133）　**4** 操短中の職業訓練（134）　**5** 操短の費用（136）
五　小　括 …………………………………………………………… 137

# 補論 1　再就職支援会社 ………………………………………… 140

一　再就職支援会社の設立と仕組み ……………………………… 140
二　再就職支援会社の事業内容と役割 …………………………… 141
三　使用者にとってのメリット …………………………………… 142
四　労働者にとってのメリット …………………………………… 142

# 第7章　非正規雇用の活用 ……………………………………… 143

一　派遣労働の現状と役割 ………………………………………… 143
二　有期雇用の活用 ………………………………………………… 145
三　小　括 …………………………………………………………… 146

# 補論 2　高齢者パート ……………………………………………… 149

一　背　景 …………………………………………………………… 149
二　高齢者パート法 ………………………………………………… 149
三　今後の取扱い …………………………………………………… 151

# 第8章　配置転換 ……………………………………………… 152

　一　配置転換の状況 …………………………………………… 152
　二　配転時の人事選考 ………………………………………… 152
　三　最近の変化 ………………………………………………… 154
　四　要員調整の実施と有効性 ………………………………… 154
　五　人事選考にあたっての利害対立 ………………………… 156
　六　小　　括 …………………………………………………… 157

# 第9章　希望退職 ……………………………………………… 158

　一　はじめに …………………………………………………… 158
　二　希望退職の意義の高まり ………………………………… 159
　三　本調査の基礎データ ……………………………………… 161
　四　解約手続における従業員代表の関与 …………………… 163
　五　社会調和的な措置の優先 ………………………………… 167
　六　関係者の行動動機 ………………………………………… 169
　七　補償金額 …………………………………………………… 176
　八　調査結果分析 ……………………………………………… 180
　九　小　　括 …………………………………………………… 182

# 第10章　整理解雇 ……………………………………………… 185

　一　はじめに …………………………………………………… 185
　二　社会的に不当な解雇でないこと ………………………… 189
　　　**1**　「緊急な経営上の必要性」の審査（189）　**2**　人事選考指針に反しないこと（190）　**3**　解雇回避措置（192）
　三　経営上の必要性との調整 ………………………………… 194
　四　社会的選考 ………………………………………………… 197
　　　**1**　選考対象となる労働者の範囲（198）　**2**　社会的観点の内容——歴史的展開（200）　**3**　具体的な選考基準（202）　**4**　判例・学説上の議論状況（207）
　五　従業員代表の関与と補償計画 …………………………… 208
　　　**1**　解雇に関する通知，意見聴取，意見表明（209）　**2**　被解雇者選考基準の策定（211）　**3**　利益調整および補償計画（211）

六　小　括 …………………………………………………… 214
　　　　**1** 本章の要約（214）　**2** 社会的選考ルールが形成された背景（215）　**3** 整理解雇の実施頻度（215）

## 第Ⅲ部　総　括

### 第11章　日独比較 …………………………………………… 219
　　一　日本の特色 …………………………………………………… 219
　　　　**1** 歴史的推移（219）　**2** 今回の特徴（223）
　　二　日独比較 ……………………………………………………… 226
　　　　**1** 概要（226）　**2** 時間外労働（231）　**3** 操業短縮・一時休業（235）　**4** 非正規雇用の活用（238）　**5** 配置転換（242）　**6** 人員削減（243）　**7** 労働組合および従業員代表の関与（248）
　　三　ドイツをめぐる諸論点 ……………………………………… 252
　　　　**1** 雇用調整が社会調和的である背景（252）　**2** 従業員代表と「雇用の置き換え」（254）
　　四　日本への示唆 ………………………………………………… 255

〈資料Ⅰ〉S社・事業所協定「フレックスタイム制」
〈資料Ⅱ〉人事選考指針〈解雇〉7例
〈資料Ⅲ〉利益調整2例
〈資料Ⅳ〉補償計画2例
訳語一覧
索　引

図 表 一 覧

| | | | |
|---|---|---|---|
| 図表 1 - 1 | 各種雇用調整措置の重要度（1984年） | | 12 |
| 図表 1 - 2 | 人件費削減措置の重要度 | | 13 |
| 図表 1 - 3 | 雇用調整方法（1974-75年） | | 22 |
| 図表 1 - 4 | 雇用調整方法（マックスプランク研究所調査，1976-78年） | | 22 |
| 図表 2 - 1 | 点数表の例 | | 34 |
| 図表 3 - 1 | 雇用のための同盟の普及状況 | | 46 |
| 図表 3 - 2 | 雇用同盟が合意された事業所の状況（2004/05年） | | 47 |
| 図表 3 - 3 | 雇用同盟協定に至った主な理由（2003年） | | 47 |
| 図表 3 - 4 | 雇用保障協定・資格向上同盟の普及度（2006年） | | 48 |
| 図表 3 - 5 | 雇用のための同盟の内容 | | 49 |
| 図表 3 - 6 | 使用者側の約束（2003年） | | 49 |
| 図表 3 - 7 | 雇用同盟の内容と事業所の経営状態 | | 50 |
| 図表 3 - 8 | 雇用同盟の内容（労働者側の譲歩，2009/10年） | | 51 |
| 図表 3 - 9 | 雇用同盟の内容（使用者側の約束，2009/10年） | | 52 |
| 図表 4 - 1 | 雇用柔軟性のレベル・形態 | | 59 |
| 図表 4 - 2 | 雇用保障のための諸施策 | | 61 |
| 図表 4 - 3 | 外部的な柔軟化のための改善措置 | | 62 |
| 図表 4 - 4 | 雇用保障のための諸施策 | | 63 |
| 図表 4 - 5 | 雇用調整方法（ブレーメン労働者会議所調査，2009年） | | 64 |
| 図表 4 - 6 | 雇用調整措置の実施状況（2009年8-12月） | | 65 |
| 図表 4 - 7 | 経済危機下にある事業所の労働条件 | | 66 |
| 図表 4 - 8 | 使用者側の対応に対する従業員代表の評価（ブレーメン労働者会議所調査，2009年） | | 67 |
| 図表 4 - 9 | 景気後退局面の労働時間数変動の比較 | | 69 |
| 図表 5 - 1 | 労働者・週1人当たり時間外労働時間数（2005年） | | 77 |
| 図表 5 - 2 | 労働時間口座の組み合わせ例 | | 80 |
| 図表 5 - 3 | 労働時間口座制のタイプ | | 81 |
| 図表 5 - 4 | 労働時間回廊の許容範囲（2009年） | | 87 |
| 図表 5 - 5 | 労働時間口座の普及状況 | | 91 |
| 図表 5 - 6 | 労働時間口座を有する事業所比率（IAB 調査） | | 92 |

| 図表 5 - 7 | 労働時間口座の普及状況（2005年） | 93 |
| --- | --- | --- |
| 図表 5 - 8 | 労働時間口座の適用状況 | 93 |
| 図表 5 - 9 | 労働時間口座の規定状況 | 94 |
| 図表 5 - 10 | 労働時間口座導入の根拠規定 | 94 |
| 図表 5 - 11 | 労働時間口座の内容枠組 | 95 |
| 図表 5 - 12 | 時間残高の運用 | 96 |
| 図表 5 - 13 | 金融危機における事業所内の雇用保障措置の実施状況 | 97 |
| 図表 5 - 14 | 労働者1人当たりの労働時間口座・平均的な時間残高 | 98 |
| 図表 5 - 15 | 平均的時間残高の変動 | 99 |
| 図表 5 - 16 | 労働時間口座利用時期別比率 | 100 |
| 図表 5 - 17 | 労働時間口座を導入した目的 | 101 |
| 図表 5 - 18 | 長期口座をもつ事業所の比率 | 105 |
| 図表 5 - 19 | 長期口座の積立事由 | 106 |
| 図表 5 - 20 | 長期口座の使途可能性 | 107 |
| 図表 6 - 1 | 操業短縮利用者数の推移 | 130 |
| 図表 6 - 2 | 操業短縮手当受給者数の推移 | 131 |
| 図表 6 - 3 | 操業短縮手当受給者数 | 132 |
| 図表 6 - 4 | 操業短縮実施率 | 133 |
| 図表 6 - 5 | 操短手当受給者比率 | 134 |
| 図表 6 - 6 | 操業短縮実施状況 | 134 |
| 図表 6 - 7 | 操短手当に対する協約上の上乗せ手当 | 136 |
| 図表 6 - 8 | 再就職支援会社をとりまく関係 | 141 |
| 図表 7 - 1 | 派遣労働者数の変動 | 144 |
| 図表 7 - 2 | 派遣労働者数と国内総生産の推移 | 145 |
| 図表 7 - 3 | 有期雇用の比率 | 146 |
| 図表 7 - 4 | 採用・離職および雇用者数の変動 | 147 |
| 図表 8 - 1 | 配転条項の頻度 | 153 |
| 図表 8 - 2 | 企業内要員調整にあたってのリスク | 156 |
| 図表 9 - 1 | 調査事業所の特徴 | 162 |
| 図表 9 - 2 | 補償計画または事業所協定にもとづく補償金支給 | 178 |
| 図表 10 - 1 | 被解雇者の勤続年数 | 204 |
| 図表 10 - 2 | 提案された点数表 | 209 |
| 図表 10 - 3 | 補償金算定表 | 214 |
| 図表 11 - 1 | 雇用調整等の方法別事業所比率の推移 | 220 |

| 図表11-2 | 産業計と製造業の雇用調整方法比較 | 221 |
| 図表11-3 | 製造業における雇用調整方法選択比率 | 221 |
| 図表11-4 | 2005-09年の具体的な雇用調整策〔時系列比較〕 | 223 |
| 図表11-5 | 過去・今後3か月間に実施される雇用調整（連合調査,2008年11月） | 224 |
| 図表11-6 | 雇用調整助成金支給の推移 | 225 |
| 図表11-7 | 雇用調整助成金支給対象者数 | 226 |
| 図表11-8 | 雇用調整方法の日独比較（2009年実施） | 227 |
| 図表11-9 | 日本の時間外労働時間数 | 228 |
| 図表11-10 | 時間外労働をめぐる日独比較 | 232 |
| 図表11-11 | 操業短縮・一時休業の日独比較 | 237 |
| 図表11-12 | 派遣労働の日独比較 | 239 |
| 図表11-13 | 有期雇用の日独比較 | 241 |
| 図表11-14 | 整理解雇の日独比較 | 247 |
| 図表11-15 | 大量解雇規制の日独比較 | 248 |
| 図表11-16 | 雇用調整への労働側関与の枠組み条件 | 249 |
| 図表11-17 | 人事的事項への労働組合の関与度 | 250 |

# 凡　　例

〈文献略記一覧〉
労働：日本労働法学会誌
季労：季刊労働法
労旬：労働法律旬報
会報：日独労働法協会会報
岡法：岡山大学法学会雑誌

AP：Arbeitsrechtliche Praxis
BB：Betriebs-Berater
FR：Frankfurter Rundschau
AuR：Arbeit und Recht
NZA：Neue Zeitschrift für Arbeits- und Sozialrecht

Däubler 1998：Wolfgang Däubler, Das Arbeitsrecht 2, 11. Aufl. 1998
Kittner 2010：Michael Kittner, Arbeits- und Sozialordnung, 35. Aufl., 2010
Kittner u. a., KSchR：Kittner/Däubler/Zwanziger(Hrsg.), Kündigungsschutzrecht, 7. Aufl., 2008(Michael Kittner/Olaf Deinert)
Kittner/Zwanziger 2007：Kittner/Zwanziger(Hrsg.), Arbeitsrecht, 4. Aufl., 2007

エルンスト：アンゲリカ・エルンスト「労働市場の柔軟性Ⅱ」野村正實=ノルベルト・アルトマン編『西ドイツの技術革新と社会変動』（第一書林，1987年）165-190頁。
高橋賢司著：高橋賢司『解雇の研究』（法律文化社，2011年）
藤内著：藤内和公『ドイツの従業員代表制と法』（法律文化社，2009年）
藤内・整理解雇：藤内和公「ドイツの整理解雇における人選基準」岡法45巻3号（1996年）27-92頁。
藤内・実例①②：藤内和公「ドイツにおける労使協定等の実例1・2」岡法46巻1号（1996年）119-195頁，46巻2号（1997年）233-320頁。
藤内2012：藤内和公「ドイツ雇用調整をめぐる諸問題」岡法61巻3号（2012年）43-151頁。
徳永重良編：徳永重良編『西ドイツ自動車工業の労使関係』（御茶の水書房，1985年）
久本憲夫1989a：久本憲夫『雇用調整をめぐる西ドイツ労使関係の研究』（職業訓練大学校指導科，1989年）

久本憲夫1989b:久本憲夫「西ドイツ大企業の雇用調整」社会政策学会年報33集(御茶の水書房,1989年)121-137頁。
深山明1995:深山明『ドイツ経営補償計画論』(森山書店,1995年)
和田肇著:和田肇『ドイツの労働時間と法』(日本評論社,1998年)

〈機関名略称〉
JIL:日本労働研究機構
JILPT:労働政策研究・研修機構
IAB(Institut für Arbeitsmarkt- und Berufsforschung):労働市場・職業研究所
WSI(Wirtschafts- und Sozialwissenschaftliches Institut):経済社会科学研究所
BAG(Bundesarbeitsgericht):連邦労働裁判所

〈法律名略称〉
パート・有期雇用法:パートタイム労働・有期労働契約法

＊岡山大学法学会雑誌における横書き論文で,頁の数字は各頁の下に記されている洋数字を指す。

# 序　章　本書の課題と概要

## 一　本書の課題

　(1)　2008年のリーマン・ショック（金融危機）とともに，かつてない規模で雇用危機の波が世界を襲った。日本でも「100年に1度」といわれるほどの雇用危機が到来した。それに対する雇用調整では派遣切りが印象深いが，全体としては従来型の雇用調整方法である残業削減とともに，かつてない規模で雇用調整助成金も活用された。助成金支給対象者数は，2009年7月（ピーク時）には約215万人（教育訓練目的を除く）にのぼり，2008-09年に上場企業の26％で利用された。そして，2011年3月の東日本大震災後も雇用調整助成金は大いに利用されている。

　このようにしばしば発生する雇用危機時の雇用調整にあたり，日本ではまず残業削減から始まり，非正規雇用切り，一時休業・雇用調整助成金活用などで対応されている。

　(2)　2008年以後の金融危機は，輸出志向が強いドイツ経済にとっても大きな試練であった。しかしドイツでは，さほど失業率を上げることなく乗り切った。そのためにさまざまな雇用調整方法が組み合わせてとられた。ドイツの雇用調整方法はEU内では高く評価され，とくに経済困難を抱える国々からは模範とされ，「雇用の奇跡」とも呼ばれている。

　統計によれば，2008年第1四半期から2009年第1四半期までにドイツ経済の実質生産はマイナス8％である。しかし，失業率は若干の悪化にとどまっている。09年の秋季予測では，10年の失業者数は400万人の大台を突破すると予想されていたが，実際には09年の失業者342万人を下回る338万人に大幅に修正された。失業者がさほど増えなかった原因として，労働時間口座の普及，操業短縮手当の利用，熟練労働力不足への企業の懸念が挙げられている。2000年代前半のITバブル崩壊時に雇用を削減した企業が，景気回復局面で労働力，とく

に熟練労働力の調達に苦労した反省がある。現在の高齢化や人口減少といった構造的事情により労働力人口が減少するなか，企業が景気回復に備えて雇用削減に慎重になっていることも修正の理由である。

不振の外需に代わり，景気を下支えしたのが内需である。自動車買い替え支援策などの環境プレミアや操業短縮手当補助をはじめとする景気対策によって，国内の生産活動や雇用の大幅な悪化を緩和してきた。

(3) リーマン・ショック後の雇用危機のなかで，日独でとられた雇用調整策の内容および程度につき，この間，各種の研究機関・研究者が調査し，その結果が公にされている。この点で，今回の雇用危機は規模が大きかった分だけ雇用調整の実情を知るうえでは好機である。ドイツでは，政府系研究機関の労働市場・職業研究所（IAB）と労働組合系シンクタンクの経済社会科学研究所（WSI）が中心になって各種の調査を行った。それにより今回の雇用調整方法が多様に調査・分析されている。そのなかで，労働時間口座といわれる，日本の弾力的な労働時間制度に相当する制度が雇用調整で大きな役割を果たしたことが数値の裏付けをともなって明らかにされた。

(4) 本書でドイツを取りあげる理由は，ドイツの雇用調整は，リーマン・ショック後の雇用危機を，痛みの小さい社会調和的な雇用調整方法により失業者をさほど増やすことなしに乗り切った優れた一例だからである。雇用調整のあり方を考えるとき，確かに日本もリーマン・ショック後，失業者を大きくは増やさなかったが，それでも派遣切りにみられる非正規切りが顕著であるのに対し，ドイツは依然として模範例の1つである。確かにドイツでも派遣切りはあるが，両国を比較すると，ドイツでは操業短縮など，現在雇用されている者が痛み分けをして失業者増を抑える社会調和的な方法が定着している。本書はこうしたドイツの雇用調整の特色とそれを支える条件を，日本と比較しながら検討するものである。

## 二　本書の構成と概要

本書は3部構成，11章から成る。第Ⅰ部では総論として，雇用調整方法の歴史的全体的特徴につき，1970-90年代およびリーマン・ショック後の調査から，

雇用調整方法の特徴をみる。第Ⅱ部は，雇用調整の具体的な方法ごとの分析である。第Ⅲ部は，日独比較である。

〈第Ⅰ部　総論〉
◆第1章　雇用調整方法①：1970-80年代
　本章は，ピックによる18企業に関する調査結果の紹介である。各企業における1976年から83年までの対応が調査されている。調査した多くの企業で従業員の退職による自然減，時間外労働削減，希望退職募集，高齢者の早期引退が実施されている。人員整理解雇も重要な役割を果たしている。そのなかで1970年代には整理解雇よりもソフトな人員削減方法として希望退職がはっきりと姿を示す。ドイツではまた，高齢者の早期引退，操業短縮が重要な役割を果たしている。雇用調整にあたり事業所当事者である使用者と従業員代表がいかなる観点，思惑で対応しているかも分析されている。
　ピックの調査とともに，70年代のミュンヘン社会科学研究所やマックスプランク研究所による調査も踏まえて，70年におけるドイツの雇用調整の特徴を描く。
◆第2章　雇用調整方法②：1990年代
　本章はハルトマンが1991-93年に24事業所で行った調査結果の紹介である。雇用調整方法ごとに，解雇回避措置，早期引退，希望退職（合意解約）および整理解雇につき，各企業における取組みの様子が具体的に紹介されている。とくに希望退職が西地域で重要であることが紹介されている。また，整理解雇にあたり解雇による不利益の小さい労働者を優先的に解雇するという社会的観点にもとづく人選が行われるが，その進め方が詳しく調査・分析されている。それでもハルトマンの調査事例では被解雇者人選にあたり事業所の利益がかなり強く考慮されている例も多い。またハルトマンの分析は，労働側当事者である従業員代表のタイプによって分類しているのも特徴である。
◆第3章　雇用のための同盟とその展開
　「雇用のための同盟」とは，失業を減らし雇用を維持・創出するために，政労使で協議・協力を進める体制である。ドイツでは1990年以後，東西統一にともなう財政負担および企業の東欧移転等を背景に長期にわたり雇用の不安定な

状況がある。雇用不安を背景に，雇用の安定・創出のため雇用のための同盟をめぐる議論と取り組みが行われてきた。それは連邦政府が主導して全国レベルから事業所レベル（雇用保障に関する企業内協定）まで取り組まれている。

　それを背景に雇用調整にあたり労使間で比較的摩擦が少なく痛みの少ない社会調和的な方法が優先されている。今回リーマン・ショック後の雇用確保をめぐる労使の協力関係の背景に，この雇用のための同盟がある。それが整理解雇というハードな雇用調整方法を減らすことを促している。

　本章では「雇用のための同盟」の具体的な展開が，全国レベル，企業内労使レベルで描かれている。

◆第4章　リーマン・ショック後の雇用調整

　リーマン・ショック後の雇用危機はドイツでも重大であった。この時期の雇用調整では，整理解雇が減り代わって労働時間口座の利用が進み，雇用危機を政労使の協力で乗り切る傾向がうかがえる。事業所における主な方法別の利用度は，WSI調査によれば，労働時間口座30％，派遣労働縮小24％，操業短縮20％，希望退職（合意解約）20％，有期雇用の不更新17％，配置転換14％などである。労働時間口座の利用が最も目立ち今回の特色であるが，操業短縮も頻繁に利用された。労働時間口座が雇用調整に果たす役割が具体的に数字で明らかになったのは，今回，08年以後の金融危機においてはじめてである。

〈第Ⅱ部　各論〉

◆第5章　労働時間口座の活用

　リーマン・ショック後の雇用調整で特徴的なのが，労働時間口座の大幅な利用である。この制度は日本的にいえば変形労働時間制を含む弾力的な労働時間制度である。ドイツの労働時間法には変形労働時間制やフレックスタイム制に関する定めがないために，労働協約や事業所協定でかなり自由に制度設計され，その内容は多様である。雇用のための同盟を背景に，雇用危機を失業者を増やすことなく乗り切るべく，多くの企業・事業所で普及し大いに利用された。

　労働時間口座には多様なタイプがあるが，代表的なフレックスタイム制と労働時間回廊制をみても，労使のいずれが最終的に労働時間配置を決定するかは

対照的に異なる。

　労働時間口座制の導入・適用は，6割弱の事例で従業員代表の関与のもと事業所協定にもとづいて行われている。

　日本の雇用調整で重要な役割を果たす時間外労働は，ドイツでは労働時間口座に大きく組み込まれ，時間外労働としての独自の姿は薄い。労働時間口座に組み込まれることにより，割増手当の対象とはならず，また従業員代表の共同決定対象事項からも外れる。

◆第6章　操業短縮

　ドイツの雇用調整を特徴づけるものの1つがこれである。かつて1990年代初めの東西統一後の経済困難時には180万人近くが受給した。今回リーマン・ショック後もピーク時（2009年5月）に147万人が受給した。利用条件（支給期間の上限など）は状況に応じて時限措置で特例的に取り扱われている。財源面でも一般財源からの投入がはかられている。これが雇用調整方法として安定して利用されており，日本の雇用調整助成金制度導入のモデルとされた。

　本章では，こうした操業短縮制度の法的枠組みとその利用の実際を分析する。ドイツでは操短手当は失業手当の1つとして位置付けられ，支給要件が関係法令で詳しく定められている。支給額は喪失賃金の60％ないし67％である。その費用負担は労使折半である。実施には従業員代表の同意が必要である。

◆第7章　非正規雇用の活用

　ドイツでも1990年以後，非正規雇用が増加している。とくに有期雇用が労働者全体に占める比率は，2009年に8.8％である。そういうなか，リーマン・ショック以後，輸出依存産業で働く派遣労働者が10万人余り減少した。有期雇用も更新されない例が増えている。雇用調整における非正規雇用の活用は，派遣切りのほうが有期雇用不更新よりも重要な役割を果たしている。

　なお，ドイツの非正規雇用は，不安定雇用である点では日本と共通するが，原則として同一労働同一賃金原則が適用される点で，日本と事情は異なる。また，派遣労働も有期雇用もさまざまな法規制の適用を受け，日本に比べて使用者にとってのメリットが少なく，その分だけ，労働者に占める派遣労働者および有期雇用の比率は低いものにとどまる。

◆第8章　配置転換

　ドイツでは担当職務および勤務地が特定されて採用されるのが通常なので，日本ほど頻繁に配置転換はない。それでも，整理解雇にあたり解雇回避措置の1つに挙げられており，また，最近，雇用保障協定を受けて一部の企業で要員調整課が設置されて雇用調整方法としてしばしば活用されている。その実情を紹介する。

◆第9章　希望退職

　ドイツでは1970年代から人員削減策としてこれが利用されるようになってきた。これは整理解雇に比べて補償金支払いをともなうことが多いので使用者にとって費用は高づくが，使用者側の主導で実施できるという特色がある。本章では希望退職の実施状況につき，ハルトマンによる調査の結果を紹介する。

　この調査報告で，希望退職の特徴点として，ドイツでも人員削減の方法として希望退職が代表的な方法であること，その手続きで従業員代表が側面的に関与し希望退職の多くの事案で従業員代表が同意していること，従業員代表がしばしば労働者に対して退職勧奨に応じるよう説得していること，労働者が退職勧奨に応じて退職するときには補償金が支給され，通常それは整理解雇された場合の補償金額よりも高いことなどが紹介される。

◆第10章　整理解雇

　経営上の理由による解雇である整理解雇は，雇用調整のなかで労働者にとって最も過酷な手段である。これは解雇制限法および事業所組織法で要件・手続きが詳しく規制されている。被解雇者人選で，勤続年数，年齢，被扶養者数および重度障害の有無という基準，すなわち社会的観点にもとづく選考が行われ，被解雇者に対しては補償金が支払われることが多く，その手続きに従業員代表が深く関与するという特徴がある。

　整理解雇は以前はかなり頻繁に行われていたが，最近は事業所内の雇用保障協定の普及などにより，頻度は低下してきた。

〈第Ⅲ部　総括〉

◆第11章　日独比較

　以上の検討を経て，雇用調整方法を比較する。日独の共通点として，労働者

数の増減によらずに，1人当たり労働時間数の調整によるのが中心であり，また，操業短縮，希望退職が重要である。

相違点として，日本では時間外労働の長さ，配転および採用抑制の重要さが特色である。また日本では雇用調整のしわ寄せが非正規雇用に片寄りがちである。後者の違いが生じる背景として，雇用調整を働きかける労働組合が失業者を組織し失業者の要望が組合政策に反映しているか否かの違いが重要である。ドイツの産業別組合は失業者・非正規労働者を組織しているので，失業者・非正規労働者と雇用者・正規労働者に連帯があるが，日本では両者は分断されている。

日本への示唆として，雇用調整におけるしわ寄せを非正規労働者に集中させるべきでないこと，整理解雇における被解雇者の人選で中高年者に配慮することなどを挙げる。

〈資料〉フレックスタイム制（事業所協定）1例，人事選考指針（解雇）7例，利益調整2例，補償計画2例
　日本でなじみのない制度や取扱いにつき理解を深めるために，資料として実例を紹介する。

## 三　本書の記述と訳語

（1）記　述　　本書は標記テーマにつき，法的仕組みと実態を扱う。操業短縮，整理解雇では法的仕組みを論じるが，操業短縮に関しては日本でさほど紹介されていないので詳しく論じるのに対し，整理解雇は日本でも活発に紹介されている。そこで整理解雇に関する記述は，概要を記述することを基本とし，雇用調整としての整理解雇につき日本と大きく異なる特色である社会的選考につき，やや詳しく論じる。第7章「非正規雇用の活用」では，労働者派遣法やパートタイム労働法の仕組みにつき，記述は省いた。

雇用調整の実態に関しては，2008-09年のリーマン・ショック以後の実情紹介・分析に主眼をおいた。図表のなかで特色のある数値は網掛けにより強調した。また，日本と異なる点を含めた実情の理解を深めるために図表をできるだ

け多く活用した。

　(2)　**訳　語**　いくつかの点で標準とは異なる私の訳語法にしたがった。Aufhebungsvertragは，文脈により，希望退職，合意解約または退職勧奨と訳した。使用者側からの発意である場合には「希望退職」または「退職勧奨」とし，なかでも労働者を特定していることが文脈から明らかな場合は「退職勧奨」とし，労働者側からの発意を含んで広義で使用されている場合には「合意解約」とした。

　また，Betriebsratは，通常，「事業所委員会」または「経営協議会」と訳されることが多いが，その内実を考慮して「従業員代表」とした。Sozialplanは，「社会計画」と訳されることが多いが，これもその内実を考慮して「補償計画」とした。

# 第I部 総論

# 第1章　雇用調整方法①：1970-80年代

## 一　はじめに

　本章はピックの調査結果を紹介するものである。調査は，1984年にルール地方のデュースブルク（Duesburg）およびオーバーハウゼン（Oberhausen）という2地区にある18の企業に関して行われたものである。それぞれの企業における1976年から83年までの雇用動向がヒアリングされている。

　18社で調査対象期間に実施された要員調整措置は図表1-1のとおりである。また，人件費削減措置の重要度は図表1-2のとおりである。これによれば，多くの企業で従業員の退職による自然減，時間外労働削減，補償金支払をともなう希望退職（Aufhebungsvertrag 合意解約と訳すこともある）募集，高齢者の早期引退が実施されていること，石炭・鉄鋼業大手では操業短縮が重要であることがわかる。表からは人員整理解雇も一定の役割を果たしていることがわかる。大企業では多様な雇用調整（Personalanpassungsmaßnahmen）方法が組み合わせで利用されている。

　企業規模別にみると，大企業ほど多くの種類の措置を講じている。従業員数が多いことでそれが可能なのであろう。大手石炭・鉄鋼業（モンタン）企業では4社のうち整理解雇がわずか1社で行われているにすぎないのも特徴的である。ここでは従業員数が多いことも手伝って，労働者の配置転換によって解雇

---

1) Peter Pick, Betriebliche Beschäftigungspolitik und Arbeitsmarktstruktur, 1988　第三章〔要員調整〕

2) 石炭・鉄鋼業企業では，1951年モンタン共同決定法にもとづき，監査役会の半数が労働者側代表であり，労務担当取締役は監査役会が労働者側監査役の同意を得たうえで任命する。その結果，労働者側に配慮した労務管理になりがちであるという傾向がある。エドワルド・ガウグラー＝ペーター・カーデル＝佐護誉＝佐々木常和『ドイツの労使関係』（中央経済社，1991年）146頁，平澤克彦『企業共同決定制の成立史』（千倉書房，

第Ⅰ部 総　論

図表1-1　各種雇用調整措置の重要度(1984年)

| | 大企業 | | | | | | | | 中小企業 | | | | | | | | | |
| | 石炭・鉄鋼 | | | | それ以外 | | | | | | | | | | | | | |
| (企業整理番号) | 1 | 2 | 3 | 4 | 5 | 6 | 7 | 8 | 9 | 10 | 11 | 12 | 13 | 14 | 15 | 16 | 17 | 18 |
|---|---|---|---|---|---|---|---|---|---|---|---|---|---|---|---|---|---|---|
| 残業・土曜勤務削減 | 5 | 3 | - | 5 | - | 3 | 3 | - | 0 | - | 0 | 0 | 0 | 0 | 3 | - | 0 | 2 |
| 労働者数自然減 | 4 | 0 | 5 | 3 | 1 | 1 | 0 | 0 | 0 | 1 | 1 | - | 3 | 0 | 2 | 1 | 1 | 1 |
| 希望退職(補償金つき) | 0 | 4 | 2 | 2 | 3 | 0 | 0 | - | 0 | 4 | 0 | 0 | - | 4 | - | 0 | 0 | - |
| 派遣労働の縮小 | 0 | 3 | - | 0 | 0 | - | 3 | - | - | - | - | - | - | - | - | 0 | - | - |
| 早期引退 | 1 | 1 | 1 | 1 | 2 | 2 | 2 | 0 | 1 | - | 0 | 2 | 2 | - | 1 | 2 | 2 | - |
| 新規採用の停止 | 0 | 0 | 0 | 0 | - | 0 | 0 | 0 | - | - | 3 | - | 0 | - | 0 | 0 | 0 | - |
| 操業短縮 | 3 | 4 | 0 | 4 | - | 0 | 0 | 0 | - | 2 | - | - | 0 | - | - | - | - | 3 |
| 変更解約告知 | - | - | - | - | - | - | 0 | 0 | - | - | 0 | - | 3 | - | - | - | - | - |
| 整理解雇 | - | 2 | - | - | - | 1 | 1 | 1 | 2 | - | 1 | 1 | 1 | - | 2 | - | - | - |
| 企業内訓練実施 | 0 | - | 4 | - | - | - | - | - | 0 | - | - | 2 | - | - | - | - | - | - |
| そのほか | 2 | - | 3 | - | - | 0 | 0 | - | - | 2 | - | 0 | - | - | - | - | - | - |

注：数字記入は、その措置が取られたことを示す。「-」は実施なし。数字は重要度「1，2，3，4，5」を示す。「0」は実施したが重要ではないことを示す。数字が大きいほど重要である。
出典：Peter Pick, Betriebliche Beschäftigungspolitik und Arbeitsmarktstruktur, 1988, S. 217

を回避している。

## 二　被解雇者の人選過程

　整理解雇は順をおって最後に行われる。従業員代表はできるだけ解雇以外の方法を追求する。なぜならば，解雇では被解雇者の人選を行わなければならないからである。

　整理解雇では対象となる人的範囲のなかで，使用者側は労働者の成績ぶり，職業的資格を指標として被解雇者を選ぼうとする。個別事例ではさらに労働者の健康状態，体力的適性も考慮される。販売部門では労働者の売上高という勤務成績も指標となりうる。補償金支払をともなう希望退職者募集では労働者の

2006年）212頁参照。

第1章　雇用調整方法①：1970-80年代

図表 1-2　人件費削減措置の重要度

| 企業番号<br>措置 | 大企業 | | | | | | | | 中小企業 | | | | | | | | | |
|---|---|---|---|---|---|---|---|---|---|---|---|---|---|---|---|---|---|---|
| | 石炭・鉄鋼 | | | | それ以外 | | | | | | | | | | | | | |
| | 1 | 2 | 3 | 4 | 5 | 6 | 7 | 8 | 9 | 10 | 11 | 12 | 13 | 14 | 15 | 16 | 17 | 18 |
| 企業内上乗せ給付の縮小 | － | 0 | － | － | － | － | － | － | 2 | 0 | － | － | 0 | － | － | － | － | － |
| 従業員給付の縮小 | － | 0 | － | － | 0 | 4 | － | － | － | 0 | 0 | － | 0 | － | － | － | － | 3 |
| 必要を下回る人員採用 | － | － | － | － | － | － | － | － | － | 0 | － | － | － | － | － | － | － | － |
| 新規採用者に対し協約上乗せ支給しない | － | 0 | － | － | － | － | － | － | 0 | － | － | － | 0 | 0 | － | － | － | 0 |
| 合理化実施 | 1 | 1 | 1 | 1 | 1 | 3 | 3 | 1 | － | － | 3 | 2 | 1 | － | 3 | 1 | 1 | 2 |
| 従業員の格付低下 | － | － | － | － | － | － | 0 | 2 | 0 | － | － | － | － | － | － | － | － | － |
| 時間外労働の縮小，操業短縮 | 2 | 2 | 2 | 2 | 3 | 2 | 2 | － | 0 | － | － | － | 0 | 1 | 2 | 0 | 2 | 4 |
| 人員削減 | 1 | 1 | 1 | 1 | 2 | 1 | 1 | 1 | 1 | 1 | 1 | 1 | 2 | 2 | 1 | 2 | 3 | 1 |
| そのほかの措置 | － | － | － | － | － | － | － | － | － | － | 2 | － | － | － | － | － | － | － |

注：表記内容は図表 1-1 と同じ
出典：図表 1-1 と同じ。S. 214

年齢，国籍により補償金額も異なる。鉄鋼業では被解雇者選考で，年齢が重要な役割を果たす。

　企業内の措置に関する世間の理解を得るために，企業側としても前記の観点と併せて社会的観点を考慮する。それはまた，解雇制限法1条3項および事業所組織法（Betriebsverfassungsgesetz 経営組織法の訳もある）102条3項にもとづく法律上の要請でもある（第10章参照）。

　この段階で従業員代表が被解雇者選考過程に関与する。従業員代表はまず社会的観点にもとづいて候補者を選考する。とくに年齢，勤続年数および家族関係に関心が寄せられる。さらに従業員代表は労働者の個別的な保護すべき事情（例，重度障害）を考慮する。使用者側の選考提案に社会的観点が十分に考慮されていないと従業員代表が判断すれば，人事部と交渉が行われる。

　人事部と従業員代表の間の被解雇者候補に関する評価の違いは，主に両者の妥協によって解決されている。使用者側がそれを押し切ろうとすれば，従業員代表は解雇に異議表明する（事業所組織法102条3項）。交渉によって合意に達し

なければ，最終的には裁判によって決着がつけられる。裁判所が当該人選で社会的観点が十分に考慮されているか否かを審査する。

人選にあたり，職業的資格にもとづいて分類すれば，資格の低い単純労働者や技能（半熟練）労働者が解雇対象となる。それは同時に外国人労働者であることが多い。製造業で熟練労働者や職員（ホワイトカラー）が解雇されることは少なく，せいぜい彼らが希望退職や早期引退に応じることがあるくらいである。

年齢面から見ると，高齢者ほど解雇から保護される傾向が顕著である。例外的に，年金支給開始年齢直前の労働者には早期引退の働きかけがある。不況期には，その企業で職業訓練を経た訓練生でもその企業で採用されない。

要するに，熟練度の低い労働者と外国人労働者がまず解雇されている。調査企業では女性の解雇は少なかった。しかし，それはこれらの企業で働く女性が少ないという地域的事情によるのであり，一般化できない。

## 三　人事部および従業員代表の思惑

(1)　人事部は雇用調整にあたりつぎの2つを目標とする。すなわち，（イ）目標削減人員を早期に達成する，（ロ）同時に人件費を削減する，である。このためにまず，時間外労働減らし，派遣労働者の慎重な削減，従業員数自然減の利用に着手する。しかし，不況期には離職率（Fluktuationsquote）は一般に低下する。

操業短縮は企業の目から見て，近い将来に売上状態が回復する見込みのあるとき，もしくは今後とも見込みが不確実であるときに利用しやすい。さらに別の雇用調整措置を講ずるまで時間を稼ぐことができる。行政からの補助金をともなう操短によって急速な人件費抑制が可能である。

労働力需要が長期にわたり低下するときには，より徹底した調整措置が必要となる。そこで解雇，希望退職，早期引退が問題となる。解雇は企業にとって人件費を抑制できる点でメリットがある。組織変更（Betriebsänderung 事業所変更，事業変更の訳もある）の場合には補償計画（Sozialplan 社会計画の訳もある）によってさらに補償金を支給しなければならない。しかし，整理解雇は企業に

とって被解雇者選考にあたり社会的観点を考慮しなければならないという制約がある。

それに対して，補償金支払いをともなう希望退職募集は，誰に退職を勧告するかという人選では企業側がイニシアティブを発揮できるが，補償金支払いによりコストが高づくという難点をもつ。多くの企業ではこれを外国人労働者および成績ぶりの劣る労働者に対して行っている。

早期引退[3]は，企業にとって，長期間雇用した労働者を安いコストで削減できる点でメリットがある。その分の経費は年金の早期支給という社会保険財源によって賄われる。さらに従業員の年齢構成を引き下げることもできる。しかし，それによって高い資格をもつ労働者を手放すことを余儀なくされることが多い。

解雇および補償金支払いのそれぞれのプラス面・マイナス面を考えると，中小企業で解雇が，大企業で補償金支払いの方法が優先される経済的理由が明らかになる。

(2) 他方，従業員代表側からはソフトな雇用調整措置が歓迎される。具体的には，退職による従業員数の自然減，時間外労働の削減，操業短縮，新規採用の停止である。雇用調整が必要であると判明すれば，むしろ従業員代表側からそれらの措置を取ることが催促される。とくに新規採用停止に関しては従業員代表が言い出すのが常である。

そのつぎに，従業員代表は派遣労働利用の大幅な縮小を提案する。それはとくに派遣労働者による担当業務を従業員によって代替できる場合にいえる。派遣労働が利用されているかぎり従業員代表は解雇実施に反対する。この点では使用者側のほうが慎重である。

ハードな雇用調整，すなわち人員削減に従業員代表が同意するのは，このようなソフトな調整手段が尽くされてもなお人員削減が必要なときである。ハードな雇用調整方法のなかで，従業員代表はまず早期引退の促進を主張する。こ

---

3) ドイツで「早期引退（Frühverrentung, Frühpensionierung）」は通常，年金生活入りであり，一部で再就職していることがある。再就職を予定している日本の早期退職優遇制度とは異なる。

れは仕事内容がハードであるときには，労働者側からも容易に受け入れられる。従業員内でその実施に異論はない。

　解雇に対して従業員代表は，それが最後の手段である場合にだけ同意する。その前に希望退職が募集される。それに応じるか否かは任意であるので，これに対する労働者の抵抗はなく，かつ，従業員代表にとっては候補者選別をしなくて済むので応じ易い。解雇が避けられないときには，同時に補償計画策定が交渉される。

　(3)　総じて従業員代表は労働者に対するしわ寄せが小さい方法を追求し，使用者側はコストの安上がりな方法を追求しがちである。

　希望退職と解雇では，使用者側と従業員代表側で異なった利害関係が生じる。コスト面から見れば，たとえ解雇で補償金を支払うにせよ，希望退職にあたり経済的誘導として支払う優遇措置は最も高づくので，解雇のほうが安上がりである。しかし，従業員代表は最後の手段としてしか解雇に応じない。使用者側は辞めてもらう労働者の人選に大きな関心をもつ。できれば勤務成績の観点から選考したいと考えている。それに対し，従業員代表は社会的観点にもとづく選考を主張する。この点で，法律が解雇にあたり社会的選考を義務付けているのは従業員代表にとって有利な支えである。

　それでも実際には，ピックがインタビューした人事部は一致して，解雇にあたり職業的資格の高い労働者を残すことに成功すると語る。成績水準が同じ，またはわずかな違いの場合には社会的観点が考慮されている。個別事例では使用者がもっぱら社会的選考するしかないときには，使用者は解雇自体を断念している。

　従業員代表は人選で高齢者，勤続年数の長い者，および障害者を解雇から保護しようとする。彼らを年金受給開始年齢まで雇用させようとする。しかし，従業員代表からは，解雇が繰り返されるなかで，これらの労働者を解雇から保護することが徐々に困難となりつつあることが訴えられる。

　従業員代表は従業員のおかれた家族関係を人事部（Personalverantwortlichen）よりもよく知っている。多くの者もそのように受け止めている。このように従業員代表と使用者の人選に関する思惑は異なるが，双方が話し合いで妥協の姿勢をもつならば，合意が成立している。

## 四　人事部と従業員代表の協力

### 1　従業員代表の関与

調査したすべての企業で従業員代表は雇用調整実施にあたり意見聴取されていた。従業員代表はとられる措置の方法選択にも人選にも影響力を行使しようとしていた。それでも，とる措置の種類を決定するのは人事部に委ねていた。

たいていの従業員代表は，この問題に関する従業員代表の第2の役割として使用者側が提案する人選を審査することを挙げている。提案された人選案に従業員代表が同意しなければ，たとえ使用者が単独で実施できるときでも使用者はなお従業員代表と交渉を行い合意の成立を追求している。その理由は，第1に，従業員代表にはこの種の問題で権限を認められているからであり，第2に，従業員代表の同意によって使用者は従業員との関係で円滑に実施できるからである。

従業員代表の関与は，新規採用にあたっては雇用調整に比べてはっきりと弱い。通常は採用に先立ち使用者は応募者と採用予定候補者に関する資料を従業員代表に渡して情報を提供する。しかし，いくつかの個別事例では資料の交付は行われていなかった。それに対して，別企業ではそれぞれの候補者につき回覧形式で紹介されている。例外的な事例ではあるが，ある小企業では人事部と従業員代表の対等構成で採用委員会（Einstellungskommission）が設置され，それが採用を決定している。採用に対する従業員代表の関与が弱い背景には，まず法的な根拠が弱いこと（共同決定権とはいえ同意拒否権にとどまる。事業所組織法99条），つぎに採用人選に対する従業員代表の関心は乏しく，誰を採用するかに関係なく採用自体を歓迎するという姿勢にも起因する。

人事部は採用にあたって従業員代表に情報提供するという関与方法を，例外なしに望ましいと受け止めている。従業員代表に協力的姿勢を示す使用者のみならず，従業員代表とかなりのトラブルを抱えている使用者もそのように回答している。

人事部長は従業員代表の関与を常に歓迎するわけではないが，それにもかかわらず，彼らはその関与を人事制度を円滑に展開するうえで必要なことと見て

いる。驚くほど明確なこの結果は，事業所組織法が人事担当者の間で広く受け容れられていることを示す。

### 2 従業員代表と人事部の間の紛争とその処理

雇用調整をめぐっては，その範囲および実施時期に関して両者の対立が頻繁に生ずる。使用者は要員状態をすでに低下した要員ニーズに迅速にマッチさせようとする。しかし，従業員代表は雇用調整自体に反対はしないが，慎重に進めようとする。両者間には今後の経営の進展予測に関する食い違いがある。

別の紛争点として，ソフトな雇用調整の可能性，支払う補償金額の高さ，および社会的選考にあたっての対象者確定などがある。従業員代表はできるだけソフトな形態の措置で事態を乗り切ろうとする。それが利用し尽くされた後でなければ，ハードな措置に着手することを拒否する。それでも必要な人員削減のかなりの部分が達成された後には，多くの事例でハードな人員削減措置を受け入れることを余儀なくされている。

こうした労使対立は通常は両者の交渉を通じて妥協成立によって解決されている。明らかに両者には企業内で話し合いによって解決したいという姿勢がうかがえる。労働裁判所や仲裁委員会に提訴されることは例外的である。

調査した多くの企業では，派遣労働の取扱いをめぐっては深刻な対立があった。従業員代表は従業員の削減に着手する前に派遣労働の大幅な削減を求める。外部委託，請負契約，下請企業（Subunternehmen）の取扱いに関しても同様である。ただし，これらの論点に関して従業員代表の主張は，見ようによっては強くなく，従業員内に意見の対立がある。使用者側はその利用形態の弾力性というメリットに魅力を感じており，できれば維持したいと考えている。この点は依然として労使の対立点として残っている。

## 五　企業内の雇用政策の規定要因

### 1 賃金の意義

人員削減にあたり使用者側は人件費抑制を強く意識するにもかかわらず，人件費抑制の手段として賃金の変更がもつ意義は小さい。したがって，協約水準を上回る企業内上乗せ給付の削減，任意の社会給付（Sozialleistung）の停止が

もつ意味は乏しい。

それに対して，人件費抑制の中心的な手段は，一方で合理化措置であり，他方で多様な労働時間数や従業員数の変動による人員調整である。

被解雇者選考にあたっても賃金の高さは重要ではない。それは中高年者に関しても当てはまる。この年齢層は概して賃金水準が高くなるにもかかわらず，使用者はこれらの年齢層を優先的に解雇しようとはしない。このような使用者の行動選択は高齢労働者に対する解雇保護がより厚いことだけに由来するわけではない。それでも公的年金受給年齢間近になると，これらの労働者を解雇対象者とする取扱いがでてくる。

個々人ごとの賃金の高さについて交渉は行われない。例外的に，特殊な担当職務で，外部から採用された労働者に関しては個別交渉で適用賃金が定められる。

採用決定にあたり，人事部の説明では賃金の高さは関係ない。むしろ労働者の労働生産性が重要であり，使用者は個々の労働者の労働生産性引き上げによって企業として最終的な人件費抑制をめざしている。

## 2 先任権および成績基準の意義

先任権とは，労働者の処遇をその者の企業内における勤続年数によって決定する取扱い基準である。アメリカで典型的に普及している。

ドイツでも先任権は重要な役割をはたしている。しかし，それは単独で決定的意義をもつのではない。ドイツではそれは成績基準（Leistungskriterien）と競合している。

成績基準と先任権の競合はとくに人員削減で問題となる。被解雇者の選考で，使用者側は成績基準にもとづいて決定することを主張し，他方で従業員代表側は先任権基準（勤続期間の重視）にもとづいて人選することを主張する。各当事者の説明によれば，それぞれの主張が取扱いに活かされているという。すなわち，使用者側は，人員削減で職業的資格の高い労働者を残すことに成功しており，他方で，従業員代表は勤続年数の長い労働者を解雇から保護することに成功していると述べる。争いとなる昇進でも両方の基準は平等に考慮されている。

調査結果によれば，ドイツ企業では成績基準と先任権基準の間の緊張関係は

一方的にいずれかが貫徹するという状況ではない。懸案の昇進措置および人員削減措置では双方の指標が平等に考慮されている。ドイツではこれらが人事選考指針として合意されているので，安定的に運用される。人事部と従業員代表の交渉および妥協によって緊張関係は解消されている。レイ・オフ制度によって採用にまで先任権が及ぶアメリカ企業と異なって，ドイツ企業では外部からの新規採用は成績基準のみによって処理されている。

### 3 職業的資格の違いの意義

企業内の雇用政策に対する職業的資格の違いの意義はこの調査でも確認された。すなわち，高い資格を有する労働者が解雇のリスクに晒される危険性ははっきりと低い。これは企業独自の資格（Qualifikation in betrieblichen Zusammenhängen）をもつ労働者に関しても，たとえば熟練工認定資格（Facharbeiterbrief）のような公式の付与資格をもつ労働者に関しても当てはまる。不熟練または半熟練労働者の解雇リスクが高いのは，彼らが就労する職場が合理化措置の対象とされやすいこと，および使用者が実際に労働者が担当する職務が求める技能水準を超えて，より高い資格の労働者を確保しようとすることによる。

困難な雇用状況のもとでは，資格の違いは採用チャンスでより明瞭に現れる。企業側の採用人選基準は公式の専門教育修了水準に強い関心が向けられている。それはいわば入場券のような性格を帯びている。これは労働力の需給関係のアンバランスにもとづく。高資格労働者が過剰である。

## 六 小 括

### 1 要約：企業内部労働市場の意義増大

調査企業ではこのことが裏付けられた。内部労働市場（interne Arbeitsmärkte）の形成は，従業員代表の働きかけによるだけでなく，むしろ経営サイドの経営的な関心にもよる。使用者側にとって企業内部で人材調達するメリットは，従業員選考決定の高い安定性，企業に特有な技術をもつ労働力の有効な活用および現存する従業員の勤労意欲の上昇にある。そのデメリットとしては，人員の弾力性の低下および外部労働力導入による刷新の困難さがあ

る。

　労働経済学でいわれる,職業ごとの (berufsfachlich) 労働市場部分と企業ごとに特有な (betriebsspezifisch) 労働市場部分の分断化をこの調査は確認するものとなった。製造業の修理・保全業務には企業横断的な職業単位の労働市場がある。それに対し,個別企業特有の労働市場部分はそこの企業で一貫して働いている内部昇進労働者にみられる。後者は調査した企業の多くにみられた。彼らはたいてい熟練現業労働者の資格をもっている。

　内部労働市場は先任権,成績指標および企業内上乗せ給付によって誘導される。それは同時に,企業にとっては後継者を育成する役割を果たす。継続訓練は内部労働市場への重要な導入部である。後継者として期待される者は訓練で手取り足取りして面倒をよくみてもらえる。

　しかし,この調査では,自動車産業でよく知られている正規労働者と縁辺労働者の分裂を確認することはできなかった。これは調査対象のルール地域では,低い資格および賃金グループの労働者が内部労働市場の保護を受けて正規労働者に数えられていることによる。そのような分裂の兆しは,派遣労働の普及や外部委託注文のさまざまな形態にうかがわれる。

## 2 解　説

　ピック論文は調査地域は限定されているとはいえ,雇用調整行動を多面的に分析している。それにより企業規模による違い,モンタン企業とそれ以外の企業の違いもみえてくる。以下に,ピック論文で明らかにされていることを確認する。

　雇用調整に従業員代表は広く関与している。そこで痛みの大きい手段（とくに整理解雇）を避けて,よりソフトな方法を探ろうとしている様子がうかがえる。整理解雇の実施も企業規模により異なり,異なる原因はその手前のよりソフトな希望退職を実施する場合に必要な資金を有するか否かにより左右されているようである。それは1970年代に大企業では希望退職という方法が雇用調整の有力な方法として定着したことを前提としている。

　整理解雇にあたり,その人選で,当時は社会的選考の具体的な指標は法定されていなかったが,勤続年数および年齢が重要な役割を果たしていた様子がうかがえる。また,人選にあたり経営上の必要から一定範囲の者を除くことは,

第Ⅰ部 総　論

図表 1-3　雇用調整方法
（1974-75年）

| 雇用調整方法 | % |
|---|---|
| 時間外労働の削減 | 83 |
| 解雇 | 61 |
| 採用停止 | 43 |
| 操業短縮 | 36 |
| 休日出勤の中止 | 14 |
| 派遣労働の縮小 | 14 |
| 外注の削減 | 12 |
| 早期引退 | 12 |
| 希望退職 | 5 |
| 補償計画 | 5 |
| 自社の職業訓練による繋ぎ | 3 |

注：これは労働者50人以上の事業所に限定したもので，数字は雇用調整実施事業所に対する比率である。訳語表記は本書に合わせて一部変更した。
出典：徳永重良編・69頁〔徳永〕。

図表 1-4　雇用調整方法
（マックスプランク
研究所調査，1976-78年）

| 雇用調整方法 | % |
|---|---|
| 採用停止 | 63 |
| 時間外労働・土曜出勤の削減 | 58 |
| 個別解雇（Entlassungen）[1] | 57 |
| 臨時雇いの期間満了 | 30 |
| 操業短縮 | 28 |
| 職業訓練生の不採用 | 27 |
| 有期雇用の不更新 | 20 |
| 補償金を伴う個別の合意解約 | 18 |
| 早期引退 | 17 |
| 派遣労働受入の停止 | 8 |
| 届け出義務ある解雇 | 8 |
| 希望退職 | 6 |
| 他社への再就職斡旋 | 3 |

注1）：Entlassungen は通常，解雇と希望退職（合意解約）を含む意味であるが，ここでは希望退職が別の項目であるので，「解雇」としておく。
出典：Armin Höland, Das Verhalten von Betriebsräten bei Kündigungen, 1985, S. 289

法律に定められた曖昧な基準が，当時は労使の協議のなかで具体化されていたようである。

### 3　他の調査結果との比較

1970年代，雇用調整に関し，ミュンヘン社会科学研究所およびマックスプランク研究所によっても調査された。前者（図表1-3）（1974-75年調査）[4]によれば，オイル・ショック後，雇用調整措置として残業削減や解雇が行われた。後者（図表1-4）（1976-78年調査）[5]も同様の傾向を示す。

---

4）　徳永重良編・69-70頁〔徳永〕。

第 1 章　雇用調整方法①：1970-80年代

　この 2 つの調査結果とピック調査を比較すると，3 つに共通して，残業削減が最も重要な手段であること，解雇がかなり頻繁に行われていること，操業短縮も重要な役割を果たしていること，早期引退は一貫して雇用調整で一定の役割を果たしていること，派遣労働は1970年代当時法制化されていなかったが実態としては存在し雇用調整で調整弁として活用されていたことを指摘できる。
　それに対し，ピック調査で彼が取りあげた事業所では，解雇はさほど多くないこと，希望退職の比重が大きいことが示されている。

---

　5）　Armin Höland, Das Verhalten von Betriebsräten bei Kündigungen, 1985, S. 289

# 第2章　雇用調整方法②：1990年代

　本章は，ハルトマンが雇用調整・人員削減の実際を調査した報告・分析である[1]。

## 一　はじめに

　本研究は人員削減手続の事例研究である。それによって1990年代にいかなる理由，手続き，人選基準によって，そのような解雇・希望退職が行われたかを明らかにする。雇用調整のなかでも人員削減に検討の照準が当てられる。そのために24事業所でヒアリング調査が行われた。うち16事業所は西ドイツ地域，8事業所は東ドイツ（旧東ドイツ）地域にある。ヒアリング対象者は使用者側人事担当者および従業員代表の双方である。調査時点は，西地域では1991-92年，東地域では1992-93年である。調査に先立つ調査協力申し入れに対する応諾比率は，西地域ではわずかに10％，東地域では60％であった。人員削減問題は多くの企業が公開したくないのであろう。その意味ではここで明らかにされる企業の実情は解雇をめぐる労使紛争が少なく，公開されることによる不都合が少ない企業であり，この調査結果からこのテーマに関する一般化は必ずしもできない。一端を紹介するにとどまる。

　調査対象に官庁は含まれていない。事業所規模では従業員数100人以下の事業所は含まれていない。調査対象産業は過半数が製造業であり，調査時点で人員削減規模は従業員数の30％に達していた。人員削減の主原因は，工作機械業では東ヨーロッパ市場の開放，軍需産業では連邦政府の軍事予算削減，電機電子業では東アジア諸国との製品価格競争における不利，サービス業では合理化

---

1) Brigitte K. Hartmann, Lokale Gerechtigkeit, Bereich-Arbeitsplätze, 1994
なお，金額算定では，1ユーロ＝120円で換算した。

措置による。

　東地域の工場のなかには，かつての東西ドイツ国境に近く，その地域から西ドイツの企業に毎日通勤することが可能な地域もある。

## 二　事業所レベルの関係者

　(1)　雇用調整への関係者として労使のほかに，国家は法律によって決定が許容される枠組みを設定する。さらに銀行やサービス業のように，売上げのために顧客の関心を考慮せざるをえない業界では世間の目も重要である。

　雇用調整は企業トップレベルで決定される。企業がコンツェルンに所属していれば，個別企業にとっては外部にあたるコンツェルンでそれが決定され，企業役員は所与の決定を企業の条件にマッチさせて具体化する方法を考えることが任務となる。

　通常，従業員の人事考課（評価）は最終的には人事部が行う。実際にはそれぞれの従業員の上司に任される。したがって，経営上の事由による解雇においても被解雇者リストの基礎資料は上司が作成したものである。事業所規模が小さければさらに上位の上司によってその資料は訂正・補充されうるが，事業所規模が大きいときにはそれは困難である。

　従業員代表も被解雇者名簿作成に関与する。ここで従業員代表は一方で，犠牲を強いられる労働者の利益を代表すべくより多くの職場を残し，補償計画で補償金等を上積みし，社会的にみて公正な人選基準にもとづくことをめざす。他方で，企業に残る労働者の利益も考慮しなければならないので，人員削減が採算性維持および残った職場維持のために必要であるという使用者側の主張を無視することもできない。従業員代表はせいぜい矛盾を小さく抑えるだけである。

　(2)　〈協力と紛争〉調査した従業員代表のタイプはさまざまである。下記の３つの参加タイプがあった。西側16事業所のうち過半数では法律規定を上回って従業員代表は決定過程に関与している。そこでは利益調整と補償計画が行われていた。それでも事業所協定は常に成立しているわけではなかった。人事選考では従業員代表の関与の程度はさまざまである。一方では完全に排除されて

いる事例もあれば，他方では多くの事例で少なくとも意見聴取され，しばしば強く関与している。

コトホフ（Hermann Kotthoff）は従業員代表のタイプを規定する要素として事業所規模と企業の法形式（株式会社，有限会社等）が重要であると分析したが[2]，今回の調査ではそれを裏付けることはできなかった。従業員代表の自己役割認識，ともに責任を分かちあい，使用者側と良好な協力関係を形成する用意があること，ならびにその職場の文化（Betriebskultur）が重要な規定要因であった。もっとも，従業員代表が話し相手として認められるには交渉で専門的知識をもっていることを示すことが前提であった。

〔タイプA〕 5つの企業では従業員代表は決定過程から除外されていた。それらの事業所では専門担当者が法的に許容される人選基準にもとづいて提案していた。そこでは利益調整や補償計画は仲裁委員会を経て行われていた。そこでは労働者に希望退職が勧告されて従業員代表ははじめて雇用調整が実施されつつあることを知った。ある人事担当者は，人選をできれば経営上の利害を中心に考慮して行いたかったと背景を語っている。逆に推測すれば，従業員代表が人選に関与すれば，否応なしにある程度は労働者側の利害が反映すると受け取られているのであろう。

〔タイプB〕 2企業では，経営上の理由にもとづく解雇は行われずに希望退職が募集されたが，それでも従業員代表は事前に意見聴取された。専門担当者が事前に予備選考を行い，人事部長がそれに同意していた。それが対象労働者に通知される前に，従業員代表は意見聴取された。関係者は従業員代表から事前に彼が退職勧奨の呼びかけ対象者リストに含まれている旨を連絡され，同時にその者が行使できる権利内容が説明された。それによって従業員代表は少なくとも個別事例で選考決定に影響力を行使する可能性があった。

〔タイプC〕 9企業では従業員代表は強く関与している。ここでは人事部長が従業員代表と，雇用調整方法，人事選考手続き，場合によっては人選基準を確定した。人選基準およびその順位が雇用調整の前段階で合意されていれば，従業員代表はその後の選考手続きからは身を退いている。事前に合意されてい

---

2) 藤内「ドイツにおける従業員代表のタイプ」岡法47巻4号（1998年）135-253頁。

なければ，選考に直接に関与している。そこでは被解雇者リストは従業員代表に人事部から審査のために提出されるか，もしくは人事部と従業員代表が合同でそのリストを作成している。このタイプでは労使ともに本件調査に応じている。うち2件では使用者と従業員代表が取材に一緒に，つまり同じ場で応じた。人事部長はこのような取扱いの理由として，従業員代表をこのように深く関与させることにより実施をスムーズにしたいという。これらの事業所では，そうでなければ従業員代表から騒ぎを引き起こされかねない。ここでは従業員代表は人事部から入手した情報を従業員に伝達している。従業員集会や社内報（Betriebszeitung）で予定される措置や補償計画が知らされる。

　以上をみると，使用者が従業員代表の事業所内平和形成の機能をいかに位置付けるかによって使用者の対応姿勢が大きく規定されることがわかる。すなわち従業員代表を無視するか，それともその協力を得て従業員の抵抗・不満なしにことを進めるかである。

## 三　雇用調整方法の選択

　雇用調整にもいくつかの方法がある。事業所当事者（使用者と従業員代表）は当該事業所の産業構造，資金繰りの可能性，従業員の資格構造，地域の労働市場構造など，事業所の与件のもとでいずれがベストであるかを判断する。以下では，それぞれの方法ごとに検討する。

### 1　解雇回避措置

　いずれの企業でも，最初から解雇実施が議論されたのではない。むしろ当初には合理化によって無駄をなくすことで余分な人員を捻出し，あらたな課題に取り組むことが検討された。それは，時間外労働抑制，新規採用停止，配置換え，操業短縮である。これは調査対象企業のうち従業員500人以下が3社というように概して大企業中心であったために，それらの措置を可能にする余地があったのかも知れない。

　フォルクス・ワーゲン社は1994年から労働時間短縮を賃金補償なし（賃金引き下げ）で行った。これは当時では労働時間政策の新しい動きである。ある機械メーカーは労働時間短縮にともなう通常の賃金補償を行わずに，代わりに一

種の財形貯蓄を与えた。別企業では賃金補償を行わずに当該企業の株を与えた。

ある企業では20-22歳の不熟練労働者との間で、将来再雇用し、退職後に生活援助金を支給する約束で自己都合退職（Eigenkündigung）することを合意した。退職した労働者らは当該企業で労働省（連邦雇用庁）の補助を受けながら職業訓練に従事している（再就職支援会社など）。当該地域ではいずれの企業も専門的職業訓練を行っていなかった。

### 2　自己都合退職

企業の経営状況が悪くなる中で、自ら退職して別の企業に移る労働者も登場する。ある企業では人員削減計画の30％の人数がそれによって達成された。ただし、自己都合退職する労働者は別企業に自分を売り込むような、概して資格が高く、かつ、市場のニーズのある職種の労働者であった。それゆえに企業にとって将来のことを考えて、労働者に退職することを断念するように説得するという事態も生じた。そこで将来の昇格が約束されることもあった。しかし、通常、企業としてはせいぜい補償金を支給しない措置をとるくらいである。

### 3　早期引退

この手段はかつて70年代半ばの雇用危機に最も頻繁に活用された。1980年から89年までの間、労働者の95％は公的年金支給開始年齢である65歳の前に、75％は63歳より前にすでに引退していた。

この手段が頻繁に活用される理由は、これに労働省が補助金を支給する政策を実施するなかで、労働者と使用者の間で共通の利害関係が形成されるからである。これによって使用者は必要経費を外部に負担させることができる。使用者側でこれを活用する別の理由は、採算性にある。それでも企業によっては協約の同じ賃金ランクのなかでも経験加算されたり、企業内上乗せ給付（soziale Gratifikation）で勤続年数や年齢にリンクする部分でやはりアンバランスがあり、苦境期にはそれが節約の対象とされる。

別企業では賃金補償は80-95％を限度としている。ある企業ではこれを53歳で開始している。ここではより高齢の者には補償金15万マルク（7.5万ユーロ＝約900万円）まで支給される。それらの企業はコンツェルンのメンバーなのでそ

のような多額の支出が可能である。

　このような早期引退の実施には従業員代表も寄与している。従業員代表は，企業の苦境のなかで若い労働者が解雇されることに比べれば，労働省から補助を受けられるこれを「より小さな悪」として受け入れる。ある議長いわく，「企業にとって大きな財政負担なしに進めたい。できれば年配者に去っていって欲しい」。別の議長いわく，「我々は理性的に年配同僚に語りかけた。君らの子どもはすでに成長した。少なくとも子どもらのための支出は要らない」。

　このような使用者および従業員代表の認識は高齢者側にも受け入れられがちである。ある労働者は単調な職業生活から抜け出られることを歓迎した。ある企業では労働者から人事部に，なぜ早期引退を募集しないのかと問い合わせがあった。作業ノルマが高かったり，本人に慢性的な病気があるときには，労働者側にとくにこれに応じる用意がある。

### 4　希望退職

　前述の早期引退だけでは予定削減人員を達成できないのが常である。そこで目標達成のために，つぎに希望退職が募集される。これも大きな役割を果たし，ほとんどの削減人員目標は達成される。たとえばフォルクス・ワーゲン社では，1974-75年には32,000人の人員削減を基本的にこれによって達成した[3]。

　これを実施した人事部長いわく，「解雇では，とくに人事選考基準で法律による制約が大きい。希望退職では確かに高づく。しかし，資金繰りが何とかなれば，それを上回るメリットがある」。この方法では希望退職を募集する具体的な対象者（年齢条件など）を企業側の都合によって選択できる。解雇ではないので社会的観点に拘束されない。さらに使用者は従業員代表による拘束も受けなくて済む。解雇が「任意に（freiwillig）行われること」のルールを遵守すれば，従業員代表も裁判所も気にしなくてよい。また「合意にもとづく解約」なので企業イメージを低下させることも小さい。企業イメージは残った従業員の意欲にも，新規採用にも影響を及ぼす。この点は顧客の目を気にする金融業，サービス業では大切である。

　希望退職は「銀メッキの（versilbert）解雇」とも呼ばれる。この方法による

---

　3）　徳永重良編・68頁〔徳永重良〕。

人員削減は「静かにきれいに」行われる。調査企業のうち2社では，経営上の理由による解雇に先立ち希望退職が実施されるべきことが補償計画および事業所協定に定められている。別の従業員代表は，どうせ補償計画による解雇よりも希望退職のほうがいくらか高い補償金を受けれるのだからと，やむなしの感であった。それに応じるか否かは労働者が任意に判断するので，従業員代表は解雇に比べて良心の呵責に悩むことが少ない。

労働者にしてみれば，希望退職に応じるか否かの判断では補償金額が決定的に重要である。ある企業では補償計画にもとづく退職に比べてこの方法の退職には補償金が10％上乗せされた。別の企業では解雇では希望退職よりも6,000マルク（3,000ユーロ＝36万円）少なく支給された。

どの関係者も何らかの方法で個別的な解雇制限法を「買い取る」ことを道義的に好ましくないとして推薦はしない。しかし，それは次善の策として受け入れられている。なぜならば，所詮解雇を避けることができない状況のもとでは使用者が一方的に解雇することに比べれば当事者間の同意によるほうがましだからである。

## 5 整理解雇

調査企業の一社では整理解雇は行われずに他の方法を尽くして人員削減が行われた。しかし，この調査からドイツでは解雇は少ないと結論づけることはできない。なぜならば，この調査が大企業中心であることによる。マックスプランク研究所調査でも解雇実施率は事業所規模によってかなり異なることが示されている。ドムボイス（Rainer Dombois）調査では，事業所規模に比べて，性，職業的地位および産業による解雇実施の違いは小さいと結論されている。その理由は，事業所規模が大きいほど配置転換の余地が大きいし，景気変動に耐えるだけの資金力をもつからである。さらに一般に先を見越した要員（人員）計画を行っている。それに比べて小規模事業所では注文量の変動に敏感に応じて要員調整が行われている。そして小規模企業では要員補充が外部労働市場により強く依存している。また整理解雇でも，小規模企業におけるほうが概して被解雇者数が少ないので連邦雇用公社（Bundesanstalt für Arbeit 現在はBundesagentur für Arbeit 連邦雇用機構に改組されている）に届け出る必要が少ないという事情もある。

整理解雇と希望退職の相関関係に関する統計データはない。それでも労働省統計によれば，解雇のほうが労働関係終了の代表的な方法である。もっとも，1990年代には合意解約による終了の比率が高まりつつある。労働省は1990年に新たに合意解約（希望退職）により9万5,400人の失業者が増えたことを確認している。92年にはそれは13万2,000人に達している。

## 四　被解雇者の選考——基準，手続き，重要度

被解雇者の名前を挙げての手続きは3段階で実施される。第1段階で，企業内で雇用調整対象となっている職種グループの対象者がリストアップされ，別の雇用調整方法に適するか否かが検討される。労働者ごとに資格，担当職務，早期引退の対象になるか否かがチェックされる。この段階では対象者がそれに該当するか否かという基準のみで行われる。第2段階として，対象者中で順位付けが行われる。そのさいに複数の人選基準が適用される。企業によってはこの第2段階は最終確定の予備審査という意味をもつ。第3段階の最終決定では，個人ごとに予備選考結果が修正される。

人選基準では概して広く効率性観点という事業所の利益が考慮されている。これも解雇では希望退職とは異なって従業員代表の関与があるので同じ基準ではない。いずれにせよ事業所当事者に広い裁量が与えられている。社会的観点は低いウエートで考慮されている。それぞれの事業所をみると，解雇の人選基準に統一性はみられない。同じ企業内でも，基準が合意形成されている事業所もあれば，それはなくてそのつど決めている事業所もある。

### 1　選考のための従業員分類

従業員のなかで恒常的に必要な部門に就労し，かつ，資格の高い従業員は解雇対象から除かれる。彼らには希少価値がある。この点では労使間で見解の対立はない。彼らを失うことは業務に支障を来たし，彼らを再び採用するにはかなりのコストがかかることは共通認識である。

とくに従業員代表が決定手続きに関与するときには，人選で社会的観点も考慮される。ある企業では，重度障害者と50-57歳の労働者は希望退職対象から除外された。理由は，彼らが労働市場で再就職する見通しがとくに困難だから

である。

　いずれの除外事由にも該当しない労働者のなかから、解雇対象者リストが作られる。選定作業でもしばしば困難がある。ある労務担当取締役は語る。「たとえば2人の営業従業員のなかで、ある者は税務を得意とし、別の者は金融業務を得意とするときに、いかなる基準で選ぶべきか、判断基準はない」。

　人事部長は整理解雇を実施するときには、のちに裁判で社会的観点を十分に考慮しなかったとして解雇を無効とされるリスクを覚悟しなければならない。

　もっぱら解雇を予定していたある企業は、その人選を従業員の勤続年数にもとづいて処理した。勤続4年以下は全員解雇対象とされた。人事部長の説明によれば、判例はこの人選基準を最も重視していると理解したからである。年齢は必ずしも必要ではないと判断した。なぜならば、その企業では最近採用された者はいずれも20-30歳代だったからである。

### 2 選考対象者内の従業員の比較

　選考の第2段階では、対象者のなかから効率性の観点で選考される。中心的な基準は勤務成績（Arbeitsleistung）、弾力的な労務提供可能性および勤労意欲（Arbeitsmotivation）、たとえば時間外労働に応じる姿勢、病気がちか否か、継続訓練への関心度などである。この点では、インタビューで人事部長は自信をもってはっきりと述べる。

　これらを第2段階の選考基準とすることには従業員代表も賛成である。従業員代表も企業に残る従業員の利害に関心をもっている。労使の相違点は、作業態度（Arbeitsverhalten）の評価に現れる。労務提供能力を指標とすることに争いはないが、具体的な指標で見解の対立が生じる。実際には同僚間で受け入れられていない人物は能率が悪く評価されている。

　勤務ぶりの評価にあたり、それは否応なくある程度は主観的に行われる。いかにしてそれに客観的要素（例、欠勤回数）を含ませるかは課題である。それを裏付けるためのデータを揃えることに努めるべきである。従業員代表は解雇対象者に含まれている労働者の評価にあたり職場の近い組合職場委員の評価を参考にしている。

　第2段階では社会的観点は主張されはするが、決して大きなウエートを占めない。労使間で従業員代表がそれを強調しがちであることから、使用者として

は対象者の社会的観点についてもそれが考慮および重視するに値するか否かを検討する。また，同程度の勤務ぶりの労働者間の選考ではそれも意味をもってくる。

人選にあたって事業所の利益を重視する背景の1つは，それらが民間企業であることにある。そこでは官公庁に比較して採算性を重視しなければならない。インタビューで関係者はそれを明言する。

### 3 被解雇者リストの修正

第3段階では結果を社会的観点から再度検討する。

ある回答者の経験では，120kgの体重のある労働者を例外的に解雇対象から除外した。理由は，彼が労働市場で再就職のチャンスを得ることが困難だからである。別の事例では，当該企業での労働によってアスベスト中毒になった病気療養中の労働者を対象から除いた。病気の労働者に関しては，その病気が当該企業における労働に起因することを前提とする。

人選途中で，重度障害を患った者も，対象から除外される。介護を必要とする親を抱える労働者，私生児を抱え，それに特別に養育費を支給しなければならない者も除かれる。ある従業員代表は相談事例を紹介した。それは子どもを抱えて，かつ，夫婦別居中であり，すでに多額の借金を抱えていた。彼は仕事はできるが欠勤が多かった。この企業では彼を被解雇者候補から出したり入れたりしていた。従業員代表が言うには，「彼を解雇したら，その借金額の大きさから首を吊らせる様なものだ」。また，アル中や麻薬患者である従業員の取扱いも企業によって異なる。一面では彼らは社会復帰できるように周囲が配慮して取り扱うべき立場にある。他方で彼らの状態は「身から出たサビ」とでもいうべき，自らの判断で引き起こしたものであり同情すべき要素に乏しい。さらに，被解雇者候補に真面目に働いている労働者が含まれているときにアル中患者や麻薬患者を特別扱いすることには従業員のなかでも異論が出る。

### 4 選考手続き

関係者が口を揃えて説くには，恣意的な人選は許されず，そのためには基準を策定することが必要である。それによって選考者の裁量をなくすことはできないが，その幅を狭めることはできる。

人選ではさまざまな基準が適用できる。いずれに重点を置くかで異なった結

**図表 2-1　点数表の例**

| | |
|---|---|
| A　社会的観点 | |
| 勤続年数 | 10年以下では1年につき1点 |
| | 11年以上では同じく2点，ただし，合計74点を上限とする。 |
| 年　　齢 | 1歳ごとに1点とする。ただし，57点を上限とする。 |
| さらにつぎの事情により加点する。 | |
| 被扶養児童 | 1人につき4点 |
| 既 婚 者 | 8点 |
| 障 害 者 | 稼得能力が健常者の50%以上の者5点 |
| | 稼得能力がさらに10%低下するごとに1点を加点する。 |
| B　経営上の必要性 | 操業技術，経済的その他の正当な経営上の必要性によりある労働者の継続雇用を必要とすれば，社会的観点にもとづく人選を無視することができる。 |

出典：Hartmann, Lokale Gerechtigkeit, Bereich-Arbeitsplätze, 1994, S. 63

論が出てくる。従業員代表いわく，「我々はまず候補者と面談する。それが何よりだ。それに勝る基準はない。」「ケースによっては最終的に候補者を絞り込むときに判断に迷うことがよくある。できれば賽子を振りたい心境だ。しかしそれは許されない。何らかの人選の説明をしなければならない」。

　実際には候補者中でランキングをつけるのに点数表が用いられる。16事業所中4事業所で点数表が作成され，それはいずれも事前選考のためだけに用いられた。したがって，実際に点数表にもとづいて自動的に被解雇者の順位が確定されるわけではない。点数表にもとづく選考は，後に裁判になったときに公判で企業の選択基準と結果を説明するうえでも活用できる。その点では事後のありうる提訴への予防措置でもある。ある企業の点数表の実例を紹介する。

　この**図表2-1**（**点数表**）によれば，勤続年数で上限に達するには42年の勤続が必要である。勤続年数による得点が年齢による得点を上回るのは，かなり早い年齢から長期に勤務している者だけである。概して年齢にウエートが置かれた点数表である。この表では障害者への配慮はさほど重視されていない。

　いずれの企業でも決定過程では結局，面接の印象にもとづいており，かつ，人事担当者，配属部署の上司（fachliche Vorgesetzte）および従業員代表の間で交渉が行われている。それゆえに部外者には手続きの正確なところを知り難

い。回答者ですらも選考基準の一般的な序列を明確に出来ないし，しようともしない。全体的な基準がわかるだけである。従業員代表いわく，「我々もカタログをもっていない。我々は候補者と懇談する。確かにそれで全般的な印象をつかむが，そこで彼に具体的に何かを質問するわけではない」。

別の従業員代表は各指標の重要度について語る。「どの基準を重視するかを我々もつめて考えていない。点数表を利用しない。ただし，大量解雇の場合は別だ」。

確認すると，16企業のうち，10では社会的基準の中で再就職可能性（Vermittelbarkeit）からみて年齢を最重視している。別の2社では勤続年数と年齢を同程度に重視している。4企業でのみ勤続年数を最重視している。

あらゆる回答者は同一事業所内でも個別事例ごとに対応が違うことを共通して指摘する。「バイエルンの協約では年齢と勤続年数が保護基準とされている。それは交渉の余地がない。さらに個々人の個別的事情を考慮する。たとえば，持家を買って借金をもっているとか」。

別企業で従業員代表議長いわく，「個人的印象が大切だ。年齢や勤続年数はそのつぎだ。個人的印象とは，本人の置かれている状況のことだ。再就職の可能性，家族状況だ」。

別の議長は述べる。「決定にあたっては本人の再就職見通しなどの背後状況を見る。若い者は移動のチャンスがある。長く勤めた人間には新しい職場，新しい職務に適応することは困難だ。人柄（Persönlichkeitsbild）も大切だ」。

### 5 企業内の人事選考の影響

以上の分析から，希望退職による雇用調整は従業員中の資格構成を改善することに明確につながっている。操業停止においてすら資格の高い熟練工は残された。それは彼らの長い勤続年数と比較的高い年齢による。解雇のしわ寄せは資格の低い労働者に集中した。それは成績観点と社会的観点の双方から導き出される。

調査企業でも雇用調整によって平均年齢は若返った。それは早期引退によるところが大きい。ある企業では最高齢労働者が52歳になった。その企業では早期引退は58歳以上であったが，雇用調整の雰囲気的圧力が，労働市場状況の悪さにもかかわらずそれ以外の高齢者にも反映したようである。

障害者に関しては，彼らには特別な解雇保護が及ぶにもかかわらず，雇用調整ののちには彼らの構成比率は低下している。それは一方でリストラ（Umstrukturierung）により彼らが働ける職場が減ること，他方で人事部が彼らの労働能力の低さを理由に希望退職に駆り立てていることによる。

外国人労働者に関して，従来の調査によれば雇用調整の対象となっている。今回の調査ではそれを確認することはできなかった。それは調査対象企業で外国人労働者がもつ資格が外国人労働者の平均を上回ることによるのかもしれない。

別の大量観察調査によれば，女性や外国人労働者がドイツ人男性労働者に比べてより高い比率で雇用調整の対象となっているが，それは直ちに差別的取り扱いを意味するわけではない。それは彼らが低い資格を有することによる。女性は概して世帯の副次的収入を得る目的で働くことが多いので，希望退職に応じる比率も高い。女性は男性に比べて勤続年数が4.1年短い。

総じて今回の調査結果は，解雇リスクの堆積および労働市場の分断に関する社会科学的な労働市場研究の結果を確認するものとなった。すなわち，資格の低い労働者ほど先に解雇され，高齢者は早期引退している。それに比べて社会的保護観点の低い，より若い労働者でも，専門的技能が評価されれば残される傾向にある。障害者や中年者など再就職の困難な者も退職勧奨の対象になっている。

特徴的なことに，解雇にあたっての人選基準と採用のそれが共通している。ある調査によれば，人事部および従業員代表は採用基準として，応募者の技術的専門的資格とともに彼の経歴（専門上の弱点（Lücke），企業間移動など）や個人的生活関係（家族状態）を重視している。応募者の性，年齢は健康的条件と同様に仕事に耐えきれるか否かの判断で考慮される。このようにして若くて資格の低い労働者は採用でも解雇でも悪循環にみまわれる。

## 五　比較的検討——東西地域における異同

ハルトマンによる調査のなかで，東部地域に関する記述は紙幅の都合で省く[4]。調査時点（1991-93年）では東部地域に連邦法は完全には適用されていな

かった。そのような事情の違いはあるが、一応90年代における東西地域での雇用調整を比較する。そこにはかなり異なった状況がある。

### 1　最終手段の原則

解雇は雇用調整の最後の手段であるという原則は、東西ともに妥当している。しかし、東部では削減すべき人数が多かったために、「解雇は最後の手段である」といっても現実性に欠けた。せいぜいその実施は、できるかぎり先送りされるべきであるという程度の意味をもつにすぎない。いくつかの西部地域企業で採用された労働時間制度（労働時間短縮による雇用維持）のように、雇用量をできるだけ維持する措置は東部では行われなかった。実際にはそれを行う余裕がなかった。東部企業におけるリストラが抜本的で深刻であったために、高い資格を有する労働者を温存し、一定の余分な要員を抱える余裕が乏しかった。東部のそのような状況下における操業短縮は仕事量減少を一時的にしのぐという本来の役割を果たさずに、解雇を先送りするだけの役割であった。資格向上企業（Qualifizierungsgesellschaft）および雇用企業（Beschäftigungsgesellschaft）という独自の労働市場が作られたのは、東部における雇用機会減少をくい止めるための措置であった。企業にできるだけ多くの労働者を残すことの代わりに、排除された労働者に雇用以外の道を拓くことに努めた。

雇用の代替ではなく所得の代替手段として早期引退制度が提供された。東西の企業でこの制度は利用し尽くされた。議会がこの点で東部の雇用事情を勘案して東部に特別に有利な措置を講じた。西部では立法者はこの点では社会保険財源による負担で人員削減を抑制することを懸念した。そこで西部では、企業内の合意にもとづく企業内上乗せ補償によって早期引退が促進された。その結果、企業によっては東部における年金早期支給を下回る定年年齢が登場した。

いずれにせよ西部では、解雇を回避する措置によって企業労使にとっては誰かを解雇するという不幸な荒手の措置をとらなくて済んだ。

### 2　希望退職と解雇の関係

両者の関係は東西では大きく異なる。東部では経営上の理由による解雇が人員削減の代表的手段であり、希望退職は特別に問題ある事例に対してのみ利用

---

4）　藤内「ドイツにおける人員削減手続き」岡法45巻4号（1996年）27-55頁参照。

された。しかし，西部では希望退職こそが人員削減の代表的手段であり，それによって対応できない僅かな残りの従業員に対して解雇が通告された。

### 3 選考基準

東西企業ともに労働者の効率性および客観的な仕事ぶり（Sachgerechtigkeit）という基準を優先させた。何よりも資格，成績，労働意欲（Arbeitsmotivation）などの基準が決定的に重視され，社会的観点は軽視された。西部では退職勧奨の対象者選考でこのような選考基準が貫かれた。東部では排除すべき労働者の人数が多すぎたために，社会的観点を考慮する余地が理屈ぬきになかった。

確かに東西とも社会的観点は考慮された。しかし，考慮の動機は異なっていた。西部企業では人事部はより高額の補償金を求めてしつこく交渉する人（Abfindungspoker）の議論にかかわって関心をもった。つまり，解雇にあたり被解雇者の社会的条件によって補償金額が左右され，社会的弱者ほど解雇が正当化されにくいので，それだけ希望退職に応じるように説得する必要が人事部にはあった。東部では解雇される範囲を確定して，保護を必要とする労働者には困難を緩和するための措置（研修受講，再就職の世話等）を講ずるために個々人の条件を把握しておく必要があった。

社会的観点のウエートの置き方では，東部では解雇の順番にそれが考慮され，別収入の可能性，再就職の可能性，家族状態などでより大きな困難・支障を抱えた労働者の解雇は先送りにされた。使用者と従業員代表は社会的責任意識をもって対応した。西部企業でもそのような世話は時折見受けられたが，それはかかる処遇を労働者がアテにできるような特別の事情があるときだけであった。

### 4 事業所当事者の自己役割認識

選考手続きには東西で明確な違いはない。確かに東部では排除すべき労働者の範囲が広かったにもかかわらず，当事者は労働者の個人的事情を把握するために自宅訪問を含めて努力したといえる。被解雇者には解雇通知は使用者から手渡しされた。これらは雇用関係を超えて，同僚に対する強い責任感を示している。西部ではそのような手続きは実務的に処理された。

東部では選考手続きに従業員代表がより深く関与した。これは従来の事業所内における社会関係の存続というよりも，むしろ移行期の特殊事情によろう。

## 六　小　括

　本章のハルトマン論文から，いくつかのことを確認できる。
　従業員代表のタイプと雇用調整への関与の関係をみると，関与の程度に大きな違いがあることがわかる。いくつかの事例では使用者側により手続きから遠ざけられている。反対に使用者側から，共同責任を負わせるため引き込まれている例もある。後者の場合，とくに被解雇者名簿作成への協力では従業員代表が警戒するのももっともである。ただし，関与することで自らの手を汚すことにはなるが，それが誰かを解雇しなければならない状況下では，関与することでそれをより公正にできるのも事実である。
　また，被解雇者の人選では，経営上の必要（広く効率性の観点）から，解雇から除外される者が多い。この調査事例では，社会的選考の比重は低い。社会的選考では，勤続年数と年齢がとくに重視されている様子がうかがえる。人選で点数表が使用されたのは西部地域で16事業所中4であり，さほど多くはない。

# 第3章　雇用のための同盟とその展開[1]

## 一　背景と意義

　これは失業を減らし雇用を生み出すために，政労使で協議・協力を進める体制である。一種のコーポラティズムによる協調行動である。ドイツでは1990年以後，長期にわたる雇用の不安定な状況がある。雇用不安を背景に，雇用の安定・創出のため雇用のための同盟（betriebliche Bündnisse für Arbeit ＝ BBA, 以下「雇用同盟」ともいう。「雇用・教育訓練および競争力のための同盟」と呼ばれることもある）をめぐる議論と取り組みが行われてきた。それは全国レベルから事業所レベルまであり，全国レベルではトップの政労使で，産業レベル労使で，そして各事業所当事者（使用者と従業員代表）間で必要に応じて展開される。

　ドイツでは雇用調整が労使間で比較的摩擦が少なく痛みの小さな社会調和的な（sozialverträglich）方法が優先されている。このような雇用をめぐる労使の協力関係の背景の1つに，雇用同盟がある。これは2008年以後の雇用調整に直接に関係するわけではないが，最近，整理解雇というハードな方法による人員削減が減少した一因であり，その背景にある雇用をめぐる労使協力態勢を理解

---

1) Hartmut Seifert/Heiko Massa-Wirth, Betriebliche Bündnisse für Arbeit nur mit begrenzter Reichweite?, in: WSI-Mitteilungen 5/2004, S. 246 ff.; Berndt Keller, Einführung in die Arbeitspolitik, 7. Aufl., 2008, S. 249-254; WSI-Betriebs- und Personalrätebefragung 2004/05（Böckler Boxen（2011/2/11））; IAB-Betriebspanel NRW 2007, S. 38 ff.; 竹内治彦「雇用のための同盟とドイツの労働組合運動の転機」海外労働時報20巻6号（1996年）76頁以下，吉田和央「ドイツの協約自治システムと労働条件決定の個別化」会報6号（2005年）45頁以下。

　個別企業の事例としてジーメンス社につき，高橋友雄「最近のドイツ金属産業における雇用保障と労働条件をめぐる労使対立」大原社会問題研究所雑誌555号（2005年）55頁以下，小俣勝治「ジーメンス社にみる企業再編と従業員代表の対応」会報8号（2007年）33頁以下。

するうえで重要である。

　なお，労働組合は常時，労働者の雇用確保に取り組んでいる。ただ，その規制方法が時代とともに変化している。その意味では，雇用保障のための協約規制として，合理化保護協約や労働時間短縮協約の延長線上であるという側面がある。

## 二　経　　緯[3]

　雇用同盟は1995年に金属産業労組（IGメタル）内で最初に提起された。当時，東西再統一後の経済的に困難ななかで金属産業では週35時間労働制を労働協約で達成し（1995年），つぎなる課題として提起された。1998年に発足したシュレーダー政権の主導のもとに政労使のトップレベルで雇用同盟の協議が始められた。シュレーダー政権は同時に雇用政策として，賃金補助に依存した従来の政策を改め，労働者の職業訓練など，雇用環境変化に対応可能な職業能力向上と労働意欲を促進する方向（積極的労働力政策）を示した。

　雇用同盟全国会議のテーマは多岐に及ぶ。失業対策面では，青年層の職業訓練（実習職）ポスト確保，高齢者層を含む職業訓練，高齢者パートの促進による若年層の雇用機会拡大，長期失業者対策などが議論され，三者合意による失業・雇用対策が取り組まれた。ただし，60歳早期年金支給による失業者削減対策に関しては労使で見解が対立し，政府は高齢者の就労率向上に重点をおく政策をとることとなった。

　企業が東欧などへ国外移転する趨勢にあるなか[4]，その原因が調査され，使用者側からはドイツの賃金の高さが指摘された。また，組合側は時間外労働削減による雇用創出を主張した。それにつき協議の結果，パートタイム雇用および有期（期限つき）雇用の利用，労働時間口座など弾力的な労働時間制度により

---

2) 毛塚勝利「西ドイツにおける技術革新・合理化と労働組合」比較法雑誌15巻4号（1982年）1-60頁。
3) 労働政策研究・研修機構（以下，「JILPT」とする）のHP「海外労働情報」コーナー参照。
4) 藤内2012・45-46頁。

時間外労働を削減していくことが合意された。

## 三　全国レベルの展開

(1) **組合の対応**　90年代の失業率上昇のなかで、組合側は苦しい立場に置かれる。また協約賃金を払えない経営難の企業が増え、産業一律の企業横断的な労働条件規制が困難になる。この点で労働組合の対応は、個別の組合によりやや異なる。

金属産業労組は2004年のプフォルツハイム協定（Pforzheimer Abkommen バーデン・ヴュルテンベルク地区）によって、協約当事者の同意のもとに事業所当事者が協約とは異なる取扱いをすることを認めた。ここで「統制された弾力化」と呼ばれる方向性を明確にする[5]。これがその後、ドイツにおける代表的な方向となる。同協定によれば、「社会的経済的な結果を考慮して、協約と異なる規制により雇用の継続的な改善を確保することが必要であれば、協約当事者は合同で審査した後に、事業所当事者が補充的な協約規制を合意する、または合意のうえで了解して期限つきで協約上の最低水準から逸脱することを認める」。この適用を受けようとする使用者は具体的な数字と事業所の将来構想を示すことが必要であり、それは組合により専門家を通じて審査される。組合側は事業所レベルの補充的な協約締結に向けて事業所レベルの協約委員会を設置する。金属産業では2006年8月までに事業所レベルでこの種の協定が872件結ばれているが、うち175件がプフォルツハイム協定以後のものである[6]。

これに対し、化学産業では異なる対応をとる。化学産業では長年の議論を通じて多様な協約開放条項を定め、事業所レベルでは選択条項を適用して協約賃金の80-125％の範囲内で自主的に決定することができる。ここでは協約当事者の関与は金属産業に比べて弱い。

---

5) 藤内著・301頁。この協約に対する組合側の受け止め方につき、高橋友雄「ドイツ金属産業における教育訓練協約とその影響」労働調査2006年10月号47頁。本協約の評価につき、岩佐卓也「2004年プフォルツハイム協定とIGメタル」神戸大学大学院人間発達環境学研究科研究紀要6巻1号（2012年）68-71頁。

6) Berthold Huber, Nur unsere eigene Stärke zählt, in: Mitbestimmung 9/2006

(2) 「統制された弾力化」の意義[7]　金属産業に見られるように，労働協約当事者が関与した開放条項は雇用保障と企業競争力の改善を組み合わせた協定である。それは労働協約に基礎付けられていることが重要である。

　雇用のための同盟の内容を分類すると，事業所がすでに経営危機にあり，それを克服すべく結ばれた危機同盟が55％，企業競争力の一般的・継続的な向上をめざす刷新・競争力向上同盟（Innovations- oder Wettbewerbsbündnisse 競争同盟）が29％である。それ以外の内容が16％である[8]。

　雇用保障協定は内容的にみて，事業所レベルにおける交渉対象事項を広げる，新しいタイプの協定である。第1に，従来は協約当事者が排他的に有していた賃金・労働時間という重要（実質的）労働条件事項を事業所当事者の交渉に委ねることになる。実際には慎重を期すべく，企業と従業員代表だけでなく，労働組合が加わって三者で合意されることが多い。第2に，事業所当事者ははじめて量的な雇用規模（雇用水準（Beschäftigungsniveaus）の保障ないし拡大，職業訓練生の受け入れなど）を規制対象にする。賃金および労働時間は伝統的に協約上の規制対象であったが，雇用水準自体は従来，協約規制に含まれず，最終的には使用者が自ら決定していた。事業所レベルの雇用同盟はこの「管理権（right-to-manage）」を制限することになる。使用者は雇用政策上の選択肢を汲み尽くすことを一定範囲内で放棄することになり，合意した範囲内で雇用基準値を遵守する義務を負う。ここで協定は事業所の適応戦略（Anpassungsstrategie）を変更する。労働者側の譲歩によって使用者は内部的に柔軟な行動の余地を広げた。同時に使用者は，外部的な適応の余地を狭め，労働者側に雇用の安定を約束する。

　こうした内容上の特色は，協約と事業所協定の関係を変化させる。なぜなら

---

7) Seifert/Massa-Wirth, a. a. O. (N. 1), S. 246f.
8) 私が訪問した従業員代表で，K社（藤内著・318頁以下）は経営危機下にある事例であり，S社（藤内著・306頁以下）は，経営危機にはないが工場をドイツ国内に立地したことにともなう協定があった。雑誌"Mitbestimmung" 2003年6月号から2005年7月号にかけて良好な事例26例が紹介されているが，このSick AGは，"Die Drohung war ernst zu nehmen"のタイトルで雑誌 Mitbestimmung 2004年3月号に紹介されている。

ば，ここで雇用保障は個別企業の置かれた状況（採用予定，投資計画，移転計画と変更の可能性など）を考慮して交渉・合意されるが，そうなると産業レベルの協約による規制には限界があり，事業所・企業レベルの規制に多くを委ねざるをえない。だが同時に，この事業所レベルの交渉はとかく従業員代表側が譲歩を求められる交渉になりがちであり，そのさいに協約による枠組み規制の存在が歯止めとして重要な役割を果たす。

雇用同盟は多くの点で使用者にメリットをもたらす。その内容は，労働時間口座の事例と多くの点で共通する。企業に特有な技術をもつ労働者（betriebsspezifisches Humankapital）の確保により，解雇などの費用，つぎの経営回復期の採用費用を節約できる。そして労働者に雇用を保障することにより企業内の協調的な雰囲気（Betriebsklima）を保てる。

ただし，労働条件低下，賃下げおよび労働時間弾力化は，予測しがたいリスクを抱え込む危険性がある。

## 四　企業レベルの展開状況

全国レベルにおける政労使協議と並行して，企業（事業所）レベルでも雇用対策の合意が形成された。「事業所レベルの雇用のための同盟」と呼ばれる。90年代半ばから，企業の東欧移転が進行しドイツ国内の失業率が高まるなかで，雇用確保や移転しないことの約束を中心に，労働者の雇用保障と賃金引上げ抑制がセットになった事業所協定が多くの事業所で締結された。

各種調査で，事業所レベルにおける雇用同盟（雇用保障）協定の締結にあたり，労使間はもちろん，従業員代表と労働者および労働組合の間で頻繁に対立が生じていることが報告されている。雇用保障にかかわる協定を従業員代表が交渉し合意することは，「労働条件規制の事業所化」と呼ばれる流れの重要な側面である。従業員代表は事業所内の事情に通じているとはいえ，実質的労働条件の規制に関与することは，労働組合と異なり従業員代表にとって大きな負担である。それゆえに「労働条件規制の事業所化」は従業員代表側からは「一般的に問題である」と受け止められている[9]。

(1) **雇用保障協定の規定例**[10]　　事業所レベルの雇用同盟の代表例として雇用

保障協定がある。これに関する事業所協定の規定例によれば，一時的に講じられる措置としては，労働時間口座および労働時間弾力化，景気変動的な操業短縮（社会法典第三編169条以下），時間外労働の期限つき排除，期限つきの集団的または個別的な短時間勤務（労働時間短縮），年次有給休暇の早期取得の働きかけ，無給の特別休暇の可能性，育児休暇（Elternzeit）の延長，臨時手伝い（Aushilfe），有期雇用または派遣労働の一時的な縮小，労働者を別事業所またはコンツェルン内別会社への一時的に派遣（Entsendung）することがある。

雇用保障協定では，通常，期限付きで整理解雇が排除されている。それは場合により，長期勤続の中高年者に限定されることがある。「ただし，企業の存立が危うくなるときは，このかぎりでない」という条件がつくことがある。

(2) 普及状況（WSI／IAB調査）　(a) WSIが従業員代表に対して調査した（2003年，労働者20人以上の事業所のみ）。回収率は16％で，2,477例である。[11]

雇用保障・立地確保（Standortsicherung）協定ないし雇用保障・競争力向上同盟（BBW：Bündnisse für Beschäftigungs- und Wettbewerbsfähigkeit）の締結状況は図表3-1のとおりである。WSI調査とIAB調査では，協定締結率に大きな違いがみられるが，WSI調査によれば，2003年時点で平均23％の事業所で締結済みであり，3％の事業所では当事者間で交渉中である。事業所規模が大きいほど協定締結率は高いが，適用労働者数でみると本協定がある事業所には労働者の49％が働いている。1999年に比べると，この波はすでに引きつつある。東西で比較すると，西部地域22％に対し，東部地域は28％ではっきりと高い。このうち小規模事業所では，正式の事業所協定ではなく非公式または個別契約にもとづく協定であることが頻繁であろうと，ザイフェルトらは推測する。

産業別にみると，企業向けサービス業（Unternehmensdienstleistung）で36％と高く，商業部門で9％と低い。商業部門では1990年代に消費不況が続いて生き残り競争が激しいことに照らして意外であるが，これは商業部門ではすでに

---

9) 藤内著・298頁。
10) Berthold Göritz/Detlef Hase/Nikolei Laßmann/Rudi Rupp, Interessenausgleich und Sozialplan, 2010, S. 44
11) Seifert/Massa-Wirth, a. a. O. (N. 1), S. 248 ff.

第Ⅰ部 総　論

図表 3-1　雇用のための同盟の普及状況

(事業所規模別, %)

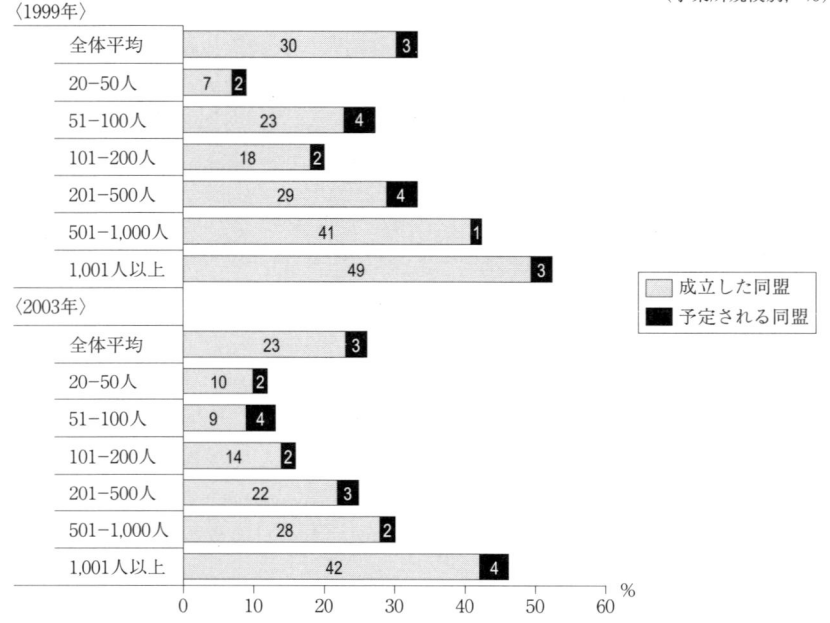

〈1999年〉

| 規模 | 成立した同盟 | 予定される同盟 |
|---|---|---|
| 全体平均 | 30 | 3 |
| 20-50人 | 7 | 2 |
| 51-100人 | 23 | 4 |
| 101-200人 | 18 | 2 |
| 201-500人 | 29 | 4 |
| 501-1,000人 | 41 | 1 |
| 1,001人以上 | 49 | 3 |

〈2003年〉

| 規模 | 成立した同盟 | 予定される同盟 |
|---|---|---|
| 全体平均 | 23 | 3 |
| 20-50人 | 10 | 2 |
| 51-100人 | 9 | 4 |
| 101-200人 | 14 | 2 |
| 201-500人 | 22 | 3 |
| 501-1,000人 | 28 | 2 |
| 1,001人以上 | 42 | 4 |

出典：WSI-Betriebsrätebefragungen 1999/2003 (WSI-Mitteilungen 5/2004, S. 249 (Seifert/Massa-Wirth))

非正規労働者の比率が高く，労働時間の弾力化が進んだことによって対応が終了したことによると推測される。企業の経営状況の良し悪しはさほど影響していない。これは，受注，売上げまたは収益が良好な企業でもこれが合意されていることからも裏付けられる（図表3-2）。それでも協定に至った主な理由（図表3-3）をみると，「雇用喪失のおそれ」が60％に達している。この点は，受注，売上げまたは収益が悪い企業で協定した場合が該当するのであろう。

もし協約が事業所レベルの協定につき厳しい条件を定める場合には，適用事業所では協定しにくくなる。これが協定の妨げになっているか否かを問うと，雇用保障協定がない事業所の42％では「協定の必要性がなかったから」と回答しており，さほど妨げになった様子はない。

（b）WSI 従業員代表調査（2007年）によれば，調査した事業所の4分の1強で雇用保障に関する企業内協定（雇用のための同盟）があった。[12] 2003年調査と

第 3 章　雇用のための同盟とその展開

図表 3-2　雇用同盟が合意さ
　　　　　れた事業所の状況
（経営状況別，2004/05年，％）

| 経営状況 | 良好 | 不良 |
|---|---|---|
| 受注状況 | 21 | 39 |
| 売上げ状況 | 22 | 36 |
| 収益状況 | 23 | 30 |

注：母数は，雇用同盟がある事業所である。
出典：WSI-Betriebsräte- und Personalrätebefragung 2004/05（Böckler Boxen 2011/2/3）

図表 3-3　雇用同盟協定に
　　　　　至った主な理由
（2003年，複数回答可）

| 理　由 | ％ |
|---|---|
| 雇用喪失のおそれ | 60 |
| 内部事業再編 | 48 |
| 不十分な収益レベル | 30 |
| 事業所移転のおそれ | 24 |
| その他 | 10 |

出典：吉田和央「ドイツの協約自治システムと労働条件決定の個別化」会報 6 号（2005年）46頁。

同程度である。とくに原料・生産財部門で高く，85％であった。それに対し，金融・保険部門ではそれは22％であった。WSI 従業員代表調査（2009年）によれば，調査した事業所のうち，労働者20-49人の事業所の24％で，50-99人の事業所の26％，1,000人以上の事業所の47％で，雇用保障に関する協定が締結されていた。WSI のザイフェルト（Hartmut Seifert）研究員によれば[13]，これらは事業所と職場を維持・確保するために最近頻繁に従業員代表との間で結ばれているという。

（c）IAB の事業所調査（2006年，20人未満の従業員代表のない事業所を含む）[14]によれば，調査対象に零細規模事業所を含むため，雇用同盟（雇用保障協定）の協定比率は WSI 調査に比べて大きく下がる（図表3-4）。雇用保障協定は平均では事業所の2.3％にあり，労働者数500人以上では33.3％にある。WSI 調査が従業員代表のある事業所のみを調査対象にしているとはいえ，両調査で結果に大きな違いがある。

---

12) Claudia Bogedan/Wolfram Brehmer/Alexander Herzog-Stein, Betriebliche Beschäftigungssicherung in der Krise, 2009, S. 9
13) Aktuelles Beitrag Nr. 153132 v. 08. 01. 2009
14) IAB-Betriebspanel NRW 2007, S. 38 ff.

図表3-4 雇用保障協定・資格向上同盟の普及度

(2006年, %)

|  | 5-9人 | 10-19人 | 20-49人 | 50-199人 | 200-499人 | 500人以上 | 平均 |
|---|---|---|---|---|---|---|---|
| 雇用保障協定 | 0.9 | 1.9 | 3.4 | 8.4 | 18.4 | 33.3 | 2.3 |
| 資格向上同盟 | 0.1 | 0.8 | 0.7 | 1.6 | 4.2 | 11.9 | 0.5 |

出典：IAB-Betriebspanel 2006（Lutz Bellmann, Auswirkungen der Wirtschafts- und Finanzkrise auf den Arbeitsmarkt, S. 21）

(3) 協定内容（WSI 2003年調査） （a）労働者側の譲歩 締結された協定の内容をみると，図表3-5のとおり，1999年に比べて2003年は，労働時間および組織構造の改革に比べて賃金見直しの比重が高まっている。これは前二者の見直しの余地が狭まったことを示すと，ザイフェルトらは分析する。前二者は一旦見直されると，協定満了後も元に戻ることは予定されていない。

各項目をみると，労働時間見直しでは残業の時間補償（代休付与）の比率が大きく減少している。代わって労働時間口座が大きく登場する。これは2003年時点におけるITバブル崩壊後の景気後退の反映であるとみる。ここで「労働時間短縮」とは雇用量調整のための期限付きである。2つの時期で景気動向を反映して大きく変化している。労働時間関係の見直しは同時にそれを実施するために労働組織構造の調整を頻繁に引き起こす。賃金見直しで，「特別支給（Sonderzahlung）の削減」とは通常，協約上乗せ支給の削減を意味する。

（b）使用者側の約束（図表3-6） 雇用保障協定では労使の互恵主義が原則である。使用者側の約束内容では，「解雇をしない」が最多である。これは雇用保障協定であるという性格の反映である。しかし，「約束なし」という，労働者側に一方的に譲歩を求める協定が13％であり，これは1999年調査に比べて2倍である。それでも全体としては，互恵主義が貫かれている。この場合，このような結果は使用者側の善意や従業員代表の交渉力の強さに起因するというよりも，協約が使用者側が提供すべき反対給付の内容をしばしば定めているという産業別協約における枠組み規制が重要であるとザイフェルトらは強調する。その根拠として，「約束なし」の比率は，協約適用ある事業所では11％であるのに対し，協約適用のない事業所では35％に達していることを挙げる。

また，雇用保障協定のなかに「新規採用」が定められている事例がわずかな

第3章　雇用のための同盟とその展開

図表 3-5　雇用のための同盟の内容
(%)

| | 1999年 | 2003年 |
|---|---|---|
| 〈労働時間関係　合計〉 | 82 | 76 |
| 残業の時間補償 | 63 | 38 |
| 労働時間口座の導入 | − | 36 |
| 残業の削減 | 36 | 22 |
| 労働時間延長 | 12 | 13 |
| 週末労働の実施 | 10 | 6 |
| 労働時間短縮 | 5 | 19 |
| 〈組織的な措置　合計〉 | 83 | 65 |
| 事業所内の稼働率向上 | 49 | 46 |
| 資格向上 | 46 | 31 |
| 労働組織の刷新 | 36 | 24 |
| 〈賃金の見直し　合計〉 | 32 | 42 |
| 特別支給の削減 | 13 | 20 |
| 残業手当の削除 | 10 | 11 |
| 世間相場の考慮 | 9 | 11 |
| 協約賃上げの適用除外 | 7 | 10 |
| 格付けを下げる | 5 | 6 |

注：「−」は調査項目がなかったことを示す。
出典：WSI-Mitteilungen 5/2004, S. 250 (Seifert/Massa-Wirth)

図表 3-6　使用者側の約束（2003年）
(%)

| | |
|---|---|
| 〈雇用の約束　合計〉 | 82 |
| 解雇をしないこと | 71 |
| 従業員数の維持 | 26 |
| 職業訓練生の受け入れ | 26 |
| 職業訓練水準の維持 | 26 |
| 新規採用 | 8 |
| 〈立地の約束　合計〉 | 53 |
| 立地の維持 | 44 |
| 現地における投資 | 14 |
| アウトソーシングをしないこと | 14 |
| 生産ラインの保障 | 12 |
| 〈約束なし〉 | 13 |

出典：図表 3-5 と同じ。S. 251

がら存在する。これは従業員代表側は必ずしも現在雇用されている労働者の利益だけでなく労働者全体の利益を考慮していることを示している。これは雇用保障協定の締結に従業員代表とともにしばしば労働組合が当事者に加わっていることとも関係する。

（ｃ）事業所の経営状態　協定内容と当該事業所の経営状態の相関関係をみると（図表3-7），受注状態や収益状態の悪い事業所で早急に競争力を回復させるための措置（例，労働時間短縮）が優先されている傾向がうかがえる。良好な事業所のほうが，労働時間の柔軟化や労働組織の刷新など長期的に競争力向上につながる措置をとる比率が高い。ここでは職業訓練・資格向上計画が組み込

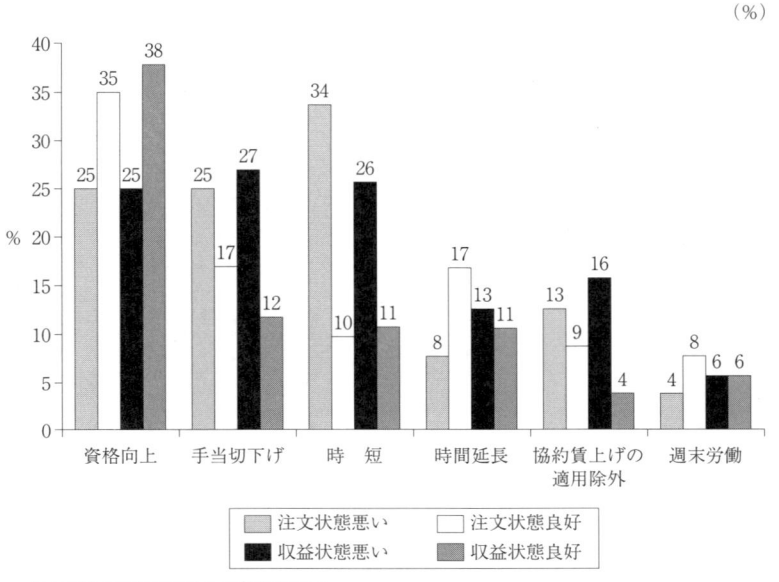

図表3-7　雇用同盟の内容と事業所の経営状態

(%)

| | 資格向上 | 手当切下げ | 時　短 | 時間延長 | 協約賃上げの適用除外 | 週末労働 |
|---|---|---|---|---|---|---|
| 注文状態悪い | 25 | 25 | 34 | 8 | 13 | 4 |
| 注文状態良好 | 35 | 17 | 10 | 17 | 9 | 8 |
| 収益状態悪い | 38 | 27 | 26 | 13 | 16 | 6 |
| 収益状態良好 | — | 12 | 11 | 11 | 4 | 6 |

注：母数は雇用同盟のある全事業所である。
出典：図表3-5と同じ。S. 252

まれることが多い。

　また，それは事業所協定の有効期間の長さにも反映し，危機に該当する事業所では有効期間の中央値が19か月であるのに対し，良好な事業所では36か月である。

(4)　WSI 2009/10年調査：協定の普及と内容[15]　調査対象事業所のうち，一定の指標により経営危機にかかわりそうな事業所に限定して分析した。

　(a)　同盟の普及状況　限定された調査事業所のうち，58.5％で雇用のための同盟があった。ただし，この調査では書面で合意されている場合のほか，その旨の口頭での合意を含めている。経営危機を抱える事業所の70％でそれがあり，そうでない事業所の46％であった。危機のうち，世界危機に関連するのは

---

15) Claudia Bogedan/Wolfram Brehmer/Hartmut Seifert, Wie krisenfest sind betriebliche Bündnisse zur Beschäftigungssicherung？, in：WSI-Mitteilungen 2/2011, S. 55

図表 3-8　雇用同盟の内容

(労働者側の譲歩，％，2009/10年)

| 事項 | 合意の比率<br>(n=1076) | うち，口頭の約束 (n=662) | 書面の約束<br>(n=414) | 書面約束中，危機で変更あり<br>(n=149) |
|---|---|---|---|---|
| 労働時間口座関係 | 53.7 | 53.1 | 54.9 | 53.4 |
| 操業短縮 | 37.4 | 34.9 | 42.9 | 55.5 |
| その他の労働時間 | 16.3 | 14.8 | 19.7 | 22.2 |
| 休暇取得関連 | 24.3 | 21.1 | 31.2 | 42.8 |
| 人事的・組織的措置 | 47.0 | 44.4 | 52.6 | 58.6 |
| 賃金削減 | 23.9 | 20.3 | 31.8 | 41.9 |
| 社会給付の切り下げ | 11.8 | 11.5 | 12.3 | 14.9 |

注：これは雇用同盟がある事業所を母数とする。
出典：WSI-Mitteilungen 2/2011, S. 55 (Bogedan/Brehmer/Seifert)

半数であり，企業独自の危機に関連するのが9％である。産業分野別にみると，一方で金融関係では30％と少なく，他方で投資財・消費財生産業の78％と多く該当した。

　約束・合意の形態として，1,076例中662例と，口頭による場合が多い（**図表3-8，9**）。他方で書面による合意の形態としては，事業所協定23％，労働協約13％，それ以外の書面合意4％である。書面合意は特に操業短縮，休暇取得関連事項で多い。ただし，1つの事業所で複数の形態にまたがることがある。書面による約束・合意（414例）のうち，08年以降の金融危機で内容が変更されたのは149例である。ここではとくに操業短縮，人事的組織的措置事項で多い。

　（b）内容　大括りに分類して，労働時間関係の比重が高い。つぎに人事的・組織的措置である。賃金切り下げは書面で合意されていることが多い。

　2003年（図表3-5，6）と比較して，「労働時間口座関係」の比重が高まり，「休暇取得関連」が新たに出てきて，08年金融危機以後の特徴を反映している。使用者側の約束では，「解雇をしない」が減り，「従業員数の維持」「立地の維持」が増えている。

　多くの事業所では複数の事項がセットで合意されている。事業所規模が大きいほど，事項数も多い。

**図表 3-9　雇用同盟の内容**

(使用者側の約束，％，2009/10年)

| 事項 | 合意の比率 (n=1076) | うち，口頭の約束 (n=662) | 書面の約束 (n=414) | 書面約束中，危機で変更あり (n=149) |
|---|---|---|---|---|
| 解雇をしないこと | 49.4 | 38.9 | 72.4 | 76.4 |
| 従業員数の維持 | 67.1 | 64.6 | 72.6 | 73.6 |
| 職業訓練生の受け入れ | 43.4 | 39.5 | 52.0 | 49.1 |
| 職業訓練水準の維持 | 54.4 | 51.2 | 61.3 | 58.6 |
| 新規採用 | 28.7 | 27.3 | 31.9 | 23.6 |
| 立地の維持 | 77.0 | 75.3 | 80.7 | 80.0 |
| 現地における投資 | 53.5 | 53.4 | 53.7 | 46.1 |
| アウトソーシングをしないこと | 26.0 | 22.2 | 34.2 | 43.6 |
| 生産ラインの保障 | 29.6 | 28.0 | 33.2 | 31.0 |
| そのほかの約束 | 9.9 | 7.5 | 15.0 | 15.1 |

注：これは雇用同盟がある事業所を母数とする。
出典：図表3-8と同じ。S. 56

　同盟の合意内容をみると，労使の譲歩内容は必ずしも対応するものではなく，同盟交渉が「労働者側の譲歩交渉」といわれるように，労働者側にアンバランスに不利な事例がある。それにより使用者側のみが利益を得ているかもしれない。また，なかには使用者側が整理解雇を一定期間しない旨を約束しても，当該事業所の経営状況は必ずしも困難でない場合もある。

　経営状況との関係では，当初は非常時の特例として出発したが，いざ動き出してみると，必ずしも雇用危機でなく従業員数の維持を約束する必要がなくても，使用者が人事政策手段として日常的に活用する事例が出ている[16]。たとえば自動車メーカー・ポルシェは，この協定を活用して操業時間を延長している。

---

16)　Böcklerimpuls 11/2005, S. 3

## 五　企業レベルの交渉状況等

このように雇用同盟は大きな広がりを見せているが，締結にいたる状況やそれが機能するための条件はどのようなものであろうか。専門家の調査分析を紹介する。

(1)　**交渉状況**　WSI の従業員代表調査の一環として，ビュトナーとキルシュは雇用保障協定がある10の事業所を調査した（2001年）[17]。この10例では労使交渉で対立することは少なく，従業員代表側はどちらかといえば共同経営者（Co-Manager）として振る舞っている。

これに対し，IAB 調査により協定が成立したさいの交渉状況をみると[18]，61％は長い議論と対立の末に合意に達した。他方で，3分の1では交渉の最初から容易に合意に達した。この点で，ビュトナー＝キルシュ調査とは異なる傾向を示す。

各企業にはこれまで各々の労使関係があったであろうが，一旦経営危機になると協力関係が容易に形成される。この協定は両者の協力的姿勢―お互いに譲歩する，ギブ・アンド・テイクの姿勢―があることを前提とする。両者は合意形成へ向けて建設的に協議する。その場合に当事者間に長期にわたる厳しい対立があったとしても何ら矛盾しない。場合によっては第三者によって調停されることもある。

2人（ビュトナーとキルシュ）が調査した事例の過半数では，従業員代表が管理改革や企業構造改革の諸問題に立ち入るなかで，外部委託（Fremdvergabe）や投資の事項で実際には法定基準よりも高いレベルで発言や関与が行われている。少なくとも経営状態や人事展開につき情報提供は進む。いくつかの事例では，投資につき使用者側の決定を制約する約束がなされることもある。

調査事例では，従業員代表の関与により企業運営の透明性が必ず高まっている。使用者が約束したことの履行状況点検のために外部の専門家による評価が

---

17)　Renate Büttner/Johannes Kirsch, Bündnisse für Arbeit im Betrieb, 2002, S. 27f.
18)　IAB-Betriebspanel NRW 2007, S. 39

行われることもある。そうなると，使用者側はその運営につき説明し自らの施策の根拠を挙げることを求められがちである。

調査した10事業所では，この協定により雇用者総数が増えた事例はない。せいぜい現状維持であった。

2人の調査によれば，事業所レベルにおいて事業所の特有な事情を考慮した打開策を探るには事業所当事者に規制権限を下ろすことが有効であると結論づけられている。全国レベルにおける雇用同盟と事業所レベルのそれが並行して展開されることで実りある成果が出る。従業員代表側は場合によっては大幅な譲歩をする用意があることを調査事例は示している。もし従業員代表がこれに関心を示さず使用者側が一方的に対処する場合には，社会調和的な解決から遠ざかることが多い。

従業員代表が関与した場合には，使用者と従業員代表は双方が取引をする形になり，通常は一方的な勝者はない。

(2) **労使関係に及ぼす影響に関する先行研究**[19] 　雇用同盟が事業所レベルの労使関係に及ぼす影響につき研究関心がもたれ，調査・研究されてきた。ハッセルとレーダ（Hassel, A. /Rehder, B.）の研究は，協力的な労使関係は事業所規模が大きくなるほど労働組織の効率性向上に寄与することを示した。また，レーダの研究によれば，両当事者の共同経営（Co-Manegement）は，労働者と従業員代表の関係に影響を及ぼし，長年の労使協力・共同はお互いに消耗感（Abnutzungserscheinungen）が生じ，労働者に対する従業員代表の代表性が弱まる。

雇用同盟が産業レベルの労使関係に及ぼす影響につき，レーダは，それは横断的労働協約制度に転換をもたらすが，それを空洞化させるわけではないとする。マサ・ヴィルス（Heiko Massa-Wirth）は，雇用のための同盟と結びつくことにより横断的労働協約が企業間の競争を制限するものから促進するものに変化することを懸念する。また，彼の調査によれば，この合意に違反した場合の対抗措置に違いがあり，労働者側ではせいぜい使用者が解雇放棄したにもかかわらず実際に通告された解雇に対し，合意を根拠に無効確認の裁判を起こせる

---

19) Bogedan/Brehmer/Seifert, a. a. O. (N. 15), S. 52

にとどまるとする。このマサ・ヴィルスの研究に照らすと，合意の遵守は，違反した場合に相手側がどれだけの対抗措置を講じる可能性があるかに左右されるかもしれないという推測が成り立つ。また，彼の調査では雇用同盟の9％の事例で使用者側に違反があった。ただし，雇用同盟の内容はそれぞれ異なるので，この数字はさほど意味はないだろう。

(3) **雇用同盟の履行状況**[20]　雇用同盟は労使双方の譲歩のうえに成り立つ。だが，双方の合意ないし取引は必ずしも同時に履行されるわけではない。そのさいに労働者側の譲歩（賃金低下ないし労働時間延長）は必ず即実行されるのに対し，使用者側のそれ（雇用保障または工場立地確保）は将来のことであり実行は必ずしも保障のかぎりではない。WSIは従業員代表調査（2009/10年）の一環として，雇用のための同盟の遵守状況を調査・分析した。この時期はGDPが6.2％低下するという景気後退期であり，投入労働力は確実に減少している。

使用者側の約束の不履行をみると，約束・合意がある事例の24％でそれが履行されていない。そのうち全体の5％では一切の約束が履行されていない。それは西地域でやや多い。

不履行事例を規定する要素を今回の調査についてみると，最も重要な要素は事業所当事者の信頼関係の影響であり，紛争の多い当事者間では不履行が多い。この点では，従来，ニーエンヒューザとホスフェルト（Nienhüser, W. /Hoßfeld, H.）の研究が，事業所当事者の信頼関係が深まるほど，双方の合意・約束を遵守する傾向にあることを示していたが，その傾向は今回の調査事例でも確認された。

また，事業所規模が大きいほど，同盟関係は安定している。合意が書面か口頭かによる違いはない。そして，非常時条項（Notfallklausel　経営非常時には協約から逸脱することを最初から規定する条項）が定められている場合には不履行が多い。

これを調査・分析したボーゲダンらは，教訓として，同盟では約束不履行の場合に備えた，遡及的な請求権を定めることの検討を提言する。

協約水準を下回る条項の多くは協約当事者の同意を必要とする。その場合に

---

20)　Bogedan/Brehmer/Seifert, a. a. O. (N. 15), S. 51, 56

は，それは労働組合の同意を必要とするので使用者側でも組合の同意が可能な内容にすべく抑制が働くかもしれない。

(4) **機能するための条件**　シュトレーク（Wolfgang Streeck マックスプランク研究所研究員）は自分の調査経験から，事業所レベルにおける雇用のための同盟が有効に機能するためには，当該事業所で労働者がその議論に参加することが不可欠であるとみる[21]。最低2回の従業員集会が開かれ，その内容につき意見を交わし，労働者内で意見を出し合い調整することが必要である。議論では労働者内の異なる意見が出されることが望ましい。ここで関係する労働組合の地区役員が参加することも有益であるという。

## 六　小　　括

(1) **2008年金融危機・雇用調整との関連**　「雇用のための同盟」自体はさほど明確な成果をあげなかったが，このような雇用保障をめぐる労使協議・協力が全国レベルおよび企業内で1990年代以降に行われたことが，2008年以降の金融危機にあたり雇用維持を最優先した労使の協力体制がとられたことの1つの背景になっている。とくに，雇用のための同盟の全国会議で政府が主導することにより，雇用危機にあたり所管大臣が主要企業の代表を招いて円卓会議を開き，株主への配当を控えて雇用維持にあたることを要請することがある。それは社民党政権下だけでなく保守系のキリスト教民主・社会同盟政権下でも同様である。これは企業に対し雇用維持に関する社会的責任を強く求める世論形成に寄与した。このことは，ドイツで企業の社会的責任を強調する社会的市場経済の考えが共有されていることにもよる。

なおこの点で，これに応じる使用者側の事情として，監査役会の半数（労働者2,000人以上の企業の場合）が労働者側代表であるという労資共同決定の仕組み（共同決定法）が企業に社会的責任を果たさせるうえで後押ししているかもしれない[22]。

---

21) Böckler Boxen "Bündnisse per Gesetz- Ohne Gewerkschaft Chaos"（アクセス2011年2月11日）

(2) 日本との比較　　経営難・雇用危機に陥った場合の事業所当事者の協力しあう姿を見ていると，日本における使用者と企業別組合の協調的な関係が重なって映る。従業員代表側が現在雇用されている労働者の雇用確保を最優先する気持ちはよく理解できる。この点では企業・事業所レベルにおける経営困難時の労使協力はいずれの国でも共通したものがある。ただし，ドイツでは，法律（事業所組織法）にもとづき企業の経営状態に関する情報が日常的に使用者から従業員代表に提供され，それが労使の協力促進に働いているという事情がある。

ここで，労働者の数近くが雇用されている事業所で従業員代表が設置され，[23]それが雇用調整に関与していることは，日本で組合組織率が18％にとどまり，労働者側の関与はその場合に限られ，それ以外では使用者側の一方的な決定がなされていることに比べて，関与の広がりで状況が異なる。

そして，産業別労働協約によって企業レベルの交渉に枠がはめられる，いわゆる「統制された企業・事業所交渉」になっている。それにより企業レベルの「一人歩き」が労働者全体の利益と大きくは反しない，企業エゴを抑制する仕組みが作られている。この点は日本と構造的に異なる点である。

さらに政府のかかわり方として，日本で企業の内部留保が蓄えられ続けているときでもなかなか雇用は拡大されず，また所管大臣が直接に企業に雇用拡大を要請するわけでもない状況と比べるとき，政府の働きかけの姿勢には大きな違いがある。

---

22)　企業監査役会における労働者代表の参加は，それを存続させるべきか否か，専門家の間では活発な議論があるが，勤労者のなかでは，それは企業の発展に寄与し，有意義であると受け止められている。たとえば，ハンス・ベックラー財団の委託を受けて TNS が1,007人に対してアンケート調査（2006年）したところでは，質問「企業の共同決定は企業の発展を促進しているか」に対し回答者の80％が賛成し，17％が反対している。Vgl. Böcklerimpuls 13/2006, S. 4(TNS Emnid)

　また，ジモン・レナルト（イェーナ大学）が15-65歳の雇用者2,005人に対して行ったアンケート調査（2008年）によれば，質問「ドイツの株式会社の監査役会では使用者の代表だけでなく労働者の代表もメンバーであることは有意義か」に対し，回答者の85％が賛成し，11％が反対している。また，質問「監査役会で労働組合代表が当該産業分野の労働者全体の利害を考慮するように働きかけることは有意義か」に対し，79％が賛成し，19％が反対している。Vgl. Böcklerimpuls 17/2008, S. 6(Simon Renaud)

23)　藤内著・223頁。

# 第4章　リーマン・ショック後の雇用調整

## 一　はじめに

　2008年のリーマン・ショック以後，かつてない規模で雇用調整の波が世界を襲った。輸出志向が強いドイツ経済にとって今回の雇用危機は大きな試練であったが，さほど大規模な解雇もなく対応されている。そのためにさまざまな雇用調整方法が組み合わせてとられ，それにより今回，2008年から09年にかけて雇用危機を，さほど失業率を上げることなく乗り切った。これにつき，EU内では高く評価されている。とくに，EU内で経済困難を抱える国々からは模範とされ，「雇用の奇跡」とも呼ばれている[1]。

　09年の秋季予測では，10年の失業者数は400万人の大台を突破すると予想されていたが，実際には09年の失業者342万人を下回る338万人に大幅に修正された。統計によれば，2008年第1四半期から2009年第1四半期までにドイツ経済の実質生産はマイナス8％である。しかし，失業率は若干の悪化にとどまっている。

　予想が外れた原因として，労働市場・職業研究所（IAB）[2]のベルマンによれば[3]，労働時間口座（Arbeitszeitkonto 労働時間貯蓄口座）の普及，操業短縮手当の利用，熟練労働力不足への懸念（そのために使用者側は熟練労働力の確保に努めた）

---

1) Alexander Herzog-Stein/Hartmut Seifert, Deutsches "Beschäftigungswunder" und flexible Arbeitszeiten, WSI-Diskussionspapier Nr. 169, 2010 JILPT・HP・海外労働情報（ドイツ）（2010年3月）ハルムート・ザイフェルト「ドイツの失業対策」
2) この研究機関は政府系で，公法上の団体（日本の独立行政法人に相当）である連邦雇用機構（Bundesagentur für Arbeit = BA　連邦雇用エージェンシーの訳もある）の1部門である。本部はニュルンベルグ。
3) Lutz Bellmann, Auswirkungen der Wirtschafts- und Finanzkrise auf den Arbeitsmarkt, S. 5

第4章 リーマン・ショック後の雇用調整

図表4-1 雇用柔軟性のレベル・形態

| | 内部的な柔軟性 | 外部的な柔軟性 |
|---|---|---|
| 労働時間の長さ・雇用量 | ・労働時間口座・時間外労働<br>・雇用保障的な労働時間変更<br>　例：操業短縮、高齢者パート | ・人員削減および採用停止<br>・派遣労働<br>・有期雇用 |
| 組　織 | ・資格向上訓練<br>・作業工程 | ・再就職支援会社 |
| 賃　金 | ・協約上の開放条項<br>・企業内の雇用のための同盟<br>・ミニジョブ（僅少雇用）<br>・成果主義的賃金 | ・人件費手当<br>・賃金代替的な給付 |

出典：Böcklerimpuls 18/2009, S. 5

がある。すなわち、一因として、2000年代前半のITバブル崩壊時に雇用削減を行った企業が、景気回復局面で労働力、とくに熟練労働力の調達に苦労した反省がある。現在の高齢化や人口減少といった構造的事情により労働者人口が減少するなか、企業が景気回復に備えて雇用削減に慎重になっていることも背景にある。

不振の外需に代わり、景気を下支えしたのが内需である。環境プレミア（自動車買い替え支援策）や操業短縮手当をはじめとする景気対策によって、国内の生産活動や雇用の大幅な悪化を緩和してきた。

なお、仕事量の変動に対する対応方法につき、いくつかの観点から分類すると、図表4-1のように整理できる。これを数量的柔軟性と機能的柔軟性という基準で分類することもできる。

以下、2008-09年の雇用調整につき、代表的な調査としてハンス・ベックラー財団・経済社会科学研究所（WSI）[4]による調査を、関連する他の調査を織り込みながら紹介する。

---

4) ハンス・ベックラー財団付属機関で、ドイツ労働組合総同盟（DGB）のシンクタンクである。本部はデュッセルドルフ。

第I部 総　論

## 二　経済社会科学研究所の調査[5]

　08年の経済危機以後，雇用が縮小するなかで企業内での対応につき，従業員代表を対象にWSIによる調査（2009年）が行われた。WSIによる従業員代表調査は隔年で定期的に実施されているが，2009年は雇用保障および雇用調整が中心的な調査事項となった。調査は2009年7月から9月までの2か月半にわたり実施された。対象は全国2,324か所の従業員代表であり，かつ，労働者数20人以上の事業所にかぎられている。以下でWSI従業員代表調査は，いずれもこの事業所規模が前提とされている。調査方法は電話による。
　ドイツでは1990年代後半以後の政労使3者による「雇用のための同盟（Bündnis für Arbeit）」という雇用確保のための相互協力の協議，とくに1999年の合意を通じて，雇用危機にさいしては政労使が相互に協力することで了解がある。2009年の対応でもそれが活かされている。労働者側も賃金などで切り下げが行われることにつき，覚悟ができていた。

### 1　事業所レベルでの対応

　図表4-2が示すように，雇用保障のためにとられた措置は多様な組み合わせである。最も頻繁に利用されているのは，労働時間口座の活用であり，事業所の30％に達する。うち最多は，同口座の時間残高（Zeitguthaben, Plusstunden 貸し時間）の縮小であり，つぎに同口座の時間債務（Zeitschuld, Minusstunden 借り時間）の拡張（12％）である。つぎに多いのが操業短縮（Kurzarbeit）であり，調査事業所の20％で実施されている。そのほか，ドイツでも配置転換（Versetzung/Umsetzung）[6]が14％で活用されている。そのなかには，労働契約の範囲内で配置換えする場合と，本人の同意のもと労働契約を変更して担当職務を変更している場合がある。ここで「休暇規定変更」とは，年休の取扱いは連

---

5）Claudia Bogedan/Wolfram Brehmer/Alexander Herzog-Stein, Betriebliche Beschäftigungssicherung in der Krise, 2009
6）通常，同じ事業所内で就労するフロアや建物が変更される場合をUmsetzungといい，就労する事業所が地理的に変更される場合をVersetzungという。

図表 4-2　雇用保障のための諸施策

(従業員代表回答，%)

| | すでに実施している | うち，経済危機に該当する | うち，経済危機に該当しない | 現在はないが，今後予定している |
|---|---|---|---|---|
| 労働時間口座縮小／拡張 | 30 | 42 | 18 | 13 |
| 操業短縮 | 20 | 34 | 5 | 8 |
| 配置転換 | 14 | 18 | 9 | 13 |
| 休暇規定変更 | 13 | 18 | 7 | 7 |
| 賃金削減 | 11 | 16 | 6 | 8 |
| その他の労働時間変更 | 8 | 9 | 5 | 5 |
| 事業所内の社会給付削減 | 5 | 7 | 3 | 5 |

注：これは従業員代表に対する調査であるので，従業員代表がある事業所に限られ，かつ，本調査は労働者数20人以上の事業所に限られている。
出典：WSI 従業員代表調査（2009年）　Bogedan/Brehmer/Herzog-Stein, Betriebliche Beschäftigungssicherung in der Krise, S. 5, 10, 12

邦休暇法の範囲内で事業所自治で運用できるところ，たとえば「前年度の繰越分の消化を操業短縮の前提とする」「翌年の年休前倒し取得を認める」など，雇用調整に適合するように年休取得を促進する特別な取扱いを認めることである。

つぎに図表4-3にもとづき，外部的な雇用の弾力的措置が実施された状況をみる。まず事業所の24％で派遣労働の縮小が利用されていることがわかる。同時に，28％の事業所では期限付き雇用を含む常用雇用（Stammbelegschaft）が縮小している。うち派遣労働の活用は，産業分野によって大きく異なり[7]，自動車・電機産業（原料・生産財（Grundstoffe/Produktionsgüter），投資財・実用品（Investitions- und Gebrauchsgüter））で最も多いが，今回の雇用危機はこの分野に集中し，経済危機に該当する事業所の31％で派遣労働の縮小が生じた。

さらに，「常用雇用の縮小」の内訳をみる。図表4-3のように，有期雇用で契約期間満了後に更新しないものが17％で最多であり，採用停止（13％）や人員削減（Entlassung これは解雇と希望退職の両方を含む概念である）（13％）が続く。（補償金なしの）個別的解消合意（Auflösungsvertrag）（13％）も一定程度行われて

---

7）　藤内著・335頁。

図表 4-3 外部的な柔軟化のための改善措置

(従業員代表回答, %)

| | すでに実施している | うち,経済危機に該当する | うち,経済危機に該当しない | 現在はないが,今後予定している |
|---|---|---|---|---|
| 派遣労働の縮小 | 24 | 31 | 16 | 8 |
| 補償金つきの希望退職 | 7 | 9 | 4 | 6 |
| 常用雇用の削減 | 28 | 39 | 16 | 8 |
| 〈新規採用停止 | 13 | 20 | 7 | 5 |
| 〈出産休暇後,再勤務に当たっての希望退職 | 4 | 6 | 2 | 2 |
| 〈個別的解消合意 | 13 | 19 | 7 | 5 |
| 〈早期引退 | 12 | 17 | 7 | 4 |
| 〈有期雇用の不更新 | 17 | 25 | 9 | 5 |
| 〈人員削減（betriebliche Entlassungen) | 13 | 20 | 6 | 4 |
| 〈職業訓練生の不採用 | 10 | 14 | 5 | 3 |
| 〈再就職支援会社の設立 | 2 | 3 | 1 | 2 |

注：「常用雇用の削減」以下の項目（〈印つき）は，「常用雇用の削減」の内訳を問うたものである。比率は全事業所に対するものである。
出典：図表4-2と同じ。S. 6, 11, 13 (Bogedan/Brehmer/Herzog-Stein)

いる。調査では，補償金（退職一時金）を支給した希望退職（7％）は別の項目で問われている。「職業訓練生を引き受けない」は10％である。さらにここから，再就職支援会社（Transfergesellschaft）への送り出しの比重（2％）はさほどないことがわかる。

## 2 経済危機に該当・非該当による比較

2008年7月以来，金融危機に関係しているかどうかで事業所を分類すると，51％（西で53％，東で42％）が該当すると回答するが，雇用調整への対応をとっているか否かでみると，雇用危機に関係しない事業所でも対応措置を講じている場合がかなりある。

図表4-2は，危機に該当するか否かで，措置が講じられた比率を示す。該当する分野では操業短縮および労働時間口座の運用がとくに高い。操業短縮では，平均20％の実施率であるなか，危機に関係する事業所では34％で行われて

図表 4-4　雇用保障のための諸施策

(従業員代表回答，産業分野別，%)

| | 原料・生産財 | 投資財・実用品 | 消費財 | 建設業 | 商業 | 交通・通信 | 金融・保険 | 他の民間・公務 | そのほか | 合計 |
|---|---|---|---|---|---|---|---|---|---|---|
| 労働時間口座縮小／拡張 | 51 | 53 | 37 | 41 | 26 | 29 | 1 | 20 | 15 | 30 |
| 操業短縮 | 50 | 49 | 16 | 24 | 13 | 21 | 0 | 9 | 5 | 20 |
| 配置転換 | 17 | 15 | 16 | 5 | 16 | 13 | 9 | 14 | 11 | 14 |
| 休暇規定変更 | 21 | 25 | 12 | 14 | 11 | 7 | 3 | 10 | 9 | 13 |
| 賃金削減 | 14 | 16 | 16 | 8 | 10 | 8 | 7 | 11 | 1 | 11 |
| その他の労働時間変更 | 13 | 14 | 11 | 4 | 6 | 11 | 2 | 6 | 2 | 8 |
| 事業所内の社会給付削減 | 4 | 4 | 7 | 1 | 9 | 5 | 1 | 7 | 2 | 5 |
| 常用雇用縮小 | 35 | 31 | 32 | 17 | 35 | 34 | 27 | 21 | 22 | 28 |
| 派遣労働縮小 | 51 | 42 | 22 | 27 | 19 | 31 | 5 | 15 | 12 | 24 |

出典：図表4-2と同じ。S. 8（Bogedan/Brehmer/Herzog-Stein）

いる。もっとも，操業短縮を実施するには賃金が減少しているなどの要件があるので，関係する事業所しか実施できない。

続いて，**図表4-3**は，外部的な雇用の弾力的措置の実施状況を経済危機に関係するか否かで分類している。危機に関係する事業所では，常用雇用の削減，派遣労働の縮小が平均を上回って進められていることがわかる。

そして，原料・生産財部門の72％が危機に該当し，**図表4-4**に示すように，そこでは操業短縮や派遣労働の縮小が頻繁に行われている。そして，公務等で36％が経済危機に該当すると回答しているが，いくらか対応されているのに対し，金融・保険部門では61％が危機に該当するというが，措置はさほど講じられていない。それでも事業所を危機に関係するか否かで分類すると，対応の有無で違いは顕著である。

産業分野との関係では，派遣労働が製造業に集中するため，派遣労働の増減は製造業で頻繁に利用される。**図表4-4**によれば，製造業で労働時間口座，操業短縮，休暇規定変更というソフトな痛みの少ない方法の活用が多い。交通・通信業および金融・保険業の特色は，雇用調整の実施が少ないことである。

### 図表4-5　雇用調整方法

（ブレーメン労働者会議所調査，
2009年，従業員代表回答，％）

| 措置の方法 | すでに実施した | 今後予定である |
|---|---|---|
| 有期雇用を更新しない | 24.5 | 17.7 |
| 欠員を補充しない | 23.8 | 15.6 |
| 配置転換 | 21.8 | 17.0 |
| 労働時間短縮・時間口座拡大 | 19.0 | 10.2 |
| 操業短縮 | 18.4 | 6.1 |
| 常用雇用の縮小・整理解雇 | 18.4 | 7.5 |
| 補償金を伴う希望退職 | 17.0 | 8.2 |
| 再就職支援会社を設立する | 11.6 | 2.0 |
| 賃金削減 | 10.9 | 8.2 |
| 任意の社会給付削減 | 10.2 | 11.6 |
| 継続職業訓練の縮小 | 9.5 | 9.5 |
| 派遣労働の縮小 | 9.5 | 12.2 |
| 労働時間の延長 | 8.2 | 6.8 |
| 事業所協定の解約 | 6.8 | 7.5 |
| 休暇規定の変更 | 6.8 | 7.5 |
| 派遣労働の増員 | 4.1 | 3.4 |

注：これはブレーメン州内にかぎられたローカルな調査である。
出典：Arbeitnehmerkammer Bremen, Betriebsrätebefragung 2010, S. 33-34

## 3　今後予定される措置[8]

　雇用保障のために今後事業所で実施が予定される措置を問うと，予定実施率はいずれも下がり，とくに操業短縮の実施予定は減る（図表4-2）。これは操短のための特別な予算措置が期限決めで実施されているが，いずれ期限が切れることともかかわろう。代わって事業所内の配置換えが今後も一定程度予定されることがうかがえる。

　また，外部的な雇用の弾力的措置の実施予定をみると，これも比率の低下が顕著である。常用雇用の縮小および派遣労働の縮小はともに8％である（図表4-3）。この点では，今回の雇用調整は人員削減よりも労働時間総量の調整により，すなわち外部的な柔軟な労働力措置によるよりも，企業内部的な雇用の柔軟性がより頻繁に活用されたといえる。ただし，雇用危機の大きかった金属産業では派遣労働の縮小も大幅に行われ，関係事業所の31％で行われた。派遣労働ではそれを活用している事業所の4分の1にあたる。確かに派遣労働は雇用量変動に柔軟に対応できる手法であることは証明済みである。

---

8)　Bogedan/Brehmer/Herzog-Stein, a. a. O. (N. 5), S. 12

図表4-6　雇用調整措置の実施状況

（労働者回答，2009年8-12月調査，％）

| 雇用調整措置 | 金属産業<br>（危機に該当） | 産業全体<br>（危機に該当） | 産業全体 |
|---|---|---|---|
| 欠員を補充しない | 62 | 57 | 40 |
| 有期雇用を更新しない | 63 | 48 | 32 |
| 派遣労働の縮小 | 71 | 36 | 22 |
| 操業短縮の実施 | 73 | 35 | 19 |
| 常用雇用の削減 | 34 | 30 | 18 |
| 高齢者パートの活用 | 37 | 24 | 19 |
| 職業訓練生を採用しない | 23 | 23 | 17 |
| 補償金を伴う希望退職 | 26 | 19 | 13 |
| 雇用調整なし | 5 | 13 | 28 |

出典：WWW.lohnspiegel.de（WSI-Pressedienst von 19.02.2010）

## 4　他調査にみる雇用調整方法

(1) まず，雇用調整方法につき，他の調査結果と比較する。**図表4-5**はブレーメン労働者会議所（Arbeitnehmerkammer）によりブレーメン州に限定して調査されたものである。[9] それによれば，有期雇用の不更新，再就職支援会社設立でWSI調査よりも多く，他方で労働時間口座・時間外労働調整および休暇規定変更で利用が少ない。期限つき雇用の不更新はかなり頻繁に利用されている。また，**図表4-6**は，インターネットを利用して任意に関心がある労働者に対して行われた調査（オンライン・アンケート）で，回答者の均質性は確保されていない。それによれば有期雇用不更新が比較的よく利用されている。併せて，**図表4-7**によれば，経済危機に該当する事業所では，産業平均に比べて，「事業所内の雰囲気が悪くなった」比率が高い。容易に推測されるところであ

---

9)　Arbeitnehmerkammer Bremen, Betriebsrätebefragung 2010, 2010, S. 33-34
　　なお，この団体は，ブレーメン州法にもとづく公法上の法人である。労働者から会費を源泉徴収し，労働者に関する調査活動，労働者に対する相談活動（税金，社会保険，法律，キャリア形成など）などを行っている。

図表4-7　経済危機下にある事業所の労働条件

(労働者回答，%)

| | 危機下にある金属・電機産業事業所 | 危機下にある全事業所 | 全産業平均（全事業所） |
|---|---|---|---|
| 成績圧力が上がった | 72 | 76 | 65 |
| 事業所内の雰囲気が悪くなった | 72 | 75 | 57 |
| 昇進のチャンスが減った | 59 | 66 | 48 |

注：これは2009年8-12月時点の調査であり，「2009年最初に比べての調査時の印象」である。
出典：図表4-6と同じ。

る。さらに，キーンバウム（Kienbaum）が501のコンツェルンおよび中規模企業に対して調査（2009年）したところ，[10] 人員削減に先だって着手する人件費削減措置としてあげられたのは，派遣労働の削減39％，時間外労働の削減34％，操業短縮実施22％であった。

(2) 個別企業例として，フォルクス・ワーゲン社における2008年以後の雇用調整を紹介する。本社工場製造部門の労働者のうち約15％が派遣労働者である。ここでは雇用調整として，まず派遣労働者の期限切れにともない更新しないという方法で派遣切りがされ，つぎに有期雇用につき，同じく期間満了後に更新しない措置が講じられ，その後に常用雇用に対して操業短縮が実施された。これは自動車産業で標準的な事例であるという。

## 5　小　括

(1) 2008年リーマン・ショックの当初に予想された大量解雇は発生しなかった。労働市場は企業内部の労働時間口座の活用などにより深刻な事態を回避できた。ただ，よく話題になった操業短縮に比べれば，労働時間口座の果たす役割のほうが大きいことが調査から明らかになった。操業短縮は確かに2009年は操短手当支給条件の緩和など政労使3者の協力により大いに利用されたが，国家財政の負担が残るなど，今後に負担が残されるのも事実である。

(2) 従業員代表の存在意義をみると，経済危機の状況下ではそれは高まるといえる。たとえば2008年に2005人に対するサンプル調査「経済危機下で事業所

---

10)　Böcklerimpuls 4/2009, S. 5 (Kienbaum)

**図表 4-8 使用者側の対応に対する従業員代表の評価**

(ブレーメン労働者会議所調査，2009年，%)

|  | 良好だ | 十分だ | 悪い |
|---|---|---|---|
| 使用者側の情報提供の状況 | 22.4 | 40.1 | 36.1 |
| 従業員代表の参加権に対する使用者側の配慮 | 26.5 | 38.8 | 33.3 |
| 使用者による事業所協定の実施および遵守 | 36.7 | 42.9 | 18.4 |

注：これは回答なしを除いているので，合計は100にはならない。
出典：図表4-5と同じ，S. 36

および企業における共同決定は労働者を保護するか」という問いに対し，賛成69％，反対29％であった[11]。

図表4-8によれば，雇用調整をめぐる労使協議で使用者側は必要な情報を提供し，締結された事業所協定は遵守されている傾向が強い。

## 三 雇用維持効果[12]

IABの試算によれば，09年，平均の労働時間数は3.2％減少したのに，労働者総数はほぼ変わらず，その3.2％減少分は，労働時間の柔軟な運用と操短という2つの方法を中心に 約120万人（うち，操業短縮により約45万人）の雇用が維持されたと推測される[13]。前年に比べ2009年には，労働者1人当たり，年間総労働時間は41.3時間減った。内訳は，所定労働時間の減少10.1時間，労働時間口座の時間残高減少7.0時間，操業短縮により13.4時間である。ただし，操業短縮手当は期限付きであり，その期限が終了する2010年末から操短による雇用

---

11) Polis + sinus 2008; Böckler-Boxen　参考までに同調査によると，質問「共同決定は労働者の動機付けと帰属意識（Identifikation）を高めるか」に対しては，賛成91％，反対7％であった。さらに，質問「共同決定は企業の展開を肯定的に促進するか」に対しては，賛成87％，反対10％であった。

12) J. Fucks/M. Hummel/S. Klinger/E. Spitznagel/S. Wanger/G. Zika, Die Spuren der Krise sind noch länger sichtbar, IAB-Kurzbericht 3/2010, S. 1-12; Presseinfo IAB v. 02. 02. 2010/04. 06. 2009

13) Fucks u. a., a. a. O. (N. 12), S. 3

維持効果は弱まっていくと推測される。

　IAB の調査によれば，2009年は週平均30時間労働であり，2008年に比べ0.3時間だけ減少している。雇用労働者数は3,583万人で1万人（0.0％）の減少にとどまる。パートタイムは2009年，1,233万人，比率で34％であり，前年より人数で1.8％，比率で0.6％増加している。他方でフルタイムは24万人分，1.0％分減少している。

　他方でザイフェルトによれば[14]，操短は09年6月に143万人の操短手当受給者がいたことから，その時点でフルタイムに換算して43万人の雇用維持効果があったと試算される。

　労働時間口座が雇用調整に果たす役割が具体的に数字で明らかになったのは，今回，08年以後の金融危機においてはじめてである。

## 四　以前との比較，特色[15]

　以上の検討を踏まえ，今回の雇用調整方法を従来（とくに1970年代）と比べて共通点と相違点を明らかにする（図表4-9）。ドイツの雇用調整方法の一貫した特色として，第1に，操業短縮および早期引退（今回は高齢者パート）の方法が依然としてよく利用されている。操短手当受給者数は，1975年で80万人弱だった（図表6-1）のが，2009年4月には126万人（西部地域）であり（図表6-2）大きく増えている。第2に，希望退職という方法が1970年代以後定着してきた。希望退職は数％で利用されている（図表1-3, 4, 4-3）。

　他方で，30-40年前に比べてどのような変化があるであろうか。変化している点は，時間外労働調整および解雇が減り，反対に，労働時間口座，配置転換，派遣労働縮小および有期雇用不更新が増えていることである。すなわち，第1に，かつては「時間外労働の増減」の方法があったが，今回，時間外労働

---

14) JILPT 資料シリーズ No. 79『欧米における非正規雇用の現状と課題』（2010年）50頁〔ザイフェルト〕。

15) Alexander Herzog-Stein/ Hartmut Seifert, Der Arbeitsmarkt in der Großen Rezession, in: WSI-Mitteilungen 11/2010, S. 551 ff.：徳永重良編・69頁以下〔徳永重良〕，エルンスト・165頁以下，久本憲夫1989b・121-137頁，藤内著・435頁。

第4章 リーマン・ショック後の雇用調整

**図表4-9　景気後退局面の労働時間数変動の比較**

|  | 〈1973-75年〉 | | | 〈2007-09年〉 | | |
|---|---|---|---|---|---|---|
|  | 時　間 | 比　率 | 変更度 | 時　間 | 比　率 | 変更度 |
| 年間労働時間の変動<br>（労働者1人あたり） | −82.8H | −4.6% |  | −44.6H | −3.3% |  |
| 協約上・慣行的な週労働時間 | −43.8H | −2.4% | 52.9% | −18.7H | −1.4% | 42.0% |
| うちパートタイム効果 | −11.4H | −0.6% | 13.8% | −5.2H | −0.4% | 11.7% |
| 時間外労働 | −31.8H | −1.8% | 38.4% | −10.1H | −0.7% | 22.7% |
| 操業短縮 | −18.1H | −1.0% | 21.9% | −13.7H | −1.0% | 30.7% |
| 労働時間口座 | −0.6H | ±0 | 0.7% | −10.0H | −0.7% | 22.5% |

注：これは1973年と1975年，および2007年と2009年の変動比較である。
出典：IAB-Arbeitszeitrechnung（WSI-Mitteilungen 11/2010, S.555（Herzog-Stein/Seifert））

は労働時間口座制のなかに大きく取り込まれて，それに置き換えられた。第2に，整理解雇が減少し，希望退職および配置転換などよりソフトな方法に変更されている。第3に，定年前の早期引退は高齢者パートという形態に置き換えられた。なお，高齢者パートは日本にはない独自の制度である。もっとも，日本でも定年退職後の再雇用で，パート勤務はある。第4に，この間，派遣労働および有期雇用が増加したことにともない，雇用調整でそれらが果たす役割が大きくなった。**図表4-3**によれば，派遣労働縮小は事業所の24%で，有期雇用の不更新は17%で実施されている。第5に，労働時間短縮による雇用創出という流れは変わった。1990年代初めまでは時短が進んだが，90年代半ば以後は，欧州連合（EU）の東欧拡大にともなう工場の東欧移転という流れのなかで，ドイツ企業の高賃金が産業立地の妨げになり逆に労働時間延長に変わってきた。[16] それでも，労働者1人当たりの労働時間を短縮することはパートタイム勤務を増やすという方法で継続されているともいえる。パートタイム労働・有期労働契約法によりパートタイム労働者に対する平等取扱が徹底され，できるだけフルタイムでなくパートタイムを促進する立法者の姿勢である。従業員代表

---

16) ウルリッヒ・ユルゲンス=ビエルン・レムケ（藤内和公訳）「ドイツの労使関係制度に対する欧州統合の影響」清水耕一編『地域統合』（大学教育出版，2010年）58頁以下。

にはパート勤務，とくに高齢者パートを促進することが任務の1つとされている（事業所組織法92条 a（1）雇用保障）。パートタイムの比率が高まれば1人当たりの所定労働時間はおのずと短縮される。

　**図表4-9**をみると，1973-75年は時間外労働削減による雇用調整が最重要であったのに対し，2007-09年は操業短縮および労働時間口座が重要であったことがわかる。労働者1人当たり年間労働時間の変動は07-09年のほうがやや小さい。

# 第Ⅱ部　各　論

# 第5章　労働時間口座の活用

## 一　労働時間の弾力化[1][2]

　本章では，2008年以後の雇用調整で重要な役割を果たした労働時間口座の内容と普及状況を検討する。最初に，その定義と労働時間口座の前提となる労働時間の弾力化を論じる。

### 1　定　義

　労働時間口座（Arbeitszeitkonto）とは，協約所定労働時間を一定期間（調整＝清算期間）（Ausgleichszeitraum）内で平均して達成すべく，特定の週で協約労働時間を上回ったり下回ったりして協約時間との過不足が生じる場合に，賃金算定などで調整（清算）するのではなく，それを預金口座に時間残高（Zeitguthaben 時間貸方）または時間債務（Zeitschuld 時間借方）として，労働時間を貸したり借りたりして調整する取扱いである。みようによっては，超過した場合には時間外労働の時間補償（代休付与）ともいえる。ただし，時間外労働の場合と異なり，ここでは割増はつかない。

　その内容および制度設計は，法律に規制がないために事業所協定または労働協約により多様に定められている[3]。それはたいてい事業所協定または労働協約で枠組みを規制されているので，「規制（統制）された労働時間の柔軟化」と

---

[1] 宮前忠夫「ドイツにおける労働時間弾力化の現状」労旬1445号（1998年）6頁以下，和田肇著，JILPT 資料シリーズ No. 41『欧州における働き方の多様化と労働時間に関する調査』（2008年）〔天瀬光二・樋口英夫〕，ヴォルフガング・ドロー（所伸之訳）「ドイツにおける雇用危機脱出の方策としての労働時間弾力化」中央大学企業研究所年報20号（1999年）315頁以下，藤内著・293頁。

[2] 「労働時間の弾力化・柔軟化」の定義はなく多義的であることにつき，和田肇著・68頁，JILPT 資料シリーズ No. 41・前掲注（1）36頁。

[3] 労働時間口座の労働協約規定例と分析につき，藤内2012・127-131頁。

いえる。これは，一面ではドイツでは事業所自治も多くの点で労働協約に規制されている[4]ことの反映である。

## 2 背 景

　労働時間の弾力的な運用は，1980年代後半の週35時間労働制に到る労働時間短縮の過程で登場する。すなわち，労働時間短縮に関する労働協約の大半は時短の具体的な実施方法を事業所レベル当事者（使用者および従業員代表）に委ねた。事業所レベルでの具体化にあたり使用者側の要望を受けて，弾力的な運用が行われるようになる。使用者は時短により1日および週当たりの労働時間を短縮させることを避けるため，協約で労働時間短縮が決まっても，事業所内の所定労働時間は従来どおりとして協約労働時間よりも長く働かせ，事業所労働時間と協約労働時間の差を労働時間残高として蓄える方式（口座制）が多くの事業所でとられた[5]。また，職業能力の高い労働者の一部につき，協約労働時間よりも長く38.5時間ないし40時間（金属産業）まで働くことを協約で認めさせた[6]。

　対外的には[7]，1990年以後，国際的な企業間競争条件の強まりと欧州連合（EU）の東欧拡大が進展するなか，低賃金を求めてドイツ企業の東欧移転が進んだ。ドイツで労働時間の弾力的な運用に使用者側の要望が強いことの背景として，労働費用が高いこと，労働契約上の労働時間が比較的短いことがあり，それがドイツ企業の競争力（Wettbewerbs- und Leistungsfähigkeit）にとって不利な一要素になる。ドイツ製造業の1時間当たり労働コスト（人件費）は約32[8]

---

4) 藤内著・301頁。

5) この点，日本では変形労働時間制は1987年労働基準法改正にあたり，労働時間を週40時間制に短縮する過程で登場する。したがって，日独では登場局面の違いがある。ドイツのほうが，大幅な時短にともなう時間当たり賃金の上昇を何らかの形で補う必要性が使用者側で強かった。日本では法制上の時短は労働組合主導というより，政府主導で使用者側の理解と協力を得ながら進められたので，使用者側に対する配慮の強いものとなった。

6) 金属産業では労働者の18％まで。その後，金属産業では2004年協約（週35時間労働）で高いランクの労働者につき，事業所労働者の50％まで週40時間まで働くことを認める。

7) Hartmut Seifert, Von Gleit- zum Langzeitkonto, in: WSI-Mitteilungen 6/2005, S. 308

ユーロである（2008年）[9]。この過程で使用者側の要求に押されて，1990年代後半から協約所定労働時間は逆に延長されてきた。ここで労働組合は，労働者の雇用保障のために不本意ながら労働時間の延長と弾力化を受け入れていく。また同時に，多くの協約は事業所における労働時間口座制を多様に随意に制度設計できるように，それを可能にする定めをおいた[10]。厳格な標準労働時間が変容し崩壊することをはもはや押しとどめることはできなかった。新たな労働時間口座モデルが多様な労働時間編成を可能にする大きな余地を与えた。フレックスタイム制も当初の狭い1日当たりの上限・下限幅が緩められ，時間残高，時間債務ならびに調整期間の上限も緩められた。事業所当事者はそれを活用し，事業所ごとに独自の労働時間編成を展開した。

さらに，コール政権下で制定された労働時間法（1994年）も弾力化を促進した[11]。この法律は目的のなかで「弾力的な労働時間のために」と定め，それを受けて，1日の労働時間を10時間まで延長する事由の限定がなくなり，1994年当時すでに労働協約に登場していた「＊＊週を平均して週＊時間を達成する」という取扱いが法制上も支障なく円滑に行えるようになった[12]。また，協約所定労働時間を達成すべき調整（清算）期間は6か月または24週に延長され，さらに，協約でこれと異なる調整期間を定めうることが明記された。こうして，それまで1日8時間を超える労働は時間外労働とされていたのが，8時間を超えても10時間までは所定労働時間として取り扱えるようになり，時間外割増手当の法律規定が削除され，「時間外労働」の意味も変化し，労働時間法には例外的な場合として時間外労働が定められるだけになった。

---

8) 象徴的な出来事として，2008年に，フィンランド系の携帯電話メーカー・ノキア社がドイツのボッフムから賃金の安いルーマニアに工場移転させた。
9) これは購買力平価換算で日本の1.58倍である。JILPT編『データブック国際労働比較2011』170頁。
10) 藤内「ドイツにおける労働時間短縮」労旬1332号（1994年）9頁以下，1334号（1994年）25頁。
11) 和田肇著・112頁以下。
12) 1990年締結の金属産業協約では「週37時間は6か月以内の平均で達成される」とされていた。このような協約規定は1994年法制定における労働時間弾力化への圧力となった。

なお，2005-09年に労働時間の弾力化が進んだ短期的な原因は，ベルマンの分析によれば[13]，労働時間口座の普及，労働者の利益参加の進展，事業所レベルにおける雇用のための同盟（betriebliche Bündnisse für Arbeit）の進展にある。この事業所レベルの雇用のための同盟は，雇用保障協定（Beschäftigungssicherungsvereinbarung）として締結されている。労働者の利益参加とは，利益配分（Beteiligung am Erfolg）と従業員持ち株（Beteiligung am Kapital）を指す。

### 3 労働時間弾力化の現状

以下の説明に先立ち，幾度か使用する調査につき，調査機関を予め説明する。まず，WSIは労働組合のシンクタンクとして定期的に従業員代表調査を行っている。この従業員代表調査および事業所協定調査の対象は，常に労働者20人以上で，かつ従業員代表がある事業所にかぎられる。したがって，平均に比べて労働時間口座の普及度がやや高くなっている。また，IABは雇用・労働問題全般につき調査を行っているが，事業所調査（Betriebspanel）は零細事業所を含む点で特色がある。さらに州立ドルトムント社会研究所（Landesinstitut Sozialforschungsstelle Dortmund = sfs）は労働時間口座につき詳しい調査を実施している。そして，社会機会研究所（Institut sozialer Chancen = ISO）は全国規模で労働時間の実態につき各指標ごとに定期的に調査している点で特徴がある。それにより，いかなる条件の労働者にどんな特徴があるかがわかる。

ドルトムント社会研究所が2005年10月から12月にかけて，全国9,700事業所（回答は1,710であり，回答率18.8％）を対象に労働時間弾力化の現状に関する調査を実施した[14]。この調査では，対象は製造業とサービス業を中心に，極零細事業所を含めて事業所規模を分散させて調査されている。調査内容は，稼働（営業・操業）時間（Betriebszeit）と労働時間の両方に焦点を合わせて，両者の隔

---

13) Lutz Bellmann, Auswirkungen der Wirtschafts- und Finanzkrise auf den Arbeitsmarkt, 2010, S. 4
14) Hermann Groß/Michael Schwarz, Betriebs- und Arbeitszeiten 2005, 2006, S. 55
   また，社会機会研究所による調査につき，藤内「労働時間口座の普及と意義」労旬1751号（2011年）9頁参照。

図表 5-1　労働者・週 1 人当たり時間外労働時間数
(産業部門・規模別，2005年，時間)

| 事業所規模 | 1-19人 | 20-249人 | 250人以上 | 平　均 |
|---|---|---|---|---|
| 〈製造業〉 | 2.1 | 1.6 | 0.7 | 1.4 |
| 第一次産業 | (2.8) | (1.8) | (0.4) | (2.3) |
| 第二次産業 | 1.3 | 1.2 | 0.7 | 1 |
| 建設業 | 2.6 | 3.5 | 0.3 | 2.8 |
| 〈サービス業〉 | 1.1 | 0.7 | 0.3 | 0.7 |
| 販売関係 | 0.8 | 0.6 | 0.1 | 0.5 |
| 企業関係サービス | 1.8 | 0.9 | 0.9 | 1.2 |
| 社会的サービス | 0.9 | 0.7 | 0.5 | 0.7 |
| 個人的サービス | (1.0) | (1.0) | (0.2) | (0.9) |
| 合計・平均 | 1.4 | 1.0 | 0.5 | 1.0 |

注：(　) は調査対象が少数であることを示す。
　　「社会的サービス」には，教育，医療，福祉，放送・新聞発行などが含まれる。
出典：Groß/Schwarz, Betriebs- und Arbeitszeit 2005, S. 60

たり状況を分析し，それを通じて労働時間の弾力化の状況を把握するものである。本書では労働時間口座制の普及状況を知るうえで必要な事項につき調査結果を紹介する。

　労働時間口座制を実施している事業所では時間外労働はたいていこの口座の対象となる。本調査で「時間外労働」は金銭・時間補償されたものだけでなく，労働時間口座の対象とされて調整されている分を含む意味である。うち多くは金銭（ないし時間）補償され，その部分だけが IAB 統計上，「時間外労働」として現れる。したがって，ドルトムント社会研究所調査での時間外労働は，IAB 統計では必ずしも「時間外労働」としては現れない。

### 4　時間外労働

（1）現　状[15]　ドルトムント社会研究所調査により**図表5-1**で時間外労働時間数をみる。週 1 人当たり 1 時間である。建設業で多いのが特徴である。つぎに歴史的な変化につき，IAB 調査により時間・金銭補償された時間外労働の

---

15)　Groß/Schwarz, a. a. O. (N. 14), S. 60

変遷をみると,少しずつ減少している。IAB の調査によれば,ドイツ全国平均週当たり時間外労働(支払われた分)は,2001年1.14時間,02年1.11時間,03年1.07時間,04年1.03時間,05年0.99時間,06年0.98時間,07年0.98時間,08年0.92時間,09年0.74時間,10年0.62時間(推測)である。[16) したがって,2007年からリーマン・ショック後の09年の間に週当たり0.24時間(月当たり1.04時間),25％減ったことになる。この点,**図表4-9**(IAB 調査)によれば,2007-09年の2年間に時間外労働は年10.1時間(月0.84時間)減少,減少幅は23％である。

　時間外労働数の関係で,職場の一部には「灰色の(grau)時間外労働」と呼ばれる,曖昧なものがある。それは上司の命令なしに労働者が自発的に時間外労働するもので,労働者から時間外労働としては申請されない。

　時間外労働が金銭補償されるか,それとも時間補償されるかは,適用される事業所協定または労働協約の定めるところによる。[17) 労働組合側は時間外労働が労働時間口座の対象にされずに,代替休日で補償されるように取り扱われるべく事業所レベルで合意することを勧めている。公務部門では連邦職員労働協約(BAT)は「時間外労働は原則として時間補償される」と定めている(協約17条5項)。最近の傾向として,「代休時間の取得」に代わって「代休時間の取得または金銭補償」が増えつつある。[18)

　(2)　**根拠規定別**[19)　時間外労働数を根拠規定別にみると,事業所が労働協約の適用を受けてそれに拘束されているか否か,事業所に従業員代表があるか否かにより異なる。集団的規定にもとづいて行われている場合には平均して週1人当たり0.7時間(うち,協約にもとづく場合0.7時間,事業所協定による場合0.7時間,事業所内の雇用保障協定(雇用のための同盟)の枠内で行われる場合0.5時間)であるのに対し,協約適用や従業員代表がなく個別合意にもとづいて行われる場

---

16)　J. Fucks/M. Hummel/S. Klinger/E. Spitznagel/S. Wanger/G. Zika, Die Spuren der Krise sind noch länger sichtbar, IAB-Kurzbericht 3/2010, S. 11

17)　Eberhard Kiesche, Arbeitszeitflexibilisierung, in: Der Personalrat, 7/2001, S. 289

18)　JILPT 資料シリーズ No. 104『労働時間規制に係る諸外国の制度についての調査』(2012年) 29頁〔飯田恵子〕。

19)　Groß/Schwarz, a. a. O.(N. 14), S. 62

合はやや長く，週・1人当たり1.1時間（うち，上司との合意による場合1.0時間，個別労働契約による場合1.1時間，労働者本人の判断にもとづいて行う場合1.3時間）である。ほかに上司の指示にもとづいて行う場合は1.3時間である。

　これを別の観点から分析すると，協約適用事業所では平均0.7時間，協約適用のない事業所では1.3時間，従業員代表のある事業所では0.5時間，従業員代表のない事業所では1.4時間である。したがって，従業員代表の有無による違いは顕著であり，従業員代表のある事業所でははっきりと短い。

　(3)　**労働時間口座と時間外労働**[20]　　時間外労働の多くが労働時間口座に組み込まれたために，実際には時間外労働を行っても割増手当が支給されなくなりつつある。WSI調査（2008年）によれば，事業所ごとにみた比率では，36.6％の事業所では完全に支給され，16.7％の事業所では一部支給されているのに対し，46.8％の事業所ではまったく支給されていない。時間外労働は通常，従業員代表の共同決定の対象事項である（事業所組織法87条3号）。しかし，労働時間口座が事業所協定によって導入され時間外労働もその対象となる場合には，時間外労働は事前に従業員代表の包括的同意があるものとされ，そのつどの同意は不要になる。

　(4)　**具体的な適用事例**　　労働時間口座に組み込まれている時間外労働に関する具体的な取扱いをS社の事例でみる[21]。S社は自動感知装置メーカーである。従業員代表の対応としては，「従業員代表は時間外労働の必要性と本人の意思を検討する。必要性があるにもかかわらず労働者が応じる意思がない場合には，本人にその理由を問う。したくない労働者を説得するのは上司の役割であり，従業員代表の役割ではない。本人がそれを了解すれば，同意する旨を使用者側に返答する。その意味で任意性原則である。それでも労働者が頻繁に時間外労働を断れば，『労働時間の柔軟さ』という評価項目で低く人事評価される。労働者が断りそうなときには上司が説得をしており，それでもなお労働者がそれに応じる意思がないときには，労働者はよく従業員代表に相談にくる」とのことである。

---

20)　Böcklerimpuls 5/2008, S. 1 (Hartmut Seifert)
21)　藤内「ドイツにおける労働条件規制の交錯」岡法54巻4号（2005年）44頁。

図表5-2　労働時間口座の組み合わせ例

〈短期口座〉
毎期，価値残高を保護された中期口座に移しかえ

⇒

〈中期口座〉
〈使　途〉
・職業訓練
・まとめた休暇
・経営上の理由による労働義務免除
・非常時への備え（Notpolster）
〈規　定〉
利用のしかた，申告期限などに関する協定

⇒
移しかえ
（上限の定め）

〈長期口座〉
〈使　途〉
・早期引退
・高齢者パートと連結
〈規　定〉
労働者側が一方的に利用を決定できる条件などに関する協定

出典：入手したパンフレットから転記

　この事業所では，時間外労働を時間補償するための事業所協定はない。「フレックスタイム制なので，その範囲内で調整されている」と語る。ここは自動感知装置メーカーであるために開発技術員の比率が高い。そのような専門職メンバーのグループ内で調整されて運用されることになる。

## 5　労働時間口座制の各種タイプ[22]

　労働時間口座の普及状況をみるまえに，まずその代表的タイプを紹介する。労働時間口座の典型は，積立（貯蓄）モデル（Ansparmodelle）と呼ばれるもので，それは週当たりの実際の労働時間が協約所定労働時間よりも長い，または短い場合に，その過不足を一定期間内に調整するものである。その運用の仕方で，フレックスタイム口座，時間外労働口座，労働時間回廊（Arbeitszeitkorridor 労働時間ゾーンの訳もある。時間変動幅モデル Bandbreitenmodelle とも呼ぶ）（一定期間内に平均で協約時間が達成されるべく，協約が定める時間幅内で変動させるもの），貯蓄口座などがある。それらが相互に組み合わさり，新しいタイプがでてきて，用語も企業により異なる。

　これらの分類の基準は，第1に，労働時間口座が編成されるモデルおよび口座に記入される時間要素（Zeitelemente）による。この基準によれば，フレックスタイム制，時間外労働口座，労働時間回廊型に分類される。第2に，調整期

---

22)　Seifert, a. a. O. (N. 7), S. 308ff.

図表 5-3 労働時間口座制のタイプ

| 労働時間口座の主要タイプ | フレックスタイム・信号口座・年間口座 | 高齢者パート・ブロック・モデル | 長期口座 |
|---|---|---|---|
| 指　標 | ・0―約150時間までの時間残高<br>・調整期間：1か月から1年まで | ・数百時間の時間残高<br>・調整期間：数年間 | ・数百時間の時間残高<br>・調整期間：数年以上 |
| 導入理由 | 受注状態に対応する弾力的な手段として | 人員削減・増員，早期引退 | 個人的事情，職業訓練および弾力化の手段として |
| 破産時の保証 | なし | 法定（高齢者パート法8条a） | 法定（社会法典4部7条d＝2008年法規定） |
| 普及度（2004-05年） | 73.6% | 35.4% | 6.5% |
| 普及度（2007年） | 69.0% | 30.7% | 10.2% |

注：調査は，WSIの事業所調査による。普及度は，対象事業所における比率である。
出典：Böcklerimpuls 13/2007, S. 3

間の長さによる。ここでは短期（1年）口座，中期および長期（生涯）口座に分類される。以上2つの基準は組み合わされることがある。第3に，口座の機能ないし時間残高の使途による。短期で一時的な労働需要に対応するもの，季節ごと・景気変動の波への橋渡し，職業生活からの早期引退などである。これらの目的が組み合わせて利用され，別タイプの口座に移し替えないし変更されることもあり（図表5-2参照），場合によっては，金銭補償として時間残高が買い取られることもある。

労働時間口座の中心はフレックスタイム制，時間外労働および信号口座である（図表5-3）。

このような運用上の変化により，時間残高は多目的に利用できるようになった。フレックスタイム口座は標準労働時間から短期的に逸脱することを認めていたが，次第に長期労働時間口座（Langzeitkonto）が普及し，まったく新しい局面をつくっている。調整（清算）期間は在職中全体に延びようとしている。生涯労働時間に影響を及ぼすとともに，景気後退局面で雇用調整の役割を果たす，または生涯学習を組織する可能性もでてきた。

以下，各タイプを紹介する。フレックスタイム制（Gleitzeit, gleitende Arbeitszeit）は特別な重要性をもつので，独立した項で扱う。

第Ⅱ部　各　論

## 二　フレックスタイム制

### 1　概　要[23]

　これは日本のフレックスタイム制とかなり異なる制度である。Gleitzeit は直訳するとスライド式労働時間である。法的根拠規定はなく，労働協約や事業所協定で労使は比較的自由に制度設計することができる。そのため，フレックスタイム制には多様なタイプがあり統計上の分類で曖昧になる。たとえば，日々の労働時間の長さが固定している単純型もあれば，それが固定していなくて，フレックスタイム時間帯（Funktionszeit）の幅（例，7:00-19:00）のみ規制されているタイプもある。時間外労働もこのなかに組み込まれることがある。

　ただし，ドイツでは1日の労働時間は原則として8時間までであり，時間外労働を含めても上限は10時間とされている（労働時間法3条）。これはフレックスタイムにも適用される。また，休日でもそれが年次有給休暇なのか，それとも時間残高を減らす調整（時間補償）の代休なのか，明確にされねばならない。なぜならば，年休は連邦休暇法9条の適用を受け，その期日が事前に確定されなければならないからである。

　また，フレックスタイム制の制度設計は労働時間編成に関することなので，従業員代表の共同決定が及び，通常は事業所協定で定められる。さらに労働協約が調整期間の上限，日々の労働時間の最短・最長時間を規制することにより制度は制約される。従業員代表はフレックスタイム制事業所協定の当事者として制度設計に参加するとともに，その運用にあたっても必要に応じて労働者個人の労働時間口座資料の閲覧を求めるなどにより監視することができる[24]。この点ではドイツにはフレックスタイム制に関する法的根拠規定はないとはいえ，

---

23)　フレックスタイム制は歴史的に変化している。藤内・前掲注（14）14-15頁参照。
24)　事業所組織法80条2項2文：「従業員代表がその任務を遂行するうえで必要な資料（賃金表など）は，求めがあればいつでも自由に使用することを許される」。同80条1項1号は，従業員代表の任務の1つとして，労働者のために適用されている法律，労働協約，事業所協定などの監視を挙げる。なお，事業所組織法条文につき，同翻訳（藤内訳）・会報4号（2003年）65-114頁参照。

労働組合および従業員代表による規制と監視が及んでいる。この点でも,事業所当事者は労働協約で規制された範囲内で自主的に制度設計できるにとどまる。

## 2 経済社会科学研究所の事業所協定調査[25]

WSIが約2,800の事業所協定を調査(1997-98年)・分析した。それによれば,当時,弾力的な労働時間のなかで最多の35%がフレックスタイム制であった。フレックスタイム制にもかなりの多様性があった。

そのなかで一方で,幅の狭い例として,柔軟性の範囲が小さい,時間調整で休み時間をとれるのは労働日に限られるもの,時間残高を休暇増(代替休日)として使用することを認めないもの,上司との調整を義務づけるものなどがある。狭い具体例として,ある市行政部門のフレックスタイム制がある。それは労働者に以下の指針内で始業・終業,休憩時間を自ら決定することを認める。

〔フレックスタイム制〕 日々の労働時間の開始および終了は,以下の範囲内で自ら決定する。開始:7:00から8:30の間,休憩:12:30から14:00の間,30分以上,終了:月曜から木曜までは16:00から18:00の間,金曜は12:30から14:00の間。

〔コアタイム〕 コアタイムは午前中は8:30から12:30まで。午後は,月曜から木曜までは14:00から16:00まで。(市行政部門)

他方で,緩やかな例では,柔軟性の幅が広い例,時間残高および時間債務の幅が広い例,時間残高の調整を長期に認める例(ブロック休暇,サバティカル,生涯労働時間)がある。

多くのフレックスタイム事業所協定は時間外労働に関する定めを含む。なかには協約所定労働時間を超える労働時間のうち手当で補償される要件を定める例がある。たとえば,「日々の交替制勤務を超える場合および交替制勤務計画上の休みの平日の勤務は時間残高に算入され,時間外労働としては扱われない」。(プラスチック化学メーカー)

## 3 フレックスタイム制の具体例

つぎに,個別企業における具体例をS社を取り上げて紹介する[26]。S社W事業

---

25) Hartmut Klein-Schneider, Flexible Arbeitszeit, 1999, S. 14-16

所は，南西ドイツのバーデン・ヴュルテンベルク州フライブルク市周辺にある。金属産業のうち自動感知装置メーカーであり，労働者数は1,702人である（2004年）。この企業は，すでにハンガリー（EU加盟国）で工場を操業している。そこにおける同種労働者の賃金水準はドイツの約2割である。しかし，最新工場はここW事業所に設立され，そのさいにこれを効率的に稼働させることが従業員代表との間で合意されている。この点は特別な事情である。ここでは労働者全員にフレックスタイム制が適用されている。W事業所では技術や新製品の開発に従事する労働者の比率が高いが，彼らはたいていグループ労働である。そうなると，労働時間の決定は実際には個人単独では決定できず，グループ内で調整するよう委ねられる。その旨が事業所協定には明記されている。さらに，「必要な場合には，フレックスタイム制の枠内で手当なしに土曜労働が行われる」ことも明記されている。

　ここのフレックスタイム制の特徴として，土曜労働を組み込んでいること，標準型のほかに製造部門およびプロジェクト部門で特別な取扱いになっていること，運用にあたり信頼原則が強調されていて，「労働時間の決定にあたっては，事業所の利害と個人的利害は同等の重要さをもつ。グループ組織の場合には，労働時間の配分にあたり，労働者はグループと調整して，個人的な必要性と事業所の利益を考慮しなければならない」と明記されていて，労働者が始業・終業時刻を決めるにあたりグループ内の調整を含めて業務遂行への配慮を強く求められること，時間口座に長期貸し借りおよび早期引退という調整方法も予定されていること，コアタイムの時間幅が長いこと，調整期間が24か月と長いことなどがある。部門によっては週所定労働時間を月180時間まで上回ることができるという取扱いは，いたって緩やかなものである。これはプロジェクト部門が取り組む企画や業務が頻繁に短い期限（納期）つきの作業であることによる。

　フレックスタイムの調整期間は24か月とされている。これは事業所の「立地確保協定」という雇用保障協定にもとづく取扱いで，それは，「週所定労働時間は6か月以内の平均で達成されなければならない」（金属産業・一般協約7条

---

26)　藤内・前掲注（21）43頁，114頁以下。本書・資料Ⅰ参照。

5）という協約規定に違反する。このような長期の調整期間は雇用保障協約で可能であるが，従業員代表の説明によれば，Ｓ社ではその協約は活用されていない。したがって，協約に違反した取扱いということになろう。

#### 4 部門別フレックスタイム制等

　フレックスタイム制の一種として，コアタイムがないものもある。この場合には，コアタイムに代わって，企業内の部門ごとに，部門が求められる課題に対応してうまく機能すべく部門チームに時間配分を決めさせるものである。そこで部門の時間的な都合とメンバー個々人の要望を調整して部門として責任をもって決めさせる。したがって，チーム内のメンバーと調整することになる。

　また，信頼労働時間（Vertrauensarbeitszeit）[27]もフレックスタイム制の一種といえる。これは日本の裁量労働制に類似していて，事業所協定にもとづき，さらに労働者本人との労働契約で，使用者が労働時間の把握および指図をしないことを約し，同時に一定労働時間内に労働者が使用者から指示された作業目標を達成することを合意する取扱いである。ドルトムント社会研究所の調査（2005年）によれば，企業の約９％で導入されている[28]。

## 三　そのほかの労働時間口座制

#### 1 労働時間回廊制

　（1）　これは，所定労働時間を調整期間内の平均で達成することとし，許容される週当たり労働時間幅（回廊，ゾーン）の範囲内で使用者が一方的に個別労働者の勤務時間を指示するものである。時間決定権者は使用者にあり，最終的にはそれが労働者にあるフレックスタイム制とは対照的な制度である。日本の変形労働時間制に相当する。フレックスタイム制では日ごとの時間帯の枠が定められるのに対し，ここでは週単位の時間枠が定められる。これは明確に使用

---

27)　JILPT 労働政策研究報告書36号『諸外国のホワイトカラー労働者に係る労働時間法制に関する調査研究』（2005年）90頁以下〔橋本陽子〕，皆川宏之「就業形態の多様化と労働契約の変貌」手塚和彰・中窪裕也編『変貌する労働と社会システム』（信山社，2008年）265-268頁，藤内著・108頁。

28)　JILPT 資料シリーズ No. 41・前掲注（1）37頁〔天瀬・樋口〕。

者側にメリットを与えるものであり，労働者側の要求にもとづく雇用保障協定と抱き合わせで導入されることが多い。この制度では，使用者は受注量の変動に対応して，時間外労働の方法によらずに所定労働時間の移動により労働時間量の増減を操作できる。ただし，通常は協約で「時間外労働の決定にあたっては関係する労働者の正当な利害が考慮されなければならない」(金属産業) と規制されている。この協約でいう「時間外労働」とは，所定労働時間が移動されて特定日に協約所定労働時間を超える部分を指す。

　回廊制の実際の導入は事業所協定にもとづき，その協定で回廊制の運用に関するさまざまなルールが定められる。各日の具体的な勤務時間は1か月前までに勤務割表として使用者が決定し労働者に示されることが通常だが，WSI の事業所協定調査 (1997-98年)[29] によれば，事業所協定によっては勤務割表作成にあたり従業員代表と事前に協議する，または同意を必要とする旨定める，また，労働者の異議申立権 (Einspruchsrecht) を定める，調整期間を短く定めるなどにより使用者の単独決定の余地が制約されている。事業所協定によっては，使用者による勤務割表を原案として労働者グループ自らでさらに細かい調整をすることが明記されている例もある。また，労働時間回廊制の設計にあたり，次週までとの間隔が35時間確保されるべきこと，時間外労働 (1日8時間を超える分) は例外的な場合に限られるべきことを定める事例がある。

　協約に定められる労働時間回廊の状況は，**図表5-4**のとおりである。週35-40時間の幅であることが多い。フォルクス・ワーゲン社は週所定労働時間が28.8時間であり，特別な事例である[30]。ここでは，週当たり労働時間の変動幅が協約で明確に規制されていることが重要である。「規制された弾力化」といわれるゆえんである。金属産業では回廊の幅が事業所レベルの決定に委ねられていて，それを32-38.75時間にするか，30-40時間と広い幅にするかで争いになる事業所もある。

(2)　具体的な事業所協定の例を示す[31]。

---

29)　Klein-Schneider, a. a. O. (N. 25), S. 39-40
30)　フォルクス・ワーゲン社における労働時間口座につき，ドロー・前掲注 (1) 328頁以下。

（a）例①早番勤務は月曜から金曜まで各日7.4時間である。遅番勤務では月曜から木曜まで7.4時間である。それにより2週間に66.5時間労働が行われる。

超過労働（Mehrarbeit）もしくは操業短縮の場合，労働時間は延長または短縮される。月曜から金曜まで29.6時間を下回ることはなく，41時間を上回ることはない。この回廊の範囲内では時間外労働手当は支給されない。従業員代表と調整のうえ，2週間前に，次の週に通常労働時間から逸れるか否かが通知される。（家具メーカー）

図表5-4　労働時間回廊の許容範囲

（労働協約，2009年，時間）

| 労働協約締結分野 | 協約所定労働時間 | 許容される回廊の範囲 |
|---|---|---|
| 化学 | 37.5 | 35-40 |
| 耐熱製品・資材生産 (Feuerfeste Industrie) | 38 | 36-40 |
| 生ゴム | 37.5/39 | 35/36-40 |
| 製紙 | 38 | 35-40 |
| 鉱山 (Stein-Erden-Industrie) | 38 | 34-42 |
| フォルクス・ワーゲン社：直接部門 | 28.8 | 25-33 |
| 同：間接部門 | 28.8 | 26-34 |
| 住宅取引 | 37 | 34.5-39.5 |
| セメント | 38 | 35-40 |
| レンガ製造 | 38 | 35-40 |

注：生ゴム業で時間幅があるのは，同じ産業分野内でも協約締結地域によって定める数字が異なることを示す。
出典：Böcklerimpuls 10/2009, S. 2

例②週所定労働時間38.5時間は12週間を通じて平均で配分される。この場合，時間外労働手当は支給されない。労働時間口座の労働時間回廊は，＊＊の部門では交替制でプラス・マイナス40時間とする。（金属メーカー）

例③3条〔労働時間の枠〕必要な柔軟性を確保するために，労働時間の枠は以下の限度内で定められる。1，週当たり最短22.5時間で，最長42時間とする。

2，日々の労働時間は最短3.5時間，最長9時間とする。

4条〔労働時間の不規則な配分〕個々人の所定労働時間は，規則的または不規則に月曜から金曜までに配分される。配分に当たっては必要とされる操業時間ならびに労働者の利害が考慮される。（金属メーカー）

（b）労働時間回廊制では，日々の始業・終業時刻の決定権限は広く使用者に委ねられている。使用者は労働者に対する指揮命令権（Direktionsrecht）を有

---

31) Klein-Schneider, a. a. O. (N. 25), S. 21 ff.

第Ⅱ部　各　論

する。

　例④２条〔労働時間の枠〕個々人の勤務時間（Anwesenheitszeit）の確定は，7時から，法定閉店時間の30分後までの枠内とする。
5条〔労働者の配置計画（Personaleinsatzplan）〕個々人の日々の労働時間は，日々および週の業務量の予定および所定労働時間を考慮してＶ氏により決定される。配置計画策定にあたり労働者の正当な利害および要望が考慮される。（小売店チェーン）

　例⑤労働配置計画が行われ，各日に提供されるべき労働時間が当該支店・部門によって確定される範囲内で，以下のことが予定される。月曜から金曜までの労働時間は合計で上限45時間とする。この場合，従業員代表の同意は個別には必要ないものとする。土曜・日曜・祝日における勤務にあたっては従来どおり従業員代表の同意を必要とする。（建設業）

　（ｃ）事業所協定によっては，中期的な具体的な労働時間が定められていることもあれば，使用者による直前の労働時間変更の通知期限が定められているだけのこともある。回廊制では月給は当該月の実際の労働時間数により変動することはなく固定していることが多い。

　労働協約によれば，回廊制では，使用者に，一部では従業員代表との協議を経て，特定グループに対し継続的に一定の限度内で，協約所定時間を上回って確定する権限が与えられている。

　（ｄ）なかには，売上げ困難時に労働時間短縮や仕事中止（操業短縮）を認める定めもある。

　例⑥週所定労働時間は36時間とする。１日当たり最短労働時間は６時間とする。通常は１日7.2時間とする。月曜から木曜までは上限２時間まで，金曜は１時間まで延長することが許される。事業所の都合（注文不足，生産停止）により，労働者に日単位で仕事を免除する（freistellen）ことが許される。

　〔労働時間弾力化〕　労働時間の柔軟な編成の必要性を考慮して，協定当事者は事業所の必要性があるとき，一時的に48時間を限度に週労働時間を延長することを合意する。そのさいに労働時間法ならびに金属・電機産業の基本労働協約の規定が考慮される。（情報処理企業）

　（ｅ）労働時間回廊制の極端な事例が，企業が必要なときにだけ労働者を呼

び出すという呼び出し労働（Arbeit auf Abruf パートタイム労働・有期労働契約法12条[32]）である。この形態では労働者の使用者に対する従属は極端に強まる。これは労働組合の強い反対により一部の事業所協定で導入されるにとどまっている。

(3) 公務部門では労働時間回廊制は協約で定められている。時間外労働手当なしに週45時間まで働くことを事業所当事者は合意することができる。ただし，平均して協約所定労働時間（西地域では週38.5時間，東地域では週40時間）が達成されることが前提である。その実施には事業所協定または勤務所協定（Dienstvereinbarung）が必要であり，労働者に対して労働時間口座が適用されていることが前提である。

このように労働時間回廊制では，使用者が労働時間決定権限をもってはいるが，決定にあたり労働者の正当な利益を考慮すること，1日当たり労働時間は9時間までなどと協約ないし事業所協定で制約されている点に特色がある。

**2 信号口座（Anpelkonto）**

時間残高または時間債務の程度により，緑色，黄色および赤色の各ゾーンに分類され，それぞれに異なる取扱いをするものである。たとえば，まず緑色ゾーンとして，調整期間内でプラス・マイナス25時間までは本人の自由な判断に委ねられ，つぎに黄色ゾーンとして，プラス・マイナス50時間までは，同僚および上司と協力して緑色ゾーンにまで縮小することが求められ，最後に赤色ゾーンとして，それを上回る時間分（口座制で調整期間内に許容される上限時間幅に収まることを前提に）が生じたら，上司が警告して，人事課，上司と本人が協力して基準内に収まるようにする。

**3 年間労働時間口座制（Jahresarbeitszeitkonto）**

これは年間の事業所の仕事の流れと労働者個々人の要望を考慮して，年間を通じて協約ないし労働契約上の週労働時間が平均して達成されるものである。これは年間を通じて繁忙の差が大きな業種に適している。仕事量が少ないシーズンにも通常どおりに賃金を支給されるので，建設業では組合側が導入を求め

---

32) これは以前は就業促進法4条で「稼働指向の可変的な労働時間（Kapazitätsorientierte variable Arbeitszeit = KAPOVAZ)」と呼ばれていた。

ている。

　年間労働時間口座制の一種に，選択労働時間制（Wahlarbeitszeit）がある。たとえば顧客のニーズなど稼働時間の必要性の基準にもとづいて，労働者が自分が属するチームと調整して個別に労働時間を決めるものである。以下にその例を示す。

〔K百貨店F店の事例〕[33]

　(1)　このデパートは全国に198店舗を擁する（2004年）。この事業所では，年間労働時間という発想にたち，52週間の平均で週37.5時間を達成しようとしている。その意味で弾力的労働時間を運用している。その方法として，事実上のフレックスタイム制と組み合わせている。事業所協定によれば，営業時間（平日は9:30-20:00，土曜は9:00-18:00）に合わせて標準的な勤務時間が組まれ，早番勤務などは特別に定められている。小売業の営業時間に関する法律[34]（閉店時間法）がしばしば改正されるが，それに応じて勤務時間も見直される。事業所協定は，それに応じた土曜の営業時間変更を定めている。

　(2)　この事業所では販売部門でIDカードを用いた時間測定による労働時間管理が行われている。これは，事業所協定にもとづく合理的な制度である。それは，事業所の都合と労働者の個人的な労働時間希望が調整されて，双方に都合よく労働時間が配分されるように工夫されている。上司との合意にもとづいて，場合によっては関係する同僚との調整にもとづいて，労働者は遅い始業，早い終業，休憩の延長または短縮，それ以外の勤務中断の形で，予定の労働時間帯から逸脱することができる。

　個々人の年間所定労働時間の範囲内で，上司と労働者は前月20日までにその月の具体的な労働日および労働時間の長さ・配置を合意する。合意された労働時間は，合意の範囲内で労働契約および事業所協定にもとづく労働時間から逸れることができる。こうして労働者に都合よく自分の勤務時間や休日を決める。必要な場合には，たとえば交通の便をよくするために，遅くに出勤し，ま

---

33)　藤内著・326頁。
34)　藤内「ドイツ小売業の営業時間規制」季労186号（1998年）80-148頁，和田肇著・133-162頁。

図表 5-5　労働時間口座の普及状況

(%)

| 調査者・年 | ISO<br>1998年 | ISO<br>1999年 | IAB<br>1999年 | ISO<br>2000年 | ISO<br>2001年 | sfs<br>2005年 | IAB<br>2006年 |
|---|---|---|---|---|---|---|---|
| 事業所比率 | 19 | — | 18 | 25 | 29 | 31 | 21 |
| 労働者比率 | 33 | 37 | 35 | 37 | 40 | 48 | 41 |

出典：図表5-1と同じ。S. 75　一部加筆

た早くに退社する。このようにして年間労働時間という発想で，年間を通じた平均で協約所定労働時間を達成しようとしている。ここでも，時間口座が用いられている。したがって，それは協約の開放条項を利用している。要員配置計画では相互のコミュニケーションに努められている。

　ここでは，自分の労働時間を確定するさいの自己決定と裁量を拡大するために，労働者は勤務時間をチームのなかでお互いに調整して労働者の個人的な要望を計画のなかに反映させることが求められる。この点では，部門内の時間調整が不可欠である。この制度は，デパートでは女性労働者が多く，彼女らの多くは今なお家庭責任をかなり背負っているという産業事情のなかで工夫して考案されたものである。販売部門でフレックスタイム制を導入するには，顧客への対応の必要性から同僚との調整を求められることは避けられない。

**4　生涯労働時間口座（Lebensarbeitszeitkonto）**

　自由時間をまとめて早期引退や職業訓練のために提供するものである。その利用目的等は後述する。

## 四　労働時間口座の普及状況と運用

**1　普及状況**

（1）　IAB およびドルトムント社会研究所の調査結果により実情をみる。[35] 図表5-5，6，7，8はこの普及状況を示す。普及度は確実に高まりつつあり，この調査によれば，2005年には労働者の48％に適用されている。IAB 調査（2006

---

35）Groß/Schwarz, a. a. O. (N. 14), S. 75 ff.

図表 5-6　労働時間口座を有する事業所比率

(IAB 調査, ％)

|  | 西・1999年 | 西・2002年 | 西・2004年 | 東・1999年 | 東・2002年 | 東・2004年 |
|---|---|---|---|---|---|---|
| 平　均 | 17 | 20 | 21 | 21 | 22 | 25 |
| 労働者数1-9人 | 11 | 14 | 14 | 15 | 16 | 18 |
| 同10-49人 | 29 | 34 | 36 | 36 | 40 | 44 |
| 同50-499人 | 51 | 58 | 60 | 54 | 58 | 60 |
| 同500人以上 | 68 | 74 | 78 | 63 | 71 | 83 |
| 鉱山・エネルギー・水道 | — | 54 | 48 | — | 54 | 65 |
| 生産財 | — | 34 | 46 | — | 33 | 34 |

出典：IAB Betriebspanel

年）によれば，零細事業所を含めて，労働者の41％である。

　IAB の事業所調査（零細事業所を含む）によれば，1999年は事業所の21％であったのに対し，2009年には32％の事業所にあり，うち輸出志向の事業所の40％にある。IAB 事業所調査（2006年）によれば，労働者の41％，約1,300万人が労働時間口座の適用を受けている。適用を受ける労働者の特色は，男性，資格の高い事務系職員，熟練現業労働者，仕上げ職（Fertigungsberufe）である。

　WSI 調査によれば，従業員代表がある労働者20人以上の事業所では，2002-03年調査では71％であり，2004-05年調査では77％にある。2年間に6％増えたことになる。

　(2)　産業分野による違いが大きい。産業別にみて，普及度が高いのは，鉱山・エネルギー・水道業であり，つぎに生産設備製造である。逆に低いのは，教育（西・2004年で12％），食品製造（西・2004年で14％），商業（西・2004年で16％）である。IAB 調査により東西を比較すると，東地域のほうが導入率は高い（図表5-6）。

---

36)　Bellmann, a. a. O. (N. 13), S. 13; Presseinfo IAB v. 02. 02. 2010/04. 06. 2009
37)　WZBrief Arbeit(Wissenschaftszentrum Berlin für Sozialforschung)01/ Juni 2009, S. 4

図表5-6，7，8によれば，導入率は事業所規模と深く関連することがわかる。IAB調査で，零細事業所を含めると，導入されている事業所の比率は下がる。

　タイプ別に分けると，短期口座は，産業別には，鉱山・エネルギー，金属，電機，交通，マスコミ（Nachrichten），金融業，小売業および公務に多い。[38]

　(3) 参考までに，労働時間口座の各国における普及状況は，EU27か国で労働時間口座は労働者10人以上の事業所のうち38％に適用されており，平均を上回っているのは，フィンランド74％，デンマーク58％，スウェーデン57％，ドイツ50％，チェコ46％，オランダ40％である（2009年）。[39]

図表5-7　労働時間口座の普及状況

（2005年，分野別・規模別，労働者比率，％）

|   | 1-19人 | 20-249人 | 250人以上 | 平均 |
|---|---|---|---|---|
| 製造業 | 30.5 | 58.5 | 72.5 | 57.8 |
| 第二次産業 | 29.1 | 60.8 | 72.6 | 62.8 |
| サービス業 | 26.1 | 46.4 | 56.4 | 42.9 |
| 合計・平均 | 27.4 | 50.3 | 63.3 | 48.0 |

出典：図表5-1と同じ。S. 78

図表5-8　労働時間口座の適用状況

（労働者比率，％）

|   | 全体・平均 | 労働者数250人以上 | 同249人以下 |
|---|---|---|---|
| 全体 | 47.0 | 57.1 | 42.3 |
| 製造業 | 53.7 | 60.0 | 49.7 |
| サービス業 | 43.4 | 54.9 | 39.1 |

出典：Herzog-Stein/Seifert, Deutsches Beschäftigungswunder und flexible Arbeitszeit, S. 4

## 2　労働時間口座の運用

　たいていは，日および週当たりの労働時間の上限（maximale Stunden/Anzahl）および下限（minimale Stunden/Anzahl），時間残高および時間債務の上限・下限，それを超えた場合の調整方法，調整期間，次期への繰り越しの可否および上限を定めている。51％の事例では完全に定められている。しかし，なかにはいずれにも規定がないまま実施されている事例もある。また，労働時間口座をめぐる労使交渉では，調整期間単位で許容される労働時間の上限・下限（Plus- und Minusstunde）が中心的な争点になる。調整期間はたいてい協約で定められ

---

38)　Kiesche, a. a. O. (N. 17), S. 288
39)　Bellmann, a. a. O. (N. 13), S. 4

図表 5-9　労働時間口座の規定状況

（規模別，％）

| 規定状況 | 1-19人 | 20-249人 | 250人以上 | 平　均 |
|---|---|---|---|---|
| 完全に規定されている | 33.0 | 56.7 | 52.9 | 51.4 |
| ほとんど完全に規定されている | 17.3 | 18.0 | 37.1 | 25.8 |
| ほとんど規定されていない | 21.3 | 13.9 | 8.0 | 12.6 |
| 規定されていない | 28.4 | 11.4 | 2.0 | 10.2 |

出典：図表5-1と同じ。S. 82

図表 5-10　労働時間口座導入の根拠規定

（産業部門・規模別，％）

| | 1-19人 | 20-249人 | 250人以上 | 合　計 |
|---|---|---|---|---|
| 〈製造業〉 | | | | |
| 事業所協定 | 18.7 | 62.3 | 88.5 | 70.2 |
| 上司との合意による | 68.7 | 29.3 | 3.3 | 21.0 |
| 労働協約 | 12.6 | 6.6 | 7.8 | 7.9 |
| 〈サービス業〉 | | | | |
| 事業所協定 | 21.4 | 60.0 | 53.3 | 50.4 |
| 上司との合意による | 66.2 | 30.4 | 2.0 | 26.9 |
| 労働協約 | 5.0 | 9.5 | 44.2 | 21.2 |
| 〈合計〉 | | | | |
| 事業所協定 | 20.6 | 60.9 | 70.6 | 58.6 |
| 上司との合意による | 67.0 | 30.0 | 2.6 | 24.4 |
| 労働協約 | 7.4 | 8.4 | 26.3 | 15.7 |

注：「回答なし」を除いているので，合計は100％にはならないことがある。
出典：図表5-1と同じ。S. 88

ている。

　以下，ドルトムント社会研究所の調査結果を中心に運用の様子をみていく。

　(1)　規定状況　　図表5-9は労働時間口座の規定状況を示す。51％の事例で完全に規定されていることがわかる。規定の有無・程度は，従業員代表の有無と密接にかかわる。これによれば10％の労働時間口座では規定がない。それ

第5章 労働時間口座の活用

は，従業員代表のない事業所で，使用者側が上司を通じて個別に合意して実施していると推測され，使用者主導のもとに運用されている可能性が高く，それは事業所規模が小さいほど頻繁である。事業所協定のなかで，労働者個々人の各月の時間残高または時間債務が通知され，一定基準限度を超える残高および債務を有する労働者の氏名につき従業員代表に定期的に通知されるという取扱いが多い。

(2) 導入の根拠規定　図表5-10は労働時間口座導入の根拠規定を示す。事業所協定による導入が6割弱である。とくに製造業で

図表5-11　労働時間口座の内容枠組
（産業部門・規模別）

|  | 1-19人 | 20-249人 | 250人以上 | 平均 |
|---|---|---|---|---|
| 〈製造業〉 | | | | |
| 時間残高（時間） | 20.9 | 35.5 | 77.9 | 54.8 |
| 時間債務（時間） | 65.6 | 87.8 | 118.3 | 100.3 |
| 調整期間（週） | 17.8 | 24.3 | 40.6 | 31.6 |
| 〈サービス業〉 | | | | |
| 時間残高（時間） | 12.2 | 26.3 | 38.3 | 28.0 |
| 時間債務（時間） | 21.6 | 52.4 | 53.2 | 46.9 |
| 調整期間（週） | 20.3 | 25.2 | 38.7 | 29.2 |
| 〈合計・平均〉 | | | | |
| 時間残高（時間） | 14.9 | 29.8 | 57.8 | 39.1 |
| 時間債務（時間） | 35.1 | 65.7 | 85.3 | 69.0 |
| 調整期間（週） | 19.5 | 24.9 | 39.7 | 30.2 |

出典：図表5-1と同じ。S. 80

従業員代表によるものが多い。これは従業員代表設置率の反映でもあろう。労働時間の事業所レベルにおける具体化では，否応なく従業員代表の出番となる。ここで「上司との合意による」導入が4分の1を占めている。これは従業員代表のない事業所で使用者主導で，労働者の同意を取り付けて実施されているものと推測される。

(3) 口座の内容枠組み　図表5-11は労働時間口座の内容枠組を示す。調整（清算）期間（Ausgleichszeit）は平均で30週であり，規模が大きいほど長期化している。時間残高に比べて時間債務のほうが枠がはっきりと広い。

別のドルトムント社会研究所調査（2009年）によれば[40]，製造業では口座の調整期間は平均で40週であり，全産業平均では31週である。製造業では平均135時間まで時間残高が可能であり，時間債務は平均して上限69時間までであっ

---

40) Alexander Herzog-Stein/Hartmut Seifert, Deutsches "Beschäftigungswunder" und flexible Arbeitszeit, WSI-Diskussionspapier Nr. 169, 2010, S. 5

figure 5-12 時間残高の運用

(%)

|  | 1-19人 | | 20-249人 | | 250人以上 | | 平　均 | |
|---|---|---|---|---|---|---|---|---|
|  | 事業所比率 | 労働者比率 | 事業所比率 | 労働者比率 | 事業所比率 | 労働者比率 | 事業所比率 | 労働者比率 |
| 上限は超えられている | 31.0 | 34.5 | 45.4 | 48.5 | 50.0 | 59.2 | 34.0 | 50.7 |
| ・金銭補償 | 3.4 | 4.7 | 13.5 | 14.9 | 13.8 | 9.0 | 5.5 | 10.8 |
| ・時間残高は期限切れ | 0.9 | 0.5 | 2.5 | 2.6 | 10.4 | 7.9 | 1.4 | 4.5 |
| ・時間補償 | 11.4 | 13.1 | 14.9 | 12.1 | 9.6 | 13.9 | 12.0 | 13.0 |
| ・次期に繰り越し | 11.5 | 12.7 | 14.0 | 18.3 | 15.0 | 27.4 | 12.1 | 21.2 |
| ・別の労働時間口座に振り替えられる | 3.8 | 3.5 | 0.5 | 0.6 | 1.1 | 1.0 | 3.0 | 1.2 |

注：質問「時間残高の上限は通常，遵守されているか，それとも頻繁に超えられているか」および「時間残高が合意された上限を超えた場合，通常，どのように取り扱われているか」に対する回答である。
出典：図表5-1と同じ。S. 85

た。それは全産業全体では，90時間および46時間となっている。

(4) **時間残高の運用**　図表5-12は，時間残高の運用にかかわって，質問「時間残高の上限は，通常，遵守されているか，それとも頻繁に超えられているか」および「時間残高が合意された上限を超えた場合，通常，どのように取り扱われているか」に対する回答である。半数（労働者の50.7％）の事例で頻繁に超えられているのがわかる。その場合の取扱いで最多は次期に繰り越し扱いである。このうち「時間残高は期限切れになる（verfallen 満期になる）」とは，上限を超えた時間残高が金銭でも時間でも清算されることなく，お流れになって，結局ただ働きになる場合である。ここでは適用労働者の５％にあり，そのような事例が少なからずあることが報告されている。[41] 回答のなかで，「別の労働時間口座に振り替えられる」がある。これは図表5-2が示すように，事業所内にある複数の労働時間口座のなかで別タイプの口座に移し替えを認める取扱いである。

(5) **時間残高の縮小**　企業の４分の３で，金融危機（2008年）が引き金に

---

41)　藤内著・295頁。

なって時間残高が縮小した。直接に金融危機に該当する企業の9割でそれが行われた。しかし，危機に直接には関係しない企業の43％でも危機を理由に時間残高が縮小された。[42]

平均して金融危機に関係する企業では危機により労働者1人当たり約45時間が縮小した。これらの企業の7分の6では，労働者の6割以上につきそれが縮小された。

危機に関係する企業の5％でのみ，時間債務が生じた。時間債務が生じた場合には，平均して労働者1人当たり約46時間が，労働者の過半数に対し生じた。

雇用保障のために労働時間口座を利用している事業所ではこれにより，柔軟性が産業平均よりもはるかに大きい。企業は危機時における反応時間（Reaktionszeit）を短縮できた。

図表5-13 金融危機における事業所内の雇用保障措置の実施状況

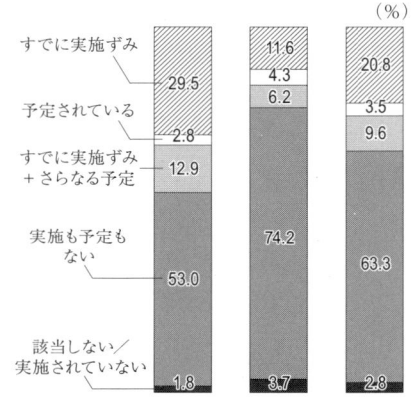

（％）

| | 経営危機に該当する | 該当しない | 全体平均 |
|---|---|---|---|
| すでに実施ずみ | 29.5 | 11.6 | 20.8 |
| 予定されている | 2.8 | 4.3 | 3.5 |
| すでに実施ずみ＋さらなる予定 | 12.9 | 6.2 | 9.6 |
| 実施も予定もない | 53.0 | 74.2 | 63.3 |
| 該当しない／実施されていない | 1.8 | 3.7 | 2.8 |

注：これは2008年第3四半期から2009年第3四半期までの間に労働時間口座で時間残高の縮小または時間債務の増加からみて，雇用保障措置の実施状況を問うている。
出典：WSI従業員代表調査（2009年）（IAB-Kurzbericht 22/2010 S. 3（Zaps/Brehmer））

## 3 リーマン・ショック後の運用状況[43]

（1） 先行研究によれば，労働時間口座の普及度は1999年には労働者の35％だったのが，2009年には51％になる。[44]

労働時間口座の運用（2009年第3四半期時点）につき，WSIの従業員代表調査（2009年）をもとにIABが算定した。[45] 図表5-13のように，調査事業所のうち3

---

42) Ines Zapf/Wolfram Brehmer, Arbeitszeitkonten haben sich bewährt, IAB-Kurzbericht 22/2010, S. 1
43) Ines Zapf/Alexander Herzog-Stein, Betriebliche Einsatzmuster von Arbeitszeitkonten während der Großen Rezession, in: WSI-Mitteilungen 2/2011, S. 60-68
44) Zapf/Brehmer（Zapf/Herzog-Stein, a. a. O.（N. 43），S. 62）

**図表5-14　労働者1人当たりの労働時間口座・平均的な時間残高**
（2009年第3四半期時点,事業所の比率, %）

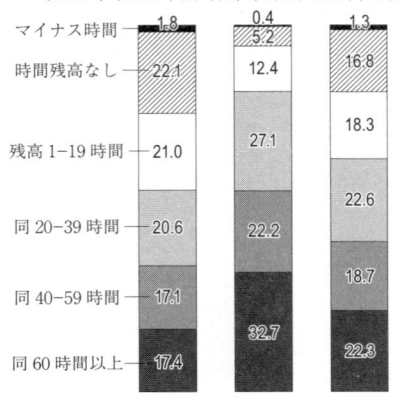

|  | 経営危機に該当する | 該当しない | 全体平均 |
|---|---|---|---|
| マイナス時間 | 1.8 | 0.4 | 1.3 |
| 時間残高なし | 22.1 | 5.2 | 16.8 |
|  |  | 12.4 |  |
| 残高1-19時間 | 21.0 | 27.1 | 18.3 |
| 同20-39時間 | 20.6 | 22.2 | 22.6 |
| 同40-59時間 | 17.1 | 32.7 | 18.7 |
| 同60時間以上 | 17.4 |  | 22.3 |

出典：図表5-13と同じ。S. 5

割（20.8％＋9.6％）ですでに労働時間口座が利用されたが，それを経営（金融）危機に該当する事業所でみると42％（29.5％＋12.9％）で実施済みである。労働時間口座適用下にある労働者1人当たりの平均時間残高は**図表5-14**が示すとおり，時間数は分散している。時間残高で40時間以上を有する労働者の比率は41％（18.7％＋22.3％）であるのに対し，経営危機に該当する事業所では35％（17.1％＋17.4％）でやや下回っている。経営危機に見舞われていない事業所で時間残高60時間以上が32.7％に及び，それは長時間である。

また，2008年第2四半期における時間残高とリーマン・ショック後の2009年第3四半期における時間残高の労働者1人当たり平均は，**図表5-15**のとおりであり，長時間の残高が大幅に減少したことがわかる。これは明らかにリーマン・ショックにともなう影響である。

（2）　労働時間口座利用事業所を分類した[46]。長期利用組は2008年第3四半期から2009年第3四半期およびそれ以後も利用した事業所である。早期短期利用組は2008年第3四半期から2009年第3四半期にそれを利用した事業所である。後期利用組は2009年第3四半期から2010年第1四半期に利用した事業所である。後期利用の時期はすでに金融危機は大半山場を越えている。これを雇用保障目的と経営危機起因に利用目的別に分けた。

**図表5-16**からは，口座を利用する事業所は長期利用組の比率が高く，とくに第2次産業で顕著であること，利用目的では，図表の上側の「雇用保障措置のために労働時間口座を利用」のほうが下側の「経営（金融）危機に起因して労

---

45）　Zapf/Brehmer, a. a. O. (N. 42), S. 5
46）　Zapf/Herzog-Stein, a. a. O. (N. 43), S. 62

働時間口座を利用」の場合よりも頻繁に利用している様子がうかがえる。

### 4 協約適用および従業員代表の有無による違い

ヘルマン・グロースの調査（2007年秋 約1,800事業所を対象とする）[47]によれば，協約適用または従業員代表のある事業所とそうでない事業所で比較すると，実際に提供された労働時間は，協約適用があり，かつ従業員代表がある事業所では週39.2時間であったのに対し，協約適用がなく，かつ従業員代表が設置されていない事業所では41.5時間であった。だが，稼働時間は逆に従業員代表がある事業所のほうが長くて週平均67時間であるのに対し，それがない事業所では56-58時間であった。このような違いは，従業員代表のある事業所ではより頻繁に労働時間口座が適用されていることによる。労働時間口座は従業員代表がある事業所では過半数で実施されているのに対し，それがない事業所では3分の1で実施されているにとどまる。同時に，従業員代表がある事業所では労働時間口座の制度設計（プラス・マイナス時間の上限および調整期間など）がより明確に定められている。許容される時間残高の長さは，規制がある場合には規制がない場合よりも2倍以上に長い。それにより経営危機時には容易に対応される。ただし，従業員代表による規制がある場合，交替制勤務が多く，労働者の20%であり，そうでない事業所では10-13%であった。

グロースは，総じて従業員代表による規制がある事業所では，競争能力，雇

図表5-15 平均的時間残高の変動
（労働者1人当たり，事業所比率，%）

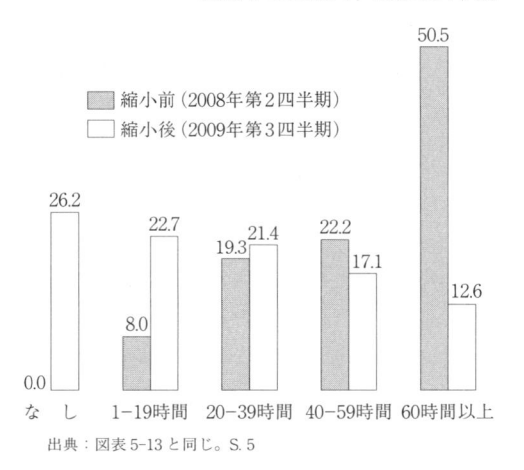

■ 縮小前（2008年第2四半期）
□ 縮小後（2009年第3四半期）

| | なし | 1-19時間 | 20-39時間 | 40-59時間 | 60時間以上 |
|---|---|---|---|---|---|
| 縮小前 | 26.2 | 8.0 | 19.3 | 22.2 | 50.5 |
| 縮小後 | 0.0 | 22.7 | 21.4 | 17.1 | 12.6 |

出典：図表5-13と同じ。S.5

---

47) Böcklerimpuls 4/2010 v. 10. 03. 2010: Kürzere Arbeitszeiten und mehr Zeitflexibilität mit Betriebsrat

図表5-16　労働時間口座利用時期別比率

（大産業別，%）

| | 第2次産業 | 第3次産業 | 合　計 |
|---|---|---|---|
| 長期利用 | 34.5 | 15.8 | 22.5 |
| 早期短期利用 | 12.7 | 9.0 | 10.4 |
| 後期利用 | 12.9 | 10.9 | 11.6 |
| 利用しない | 39.9 | 64.3 | 55.5 |
| 長期利用 | 21.1 | 10.3 | 14.2 |
| 早期短期利用 | 13.6 | 7.5 | 9.7 |
| 後期利用 | 13.3 | 8.0 | 9.9 |
| 利用しない | 52.0 | 74.2 | 66.2 |

注：上側は，「雇用保障措置のために」，下側は「経営危機に起因して」労働時間口座で時間残高を減らす，または時間債務を増やした事業所の比率である。
出典：WSI-Mitteilungen 2/2011, S. 63
　　　(Zapf/Herzog-Stein)

用展開および労働時間弾力化における小さな痛みにより，労働時間および稼働時間管理は社会調和的に調整できると肯定的にみている。

## 五　労働時間口座制の意義

### 1　概　論[48]

　労働時間口座の形態の変化とともに口座制の機能も変化してきた。この導入は，元来，労働者と事業所を標準労働時間という厳格な縛りから解き放ち，日々の時間的な柔軟性を限定付きながら与えることに第一義的な意義がある。それに対応して労働組織が柔軟になり，部分的にでも自治的な決定が可能になれば，労働時間政策で労使双方にメリットが生じる。それにより労働者は私生活における時間的都合の変動に対応する，わずかながらの「時間決定の自由（Zeitfreiheit）」（労働時間主権）を手に入れる。使用者側には，それにより時間外労働実施に必要な手続き（従業員代表との共同決定）なしで，かつ，残業手当という追加的な支出を抑制しつつ，短期的な業務量の変動に対応できるというメリットがある。また，企業は労働時間口座や操業短縮などの雇用調整で雇用を維持することにより良質な労働力を維持・確保し，労働者の離職・採用にともなうコストを節約することができる。

　労働時間口座制の新しいタイプおよび特殊な長期口座は，従来のフレックスタイム制の制約を超え，労働時間編成の新たな局面を開きつつある。それは労使双方に使途および時間編成の裁量を広げる。極端な事例（例，生涯労働時間口

---

[48]　Herzog-Stein/Seifert, a. a. O. (N. 40) ; Seifert, a. a. O. (N. 7), S. 310 ff.；宮前・前掲注（1）7頁。

図表 5-17　労働時間口座を導入した目的

(%)

| | 製造業 | サービス業 | 合　計 |
|---|---|---|---|
| 業務量に労働時間を適合させるため | 86.4 | 86.2 | 86.3 |
| 顧客サービス改善のため | 40.2 | 47.9 | 45.4 |
| 追加的な人材投入を避けるため | 32.2 | 26.3 | 28.2 |
| 労働時間主権を高めるため | 15.3 | 33.7 | 27.8 |
| 解雇を避けるため | 41.6 | 20.4 | 27.2 |
| 稼働時間の延長・短縮のため | 34.0 | 20.2 | 24.6 |

出典：図表5-1と同じ。S. 86

座制）では職業生活の全期間に及ぶようになった。

### 2　導入目的

　ドルトムント社会研究所は事業所に対して労働時間口座を導入した理由を問うた（**図表5-17**　2005年）[49]。「業務量に労働時間を適合させるため」が86％で圧倒的に高い。「解雇を避けるため」「稼働時間の延長・短縮のため」は製造業で高い。解雇回避を目的とするケースは，労働側の要望で導入されたと推測される。逆に「労働時間主権を高めるため」はサービス業で高い。サービス業では女性比率が高いが，そこで労働時間を個人的都合にマッチさせる要望が強いことが反映している。製造業で労働時間主権を高めるには構造的な限界がある。

　さらに，WSI の従業員代表調査（2007年）によれば[50]，労働者が労働時間口座を利用する目的は，「職業生活からの早期引退」が68.7％，「職業訓練（Weiterbildung）」が65.7％，「家族との時間確保」が56.3％，「その他の目的」が59.9％である。

### 3　一般的意義

　労働時間口座の意義を整理すると，つぎのようになる[51]。まず，使用者側にとっての意義は，以下の点である。

---

49)　Groß/Schwarz, a. a. O. (N. 14), S. 86
50)　Böcklerimpuls　13/2007, S. 3
51)　JILPT 資料シリーズ No. 41・前掲注（1）39頁〔天瀬・樋口〕

イ）需給調整　１年間ないし数年間の労働時間を弾力的に運用することにより，季節的および景気変動的な需要変動に対応させて，労働力・作業量を適合させて（synchronisieren）効率的に投入し，解雇や採用による人事費用を節約し，慣れ親しんだ作業チームおよび企業特有の（betriebsspezifisch）人的資源を維持することによって彼らの移動にともなう生産性低下を抑えることになる。

労働時間口座制の効果は単位時間あたりの生産性にも及ぶ[52]。時間当たり生産性の変動幅を緩和する。

ロ）費用節約効果　残業とそれにともなう手当を支出することを防ぎ，倉庫管理費用を節約し，個人の労働時間に弾力性をもたせることで労働時間と稼働時間を切り離し，空き時間を減らして労働密度（Arbeitsintensität）を高めることになる。バウエルらの調査によれば，製造業で週１人当たり時間外労働（1996年９月）は，口座制の適用がない事業所では4.6時間であったのに対し，適用のある事業所ではそれは2.8時間で短かった[53]。

また，WSIの従業員代表調査（2004-05年および2007年）によると，2007年に行われた「時間外労働」（所定労働時間を超える労働）のうち，完全に支払われたのは36.6％，一部支払われたのは16.7％，支払われていないのは46.8％である[54]。これから従来は時間外労働として手当または時間補償対象とされていたものの半分近くが労働時間口座の対象として扱われていることがうかがえる。ただし，この数字は調査によって異なる。

ハ）手続きの簡略化　事業所協定が労働時間口座制を定める範囲内であれば従業員代表の包括的同意がすでにあると解され，その範囲内では「時間外労働」の実施にあたりそのつどの従業員代表の同意は不要になる。

つぎに，労働者側にとっての意義は，イ）季節的および景気変動的な需要変動のもとでも解雇を避けて雇用を安定させるため，ロ）操業短縮を避けて，特定時期の労働時間数の変動にかかわらず安定した賃金を保障されるため，ハ）

---

52)　IAB-Kurzbericht 4/2001, S. 3
53)　IAB-Kurzbericht 4/2001, S. 3
54)　Böcklerimpuls 5/2008, S. 1

フレックスタイム制の場合には，変動する日々の個人的な時間の都合に合わせるという，時間主権を高めることが可能であり，それにより職業生活と家族生活の調和が進む。ニ）サバティカルなど長期の職業中断を実現するため，である。

そして，事業所当事者はこれを，イ）学習時間口座（Lernzeitkonto）をもうけ職業訓練を広げるために，ロ）高齢労働者に早期引退のチャンスを与えるために，活用できる。

他方で，デメリットもある。使用者側は，使用者として時間把握と管理に手間と費用がかかることである。労働者側は，イ）調整期間を超えた場合に時間残高が補償されることなく不払い（ただ働き）で処理される危険性があること，ロ）労働時間回廊制の場合に，始業・終業時刻が企業の都合で変動することである。

時間残高を貯める過程では，従来でいえば時間外労働に相当する労働が多く行われる。それは労働時間政策としては健康面や家庭生活にとって望ましくない。概して，労働時間口座の使途の選択が個人の判断に任されるほど，労働時間の社会政策的目的は達成が困難になる。

総じてメリットは使用者側に大きく，したがって使用者側の主導で導入されてきたが，それは労働者側にもあり，今回2008年以後の雇用調整で顕著であった。以上の意義・目的は，必ずしも矛盾するわけではないが，ときに対立することがある。

## 4　2008年金融危機における意義[55]

2008年の金融危機（リーマン・ショック）は，オイル・ショックやITバブル崩壊に比べて，短期間に大幅な生産の低下が生じており，変動の規模が大きかった。

労働時間口座の普及を受けて，2008年の金融危機では労働時間口座が操業短縮よりも頻繁に利用された。生産の波と雇用の波を切り離す，言い換えれば，稼働時間と労働時間を分離することにより，仕事量が少ないときに雇用を維持できる。それにより，労働時間口座が有する雇用保障的機能が発揮され，その

---

55) Herzog-Stein/Seifert, a. a. O. (N. 40), S. 8

また，協約の労働時間回廊によって，雇用危機に陥っていた金属産業では最大25％の労働時間が短縮された。[56]

2008年の雇用危機は労働時間口座の活用により金融危機が全体的な雇用危機に至ることを回避することができたが，それから1年たつと時間残高も消化され，限界にくる。労働者は労働時間口座を枠一杯に使いきろうとしている。少なくとも1年間口座は使い尽くした。この点が限界である。

### 5　時間残高喪失のリスク[57]

労働者側にとってのデメリットとして挙げた事柄である。ここでは2つが問題となる。第1に，調整期間の後に，繰り越し可能な時間残高の上限を超える分が補償（見返り）なしに処分される，すなわち，流れる（entfallend）ことである。事業所の34％でそれがある。[58] 2000年は21％であったのに対し，05年は34％なので，5年間に13％増えている。これは長期口座の増加にともなうものである。ほかに，年休の未消化が労働者1人当たり年2.2日ある。

第2に，企業破産時の時間残高の保護である。[59] これも長期口座の増加とともに重大な意義をもつ。企業破産時の保護は企業内で進みつつあるが，未だ途上である。

## 六　長期口座の普及状況，積立事由，使途[60]

### 1　長期口座の普及状況[61]

2000年以後，協約政策に変化があり，長期口座（Langzeitkonto）がその重要

---

56) Herzog-Stein/Seifert, a. a. O. (N. 40), S. 3
57) Seifert, a. a. O. (N. 8), S. 311
58) 藤内・前掲注（14）27頁。
59) 企業破産時の労働時間口座の保護につき，藤内・前掲注（14）33-37頁。
60) Philip Wotschack/Eckart Hildebrand/Franziska Scheier, Langzeitkonten- Neue Chancen für die Gestaltung von Arbeitszeiten und Lebensläufern ?, in: WSI-Mitteilungen 11+12/2008, S. 619 ff.
61) JILPT 資料シリーズ No. 41・前掲注（1）37頁〔天瀬・樋口〕, Seifert, a. a. O. (N. 7), S. 309

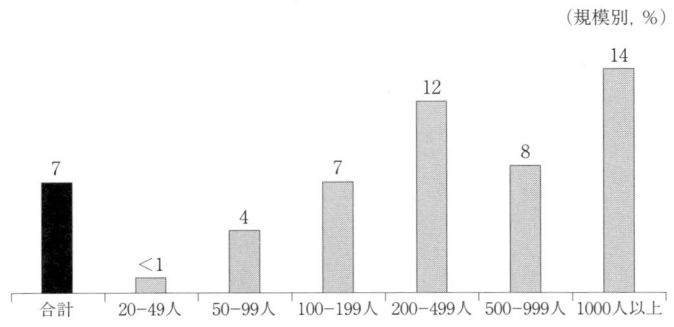

図表 5-18 長期口座をもつ事業所の比率

(規模別, %)

合計: 7
20-49人: <1
50-99人: 4
100-199人: 7
200-499人: 12
500-999人: 8
1000人以上: 14

出典：WSI-Mitteilungen 6/2005, S. 309 (Seiftert)

度を次第に高めている。化学産業では2004年発効の協約で、事業所協定の範囲内で長期口座の導入を認め、それを定年退職前や職業訓練前の職務免除に利用することを認めた。自動車・電機産業でも2005年の協約で長期口座の協約は同様の取扱いを定めた。

ドルトムント社会研究所が、労働時間の長期口座の導入状況を調査した (2005年[62])。それによれば、製造業では導入済み事業所21.2％（適用労働者数で10.2％），サービス業で導入済み事業所22.9％（適用労働者数で5.8％），合計で22.4％（労働者数で7.3％）である。したがって、事業所に導入されていても、それが適用されている労働者は事業所内の一部にとどまっている。

これを WSI の従業員代表に対する調査（2004/05年）でみると、事業所の7％でそれがあり、概して事業所規模が大きいほど導入率が高い（**図表5-18**）。WSI の従業員代表調査（2008年，約2,000か所[63]）によれば、調査した事業所の72％で労働時間口座が利用されている。短期口座が最多であるが、従業員代表がある事業所の約1割で長期口座が利用されている。

WSI 調査によれば、長期口座に積み立てられるのは、事業所の95.7％という圧倒的な事例では時間外労働が該当し（**図表5-19**），42.2％の事業所ではほか

---

62) Groß/Schwarz, a. a. O. (N. 14), S. 87
63) Böcklerimpuls 13/2008, S. 3 (Weiter Lücken beim Insolvenzschutz)

図表 5-19　長期口座の積立事由

| 時間外労働<br>(超過労働) | 別口座の<br>時間残高 | 特別手当 | 休暇手当 |
|---|---|---|---|
| 95.7% | 42.2% | 21.9% | 15.4% |

注：WSI調査。ここで「超過労働 (Mehrarbeit)」とは，フレックスタイムで標準を超える場合や時間外労働である。
出典：Böcklerimpuls 13/2008, S. 3

の口座の時間残高も移し替え可能である。さらには21.9%ではクリスマス手当など (Sonderzulagen) も，15.4%では休暇手当も積み立て対象になる。

なお，長期口座で積立可能な上限は，59％の事業所で定められている。

## 2　長期口座の目的

労働時間口座のうち長期口座の目的を事業所協定前文からベッカーが分析したところ[64]，つぎのように整理される。そこでは複数の目的が定められている場合がある。また，労働時間口座制の目的とフレックスタイム制のそれが区別されずに記されていることがある。それはフレックスタイム制が労働時間口座のなかで中心的な役割を果たしていることによる。

・労働時間を注文量および顧客の要望に適合させるため，
・労働時間を労働者個人の要望に合わせるため，
・雇用保障，
・時間外労働を中・長期的に調整するため，
・長期にわたる休暇またはサバティカルを可能にするため，
・個人的な職業・継続訓練 (Fort- und Weiterbildung) 促進のため，
・家族や子どもの世話・介護のため，一時的に (短期) パートタイム勤務に切り替えるため，
・生涯労働時間の短縮のため，
・人件費削減のため。

## 3　使途の可能性

ベルリン社会研究センター (Wissenschaftszentrum Berlin für Sozialforschung = WZB) が2006-08年にかけて長期労働時間口座の実情を調査・分析した。ドルトムント社会研究所の実態調査 (2005年) を前提に，それを補うべくあらたな

---

64) Karl-Hermann Böcker, Flexible Arbeitszeit-Langzeitkonto, 2007, S. 15

図表 5-20　長期口座の使途可能性

(事業所規定より, 事業所規模別, %)

|  | 事業所平均 | 労働者数 1-9人 | 同 10-49人 | 同 50-249人 | 同 250人以上 |
|---|---|---|---|---|---|
| 職業訓練 | 17 | 17 | 12 | 27 | 50 |
| サバティカル | 6 | 2 | 9 | 17 | 27 |
| 家族との時間 | 27 | 17 | 39 | 42 | 26 |
| 一時的なパートタイム勤務 | 30 | 17 | 45 | 47 | 28 |
| 高齢者パート勤務 | 7 | 6 | 1 | 23 | 69 |
| 早期引退 | 6 | 6 | 1 | 20 | 54 |
| そのほか | 64 | 64 | 70 | 51 | 34 |

出典：WSI-Mitteilungen 11+12/2008, S. 621 (Wotschack/Hildebrand/Scheier)

事項につき調査された。調査方法は，のべ15の事業所で使用者側と従業員代表に対するヒアリング調査と大手サービス企業に働く労働者5,300人に対するアンケート調査である。

また，ベルリン社会研究センターは，ドルトムント社会研究所の調査結果をもとに長期口座を有する204の事業所につき抽出して独自に算定した。**図表5-20**は，事業所内規定における長期口座の使途の可能性を示す。[65] 全体的には，一時的なパートタイム勤務，家族との時間に充てることに利用可能なことが多い。大規模事業所では，高齢者パート勤務，早期引退，職業訓練に利用できる[66]

---

65) ここで「サバティカル（Sabbatical)」とは，1年間なりのまとまった長期休暇（Auszeit）または長期の時短勤務をいう。この用語は本来，大学教員のサバティカル・リーフ（Forschungssemester　研究学期）を指し，官吏（上級公務員）でも通常賃金額の3分の2または7分の6を受給しつつ休職する制度がある。民間企業では労働時間口座の普及とともに，職業訓練，研修，旅行などのために，通常の賃金額を支給されつつ，まとめて休むまたは短時間勤務することがある。したがって，その休みの使途は人によりさまざまである。その運用基準は，事業所協定の定めるところによるので，企業により多様である。

66) 教育訓練口座（Lernzeitkonto)・職業訓練口座（Weiterbildungskonto）という各使途の労働時間口座の比率は低い。連邦雇用機構の2005年調査によれば，事業所の2.5%に教育・訓練目的の口座があり，労働者数で5％がその適用下にある。Winfried

ことが多い。規模別にみると，大規模事業所ほど多様な使途が可能である。

調査したすべての事業所では従業員代表が一貫して労働時間口座の導入に関与しており，なかには労働組合が関与している例があった。複数の事業所では従業員代表側の提案でこれが導入されていた。すべての事例で労使合同の紛争解決委員会（Konflikt-Kommission）が設置されている。

使途の選択は原則として個人の判断に任されていた。しかし，上司または同僚と調整して合意を得て行うことを求めていることが頻繁である。[67]

### 4 労働者側における支持の少なさ[68]

ベルリン社会研究センターのヒアリング調査によれば，労働者の4分の1だけが長期口座を使い果たすことを望ましいと考えている。多くの労働者は時間外労働してまで長期口座に時間を貯めることに魅力を感じていない。なぜならば，まず日々の生活で仕事と生活の時間的バランスをとることが最重要であると考えるからである。ワーク・ライフ・バランスが生活のなかに定着している感覚である。子どもや要介護者を抱える労働者グループだけが長期口座の時間残高がほとんどない。つぎに，こうした傾向の背景を考える。

(1) **中年層における時間と金への高いニーズ**　子どもを抱える年代である中年層は時間，生活費ともに高いニーズがある。職場における労働時間の弾力化や時間外労働への関心は高いが，だからといって家庭責任を免れるわけではない。ドイツでは伝統的な男性稼ぎ手モデル（männliches Ernährermodell）があり，収入の低い男性は職場と家庭の両方の板挟みにあう。両立は容易ではない。

(2) **長期的な時間節約オプションへの関心の乏しさ**　多くの労働者に，とくに製造業では，「働くのはせいぜい60歳までにしたい」という要望が強い。そこで早期引退または高齢者パートへの希望がある。しかし，仮に長期口座に時間残高を貯めても，それを早期引退に充てることができるかにつき懸念があ

---

Heidemann, Bildungszeitkonten, in: WSI-Mitteilungen 8/2009, S. 453

67) JILPT・HP 海外労働情報（ドイツ）「ドイツの労働時間貯蓄制度」（2008年7月）3頁によれば，調査企業のうち労働時間口座からの労働者の時間の引き出しにあたり上司との合意にもとづくもの67％，同僚との合意にもとづくもの30％であるとされる。

68) Wotschack/Hildebrand/Scheier, a. a. O. (N. 60), S. 621

り，むしろ時間外労働分は金銭補償または時間補償で，年金が減額されるかもしれない場合にカバーしたい。

 (3) **将来への不安**　長期口座を利用することは，今の企業に今後も長く在職することを前提とする。しかし，調査企業ではいずれも最近大量の人員削減が行われており，回答した労働者の約半数は「果たしていつまで自分がこの企業で働き続けることができるか」につき不安をもっている。わずかに4分の1の労働者が，その企業で自分が昇進する見通しをもっている。

　将来のことを考えると，長期口座を多く貯め込むのは不安であり，時間残高が喪失する心配があり，たとえ長期口座を利用しても多く蓄えようとはしない。

 (4) **製造業および現場部門では少ない反響**　長期口座の利用状況は男女間の違いは小さく，むしろ部門による違いが大きい。大規模サービス業企業における調査によれば，管理部門と現場部門（operatives Bereich）で大きく異なる。管理部門労働者のほうが2倍の利用度である。その典型はIT産業の高度資格労働者である。彼らの8割は長期口座を利用している。彼らは知識を基礎とした業務であるという特色を有する。

## 5　事業所内の実際における不都合[69]

　多くの労働者は長期口座にさほど関心を示していない。その原因につき，事業所内の事情を考えてみる。

 (1) **利用が少ない理由**　不安定雇用の労働者はなかなか長期口座に蓄えようとしない。その理由は，転職したら，これを転職先に携帯できないからである。長期勤続を予定する者が主に利用する。

 (2) **損なわれた信頼関係**　事業所でこれまで長期口座の運用が信頼されるものであったかどうかも労働者の利用にとって重要である。口座の使途につき，運用で労働者の要望がどれだけ認められてきたかにより，利用者が後に続くかどうかが左右される。労働組織，上司の対応，昇進にとっての不利益取扱の可能性などが意味をもつ。調査した事業所ではその点で信頼関係はさほどよくなかった。

---

69)　Wotschack/Hildebrand/Scheier, a. a. O. (N. 60), S. 623

(3) **人事政策による支えの欠如**　長期口座を労働者が受け入れるかどうかは，人事政策で支えられているかどうかとも深くかかわる。要員計画，上司の態度，企業内の労働時間文化（Arbeitszeitkultur）および情報・コミュニケーションの交換の状況が，仮に長期口座があってもその利用にとって重要となる。調査した事業所では，上司がそれにつき指示も研修もさほど受けておらず，全社方針よりも，直属の上司が個人的な好みや差し迫った必要性から長期口座の利用に影響を及ぼしていた。そのために労働者の信頼は低く利用は少なかった。

(4) **制度に対する過剰な期待**　使途につき，一方で在職中に期限付きで希望する時期に有給で休職するという利用と，他方で有給による早期引退とで競合が生じる。引退への移行期に長期口座の時間残高の活用で対応可能か否か，疑わしい。それを可能にするには，大量の時間残高が必要だからである。

長期口座を消化できない場合に備えて，次善の策として金銭補償を可能にすることも有用である。

## 6　要約と展望[70]

以上をみると，長期口座の使い方に関する労働者の希望は，日々の生活におけるものと早期引退に大別でき，前者のほうが強い。そして，総じて長期口座へのニーズは低いといえる。将来，公的制度として，企業破産時の保証や転職時に転職先に携帯できる可能性があれば，ニーズも高まろう。

紛争解決委員会が企業に設置されているが，これは円滑な利用にとって有用である。定期的に利用者が情報を交換できる機会をもち，それでもわからないことやトラブルが生じる場合の対処に役立っている。それがまた制度を学習することにつながっている。

長期口座の使途が多様に準備されていることは利用を促す。

高齢者パートは，一方で職業生活からの退出であるが，同時に，介護，ボランティア活動（Ehrenamt）および生涯教育（Weiterbildung）への参入ないし参加である。今後ドイツの人口が減少するなかで，期待される活動である。

---

70)　Wotschack/Hildebrand/Scheier, a. a. O. (N. 60), S. 624

## 七　小　括

　労働時間口座制に関して特徴的なことを確認しておく。
　第1に，労働時間の弾力化は使用者主導のもとに導入されてきた。それは労使双方にメリットとデメリットがある。労働時間口座制も同様である。労働時間口座のなかでもフレックスタイム制と労働時間回廊制で，労使のいずれが最終的に労働時間配置を決定するかは対照的に異なるが，いずれの制度も一方当事者が最終的に時間を決定することを緩和すべく，フレックスタイム制では労働者が決定するにあたり事業所の都合を考慮することが，逆に労働時間回廊制では使用者が決定するにあたり労働者の正当な要望を考慮すべきことが，事業所協定等に規定されている。
　第2に，労働時間口座制の導入・適用は，6割弱の事例で事業所協定にもとづいて行われている。4分の1は「上司との合意による」導入である。集団的合意にもとづくことにより，労働時間口座が野放図になることを防ぎ，それが労働者側に不利に作用する危険性を相当に小さくしている。
　第3に，日本の雇用調整で重要な役割を果たす時間外労働は，ドイツでは労働時間口座に大きく組み込まれ，時間外労働としての独自の姿は薄い。労働時間口座に編入されることにより，割増手当の対象とはならず，また従業員代表の共同決定対象からも外れる。WSI調査（2007年）によれば，時間外労働の4割弱で支払がされているにとどまる。
　それは労働者にとっては，雇用調整に利用されるさいに労働時間は減ってもそれが直ちに賃金減としては跳ね返らず，長期に調整されるというメリットをもつ。
　第4に，労働者側は労働時間口座制を労働時間主権を高めるとしておおむね歓迎している。とくに，フレックスタイム制および信頼労働時間制は労働時間主権の実現に寄与している。そのさいに，事業所で仕事の進め方のルールが明確にされ，これらの労働時間制度の運用ルールが事業所協定で明記され，従業

---

71)　藤内・前掲注（14）32-33頁。

員代表による監視が働いている場合に，より一層労働時間主権が実現されている。

# 第6章　操業短縮[1]

　ドイツの伝統的な雇用調整方法の1つが操業短縮（Kurzarbeit）である。その目的は，仕事不足の間も職場および人材を確保するため，この方法で人件費を節約して雇用危機を乗り切ることである（社会法典第三編（雇用促進Arbeitsförderung））。それゆえ，操業短縮は仕事不足のときに解雇の代替措置として選択される措置である。これは期限付きワーク・シェアリングの一種といえる。労働者にとってのこの措置のメリットは，雇用関係が維持されることであり，他方で，デメリットは賃金減少である。すなわち，使用者は操業短縮で労働時間短縮に対応する賃金分を減額することができる。そのうえ，減額分の60％（または67％）につき，労働者は操業短縮手当（Kurzarbeitergeld）を支給される。

　操短は一時的な所定労働時間の短縮である。それは従業員代表との共同決定に服する。操短にはいろいろな形態があり，日々の時短，勤務日の減少，まったくの仕事なし（いわゆる操短ゼロ）などがに分類される。

　本章は，ドイツの操業短縮につき，操業短縮自体の法的取扱いを簡単に述べ，操業短縮手当の法的取扱いを説明し，そのうえで2008-09年の利用状況を分析する。[2]

---

1) Vgl. Kittner/Zwanziger 2007, S. 722 ff.(Christian Schoof); Günter Schaub/Friedrich Schindele, Kurzarbeit-Massenentlassung-Sozialplan, 2. Aufl., 2005
2) 詳しくは，藤内「ドイツの操業短縮」山田晋＝有田謙司＝西田和弘＝石田道彦＝山下昇編『社会法の基本理念と法政策——社会保障法・労働法の現代的展開（河野・菊池古稀記念）』（法律文化社，2011年）101-117頁。
　また，操業短縮の法的効果につき，藤内2012・132-135頁参照。

第Ⅱ部　各　論

## 一　操業短縮の法的取扱い

### *1*　法的根拠

　使用者はこれを労働者に対する一方的な指揮命令によって行うことはできない。実施には何らかの法的根拠が必要である。それを欠く場合には，操短の実施には労働者に対する労働条件の変更を申し入れる変更解約告知の手続きをとることになる。その場合には解雇制限法の適用をうける。

　従業員代表が存在する場合，従業員代表の関与なしに使用者が一方的に操短を実施しても法的効力はなく，短縮した労働時間に対応する賃金を減額する効果をともなわない。使用者は単に受領遅滞になり，全額の賃金支払義務を免れない。

　下記の方法による以外には，事業所協定または労働協約の定めにより操業短縮に応じる義務が労働者に生じる場合を除き，指揮命令権（Direktionsrecht）による実施は許されない。ただし，例外的に労働契約に操短実施の留保が含まれていることがある。これは，労働者の採用にあたりすでに操短が予測される場合である。たとえば雇用会社（Beschäftigungsgesellschaft）および職業訓練会社（Qualifizierungsgesellschaft　資格向上会社）との労働契約には通常含まれている。

　事業所に従業員代表が存在しない場合にも操短は可能であり，使用者は変更契約または変更解約告知という方法で労働者に操短の効力を生じさせる。ただし，従業員代表による規制が及ばない分だけ，担当官庁における操短手当支給の審査は慎重に行われる。

### *2*　従業員代表の共同決定[3]

　操業短縮の実施は使用者と従業員代表の共同決定に服する。共同決定の目的は2つあり，まず，操業短縮にともなう労働者の賃金減少を保護することであり，つぎに，使用者に対し変更解約告知なしに労働時間を短縮することを可能にすることにある。他方で，共同決定により使用者は個別労働者の同意なしに操短実施の法的根拠を得ることになる。

---

3)　藤内著・112-113頁。

強行的な共同決定にかかわって，事業所内で組織変更（Betriebsänderung 事業所変更，事業変更の訳もある）に該当する人数の整理解雇が行われる場合には，それは操業短縮ではなく組織変更の問題であり，従業員代表の共同決定は及ばない。整理解雇を避けるために従業員代表が操短の実施を提案する場合には共同決定の対象になる。

　操短に類似したもので勤務帯（Schicht）変更がある。ここでは始業および終業時刻の変更をともなう場合には，そのかぎりで，賃金変動の有無にかかわらず従業員代表の共同決定が及ぶ（事業所組織法87条1項2号）。個々の労働者の労働時間シフトの変更は従業員代表の関与対象外であり，それが事業所にかかわる集団的な性格を有する場合にのみ共同決定の対象になる。

　操短実施に関する個別契約上または協約上の使用者への授権がある場合にも，従業員代表の共同決定権は存在する。

　共同決定権は，社会法典にもとづく操短手当支給に関する規定の要件を満たしているか否かとは関係ない。それでも実際には雇用機構の確定した承認通知がない場合，通常，従業員代表はその実施に同意しない。雇用機構の手当支給通知の連絡の後に操短は事業所協定を通じて実施され，その通知が取り消されれば，労働者は操短手当の金額につき賃金を使用者に請求する権利を有する。

## 二　操業短縮手当[4]

### 1　概　論[5]

　操短手当は，以前は雇用促進法（Arbeitsförderungsgesetz）に定められていた。1997年の雇用促進改革法により社会法典第三編（雇用促進）に移し替えられた。改正により内容がより明確にされた。並行して労働時間の弾力化が進み，労働時間口座を優先的に活用し，賃金額の減額ないし実賃金額との開きの

---

4) Kittner/Zwanziger 2007, S. 733 ; Schaub/Schindele, a. a. O. (N. 1), S. 153 ff.
　操短手当の支給状況につき，嶋田佳広「海外労働事情85・ドイツ　失業回避への挑戦」労旬1698号（2009年）28頁以下。
5) Hans-Ulrich Brautzsch/Karl Henner Will, Kurzarbeit, Wirtschaft im Wandel 8/2010, S. 377

第Ⅱ部　各　論

広がりとともに操短手当の算定を見直すことにつながる。

　操短手当の目的は，労働者側の賃金減を緩和し，使用者側では熟練労働者の雇用維持ないし確保につなげることである。売り上げまたは受注の不足により労働者を引き続いて雇用することが困難になり，賃金を引き続いて支払うことが難しくなるというリスクは，使用者側にいつでも生じうる。同様に仕事不足は，原材料やエネルギー供給の不足というやむをえない理由によっても生じる。

　手当のうち再就職操短手当（Transferkurzarbeitergeld）は特殊なタイプであり，継続的で構造的な仕事不足にあたり大量解雇を避ける目的の構造変化への対応措置である。そのため，仕事不足は一時的であるという要件が求められていない。

　審査は雇用機構が担当する。そのさいに，当該操短が有効か否かに関しては判断しない。手当支給の要件を充足しているか否かを審査するのみである。その手続きは，以下のとおりである。

（1）　使用者または従業員代表が仕事不足（Arbeitsausfall）であること，すなわち，支給要件である「重大な（erheblich）仕事不足」があることを疎明する。
（2）　雇用機構が要件を審査し，充足していることを通知する。
（3）　使用者または従業員代表が手当支給を申請する。人的要件の説明が求められる。
（4）　雇用機構から支給または不支給の決定が通知される。

　なお，申請（Anzeige）は使用者または従業員代表（ないし公務員代表Betriebsvertretung）のみがなしうる（173条1項）。(1)の手続きでは，仕事不足を疎明しなければならない。それは証明を求められるのではないので，仕事不足の高い蓋然性を示せば足りる。たとえば，操業短縮の事業所協定，賃金一覧表，受注状態に関する申告，休暇および勤務免除（Freischicht）に関する事業所協定である。使用者が申請する場合には，対応する従業員代表（ないし公務員代表）の意見表明を添えなければならない。ここで申請にあたっては，所定の書類に，企業名，関係する事業所，仕事不足の始期，短縮された労働時間，事業所で実際に雇用されている労働者数，操業短縮に関係する労働者数，仕事不足の理由が記入される。

事業所当事者による申請を受けて、労働官庁（Arbeitsamt）（正確には、その監督下にある独立行政法人）は調査をして申請内容が事実であることを確認する義務がある。

## 2 歴 史[6]

この制度の歴史を概観する。始まりは、1909年のたばこ税変更法および1910年のカリ法（Kali-Gesetz）で、構造的な変動を原因とする賃金支払が行われるようになったことである。つづいて、1924年、失業者扶助（Erwerbslosenunterstützung）の実施により今日の形の操業短縮手当に整えられた。1927年には、それは職業紹介・失業保険法にもとづくことになる。戦後、操業短縮は雇用促進法の系譜に分類され、それは1998年以降、社会法典第三編（雇用促進）におかれている。

支給額をみると、1975年までは実質賃金の62.5％、および家族手当（Familienzuschläge）の80％まで、その後、68％になった。そして、1984年改正により63％（ただし、児童を養育する場合は68％）になり、1994年には60％になる。

1988年に景気変動的操短手当に追加して構造的操短手当が導入され、ハルツ法改革のなかで再就職操短手当に改革された。2006年以後は、従来の悪天候手当（建設業などで適用）に代わって季節的操短手当がある。

支給期間は、最近の改正として、後述のように、2008年改正により最長18か月に延長され、2009年改正により最長24か月に、2010年に始まる操短手当は最長18か月とされた。

## 3 要 件

労働者はつぎの４つの要件を満たす場合に手当請求権を有する（社会法典第三編169条）。すなわち、（１）重大な仕事不足があり、（２）事業所面の要件が充足され、（３）人的要件が充足され、かつ、（４）仕事不足が雇用機構に届け出されている（anzeigen）ことである。

**（１）事業所における重大な仕事不足**　つぎの場合に、仕事不足は重大である（170条）。

---

6) Schaub/Schindele, a. a. O. (N. 1), S. 156, 173

イ）経済的理由による場合（たとえば，受注不足）または防ぎえない（unabwendbar）出来事（たとえば，異常な気象状態または官庁の命令）が発生する場合，

ロ）それが一時的であり，

ハ）それが回避不能であり，かつ，

ニ）請求期間の各月で，事業所または1部門の労働者の10％以上（2009年改正までは，「3分の1以上」であった）に，賃金の10％以上の減額が生じること，である。

イ）「経済的理由による」こと。[7] この概念は包括的であり，操短手当の目的にかかわって規定されている。事業所の一部に生じても該当する。典型的には，景気変動，受注不足，売上げ減少，原材料または資本金不足，通貨上の原因，当該産業部門または地域の構造変動，労働争議の間接的な影響などの場合である。雇用機構は申請時点でその存否を判断する。また，仕事不足がほかの措置で回避できないかどうかも審査する。原因の競合が生じる場合には，ここでいう経済的原因が本質的で主要であることが必要である。

「防ぎえない出来事」とは，事案の特殊性から考慮される諸事情のもとで，合理的な注意を払ってもなお生じる出来事と理解されている。それは法律条文に例示されていて，たとえば，通常の気候では生じない異常な天候不順による場合（170条3項1文），さらに，自然災害，火災および伝染病などである。季節的にみて異常な霜発生により操短を行う場合も該当する。天候に起因する仕事不足は，造船業，農林業，製材業およびレンガ製造業などの屋外作業でよく発生する。なお，それが仕事不足につながる必要がある。

また，官庁から指示ないし周知された措置で，使用者側から抗しようのない措置による仕事不足も防ぎえない出来事に該当する（170条3項2文）。たとえば，官庁から事業縮小を命じられた場合，また，ガス，水道または電気の供給削減を命じられた場合である。

ロ）「一時的である」こと。[8] これに該当するか否かは，全体的状況のなかで

---

7) Schaub/Schindele, a. a. O. (N. 1), S. 157
8) Schaub/Schindele, a. a. O. (N. 1), S. 159

判断される。近いうちに（in absehbarer Zeit）通常勤務（Vollarbeit）に復帰する確実な見込みがある場合である。

　この「近いうちに」という概念は，実務では操短手当受給期間内に，すなわち6か月（長くても24か月）以内に，通常勤務に復帰することを意味する。操短手当の支給目的が職場の維持であることに鑑み，それが一時的であるか否かは，支給期間から機械的に当てはめられるのではなく，当該事業所の事情を考慮して柔軟に判断されている。

　実務では，近いうちに職場（Arbeitsplatz）の大部分が維持される，または作りだされることが計画から推測されるか否かが審査される。提出された計画から，仕事不足の期間と職場維持または創出のための措置との関連，ならびに通常勤務への復帰の時期が明らかでなければならない。

　通常勤務への復帰に関しては，従来の雇用数が維持されることは必ずしも条件となってはいない。残った職場労働者で通常勤務に戻ることが重要である。この点で操短の実施は，事業所組織法111条の事業縮小に関連している。

　仮に破産が差し迫っている，またはすでにその手続きが開始されていても，操短手当の支給は妨げられない。事業所の存続または譲渡の確かな見通しがあり，それを破産管財人または従業員代表が根拠をともなって示すならば，雇用機構は破産を理由に支給を除外することはできない。それでも再建の財政的な見通しを欠くような場合は，仕事不足は一時的ではないと理解され除外される。

　仕事不足が一時的であることは支給期間全体を通じて求められ，その要件がなくなればその時点で支給停止の決定が下される。

　ハ）仕事不足が回避不能であること。事前に使用者と従業員代表の間で仕事不足を避けるための予防措置が講じられていて，それでも仕事不足が生じた場合には回避不能であったとみられる。仕事不足を回避する努力は支給期間中も求められ，支給期間中でも仕事不足が回避可能になれば，その時点で支給要件はなくなる。使用者がミスで回避のための措置を怠るならば，支給は停止される。怠った例として，経営技術上可能であるにもかかわらず倉庫や原材料の保管業務で必要な片付けや修理を怠ること，労働法上可能な場合に操短労働者を配置換えしないことがある。

雇用機構側からは，この要件を充足しているか否かにつき，不正防止のために厳密に審査される。その調査のために雇用機構は権限と義務を有する。それでも，操短回避のために求められる措置が具体的に可能であり，経済的に合理的で，かつ資金的に可能であったかどうかが考慮される。さもなければ，職場保持のために操短を行うという本来の目的が損なわれかねない。配置換えも，その労働者に対し個別法的および集団法的に可能であり，時間外労働が行われている部門があるような場合のことである。

操短が実施されている部門で時間外労働が操短開始前からある，また他の部門でそれがある場合には，回避が可能であると判断される。この場合，時間外労働があるにもかかわらず操短手当を申請するには，申請者はその時間外労働がやむを得ない理由（たとえば，少人数の組立工だけが組み立てまたは修理の能力を有し，その者が時間外労働をすることが操短の規模を抑えることにつながることなど）を示さなければならない。

仕事不足を回避するために期待可能なあらゆる措置が講じられている場合には，仕事不足は回避不能であったとみられる（170条4項2文）。このさいに，操短実施の代わりに，たとえば事業所に適用されている雇用保障協約を利用したり，所定労働時間を短縮することまでは求められない。仕事不足が回避可能であるとみなされる事例は，つぎの場合である（170条4項）。

①それが主に当該産業部門および事業所では通常である，または季節に左右される（saisonbedingt）場合，もしくはもっぱら事業組織上の理由による場合（170条4項2文1号）。ここで当該産業部門に通常である仕事不足とは，事業所が属する部門の特性により，一定程度定期的に生じる場合である。たとえば，衣服，遊具および食品の製造業である。当該仕事不足が部門に通常であるか否かは，個別にたちいって審査される。そのさいに雇用機構は，経済省，商業会議所および手工業会議所から専門的な参考意見を徴する。

事業所に通常な仕事不足とは，それが事業の特性によりある程度定期的に生じる場合である。たとえば機械設備の磨耗による修理や頻繁に生じる操作ミスによるものである。それが過去3年間前後に同じような間隔で，同じような理由で発生しているような場合である。

季節に左右される仕事不足とは，農林業，クリスマスや復活祭用の特定商品

の製造業，旅行業，建設業などのように，毎年同時期に決まって仕事不足が生じる場合である。

②仕事不足が休暇付与によって完全にまたは部分的に回避できる場合。ただし，労働者の優先的な休暇希望が付与に反しない場合にかぎる（170条4項2文2号）。これは事業所で事業所当事者（使用者および従業員代表）が協定で休暇規定を合意している場合には，協定で許される範囲にかぎられる。また連邦休暇法の定めにより，それが保養目的に役立つ場合にかぎられる。

③事業所で許されている労働時間変動（Arbeitszeitschwankungen）の利用によりそれが完全にまたは部分的に回避可能な場合（同3号）。ここで労働時間変動とは，年間単位の労働時間規制や一定期間内に週当たり所定労働時間を達成する方法が想定されている。その根拠になる協約や事業所協定は，たとえばプラス・マイナス70時間という一定の変動幅をともなう労働時間口座ないし労働時間回廊（労働時間ゾーン）を定める。このような取扱いは事業所で実際によく利用されている。ここで事業所当事者はすでに労働時間協定がある場合にそれを変更したり，協約開放条項にもとづき労働時間規制を新たに合意することまで求められるわけではない。事業所で弾力的な労働時間が合意されている場合には，操業短縮に先立ち，まずこの方法が活用される。ここでは時間残高の削減により仕事不足を乗り切れる場合である。仕事不足の回避可能性の審査では，このような労働時間規制のみが考えられている。

労働時間変動の事例として，たとえば協約は週35時間を定める。それを生産量の変動に対応させ，また操短を回避するために，年平均で達成することとされ，許容される労働時間回廊は週33-37時間である。そのために第1四半期および第4四半期は週37時間制とし，第2および第3四半期は週33時間制とする。ここで第2および第3四半期の操業短縮は労働時間回廊による。それに対し，第4四半期で週33時間に短縮する場合には，その仕事不足は不可避なものとして扱われる。

労働時間変動の活用にあたり，労働時間口座との関連が詳しく定められている（170条4項3文）。つぎの4つの場合には，労働時間口座における時間残高は労働者に対し解消を求められない。

第1に，労働関係が年齢で規定されている労働者の早期退職のため（たとえ

ば，高齢者パート勤務に関する協定の範囲内で），または協約規定自体ないし協約にもとづく事業所協定で資格取得の目的で定められている場合。

　第2に，冬季欠損金（Ausfallgeld）事前支給の資金繰りのために蓄えられている場合。これは建設業で分野の特性に応じて多様に利用されている。

　第3に，労働者の年間労働時間（時間外労働を除く）の10％の範囲を超える場合。たとえば，週37.5時間制で年間労働時間は1950時間である者が労働時間口座に220.5時間の時間残高をもっている場合，年間労働時間の10％にあたる195時間までは操業短縮を回避するために使用され，残る10％を上回る分に関しては解消されなくてもよい。

　第4に，1年間を超えてそれが変更されないままである場合。たとえば，年間時間残高50-100時間の範囲内で1年を超えて常時50時間の時間残高である場合の50時間分である。

　労働時間口座の代表例であるフレックスタイム制の協定枠内で時間残高が蓄えられていて，かつ，その時間残高がたとえば10時間まで翌月に持ち越すことができると協定されている場合，労働者は，仕事不足の回避または緩和のために時間残高を一定範囲を超えて縮小することを求められることはない。フレックスタイムの枠が事業所当事者から操短を契機に，または操短期間中に拡張される場合，雇用機構はその時点における規定にもとづいて判断することになる。

　労働時間変動に関する協定（たとえば，事業所協定）が事業所にあり，協定で年間労働時間の10％以上は異なる労働量に充てられる旨定められているならば，当該労働時間変動規定の範囲内ではもはや調整できない仕事不足は回避できるとはみなされない（170条4項4文）。年間労働時間の10％の変動幅を利用してもなお操短が必要である場合には，雇用機構は手当支給を拒否することはできない。たとえば，週労働時間は35時間とされ，生産の必要に適合させるため，および操短を回避するために，事業所の労働時間回廊が週31-39時間の範囲内で協定される場合，年間平均で12か月の調整期間内に週35時間が達成されねばならない。年間労働時間の少なくとも10％（週当たりでは35時間にプラス・マイナス10％）という協定された労働時間変動を適用する必要性は満たされる。[9]

　(2)　**事業所の要件（171条）**　　操短手当の取扱いでは，常時少なくとも1人

が雇用されている事業所であれば，事業所要件は満たされる。そのさいに，事業所の一部も「事業所」として扱われる（同2文）。したがって，事業所の一部で操短の必要性があれば足りる。「常時」とは，たいてい人を雇っていれば充足される。なお，ここで「労働者（Arbeitnehmer）」には，管理職や雇われ経営者も含まれる。

このように適用事業所は，「企業」ではなく，かつ，すべての事業所であり，雇用機構が適用対象事業所に該当するか否かの判断で悩むことはさほどない。操短手当の目的が職場の確保であることから，これは緩やかに解されている。それは必ずしも営利目的の施設だけでなく，官庁，学校，公共交通機関，病院など非営利的施設を広く含む。したがって，仕事不足の原因も経済的原因に限定されない。

(3) **人的要件**（172条）　人的要件は，以下の場合に満たされる。すなわち，（ⅰ）仕事不足の発生以来，労働者が社会保険加入義務のある雇用を継続し，やむを得ない理由により受け入れ（aufnehmen）られている，もしくは職業訓練（実習）関係の終了後に続けて採用されていること，（ⅱ）労働関係が解約されていない，または合意解約により解消されていないこと，かつ，（ⅲ）労働者が操短手当受給から除外されていないこと（たとえば，失業手当の受給期間中はこの対象から除外される），である。

なお，以下の労働者は，対象外である。すなわち，職業訓練に参加していて扶養費または移行手当（Übergangsgeld）[10]を支給されている労働者，病気手当受給期間中の労働者，劇場，コンサート企業または興業事業の労働者である（172条2項）。また，申請手続で雇用機構から要請ないし命令された方法に協力しなかった労働者なども対象外である（172条3項）。

### 4　手当額

操短手当額（178条）は，歴史的に大きく変動してきたが，現在（2012年）は喪失した実質賃金額（いわゆる実質賃金格差）の60％であり，扶養児童を抱える

---

9) Schaub/Schindele, a. a. O. (N. 1), S. 165
10) これは社会法典にもとづく手当で，医学的なリハビリまたは障害者が職業生活に復帰することを促進する措置に参加している期間中に支給されるものである。

労働者ではその67％である。たとえば，通常の総額賃金が2,480ユーロ，手取り額1,827.54ユーロのところ，操短により総額1,540ユーロ，手取額1,216.60ユーロに減収になった場合，その差額は610.94ユーロであり，その60％の366.56ユーロ（扶養児童がいれば，67％の409.33ユーロ）が手当として支給される。

操短手当受給中，労働者はほかで雇用されたり，自営的活動をして収入を得ることを禁じられている。

**5 受給期間**

いわゆる景気変動的操短では法律条文上は上限6か月であり（177条），それに対し独立した事業組織上の単位における操短，いわゆる再就職操短手当では上限12か月である。

この6か月原則は，その後時限立法で繰り返し延長され，2006年までは15か月まで延長された。2008年リーマン・ショック以後の金融危機でも同様であり，2009年以来上限24か月に延長され，2010年以後に始められる操業短縮は18か月が上限とされている。

一旦操短手当を受給して満期に達した後，最低3か月たてば，再び操短手当を受給する資格が生じる。

**6 再就職操短手当**

(1) 目 的　通常，操短手当は一時的な仕事不足に対して支給される。この原則に対する例外が，2003年にハルツ法改革の一環で「労働市場の現代的サービスのための第3次立法」として，社会法典第三編111条（2011年以後。2010年までは216ｂ条）に定められた。同時に，それまでの構造的（strukturell）操短手当の規定が廃止された。目的は，労働者を企業から円滑に離職させることである。

(2) 要 件　この規定によれば，事業所の事業再構築（リストラ）にあたり，一定条件のもとに解雇回避または再就職（転職）可能性（Eingliederungsaussicht 採用見通し）を改善するために，労働者は操短手当を請求することができる。その条件とは，

　（ⅰ）労働者が不可避な，賃金減をともなう継続的な仕事不足に遭遇していること，

（ⅱ）事業所要件が満たされること，

（ⅲ）人的要件が満たされること，

（ⅳ）事業所当事者が再就職操短手当申請に関する決定に先立ち，とくに労働者の統合を援助する，事業所組織法112条にもとづく利益調整または補償計画に関する交渉の範囲内であり，かつ，雇用機構と協議されていること，

（ⅴ）継続的な仕事不足が雇用機構に届け出られることである。

前述した通常の操業短縮手当の要件と基本的に同じである。

ここで（ⅰ）の「継続的な仕事不足」とは，組織変更の結果，職場がなくなるなどにより，労働者に対する雇用可能性が一時的ではなくなることを指す。従業員代表との間で利益調整が行われるような場合が典型的である。それは個別事案の全体状況を考慮して，当該事業所が当分の間，生産能力（Arbeitskapazität）を必要としないことから出発する。ここでは通常の操短や従来の構造的操短と異なって，仕事不足の重大性の有無は問われていない。仕事不足を避けるために期待されるあらゆる措置が講じられていれば，仕事不足は回避不能とされる。生産能力が継続的にたち直ったならば，仕事不足は回避可能と判断される。

（ⅱ）の事業所要件は，イ）事業所で組織変更にもとづく人員調整措置が行われ（以前の構造的操短手当と異なり，事業所にとっての構造変更の証明は要らない），かつ，ロ）仕事不足に関係する労働者が解雇を回避し，または独立した事業組織単位に編入される可能性を高めるために集結されていることである。

（ⅲ）の人的要件は，労働者が，イ）失業の危険があり，ロ）仕事不足の発生以来，社会保険加入義務のある雇用を継続し，もしくは職業訓練関係の終了に連続して採用され，ハ）操短手当受給から排除（たとえば，継続訓練にともなう失業手当，移行手当，または病気手当の受給のゆえに，または雇用機構から提案された期待可能な雇用を重大な理由なしに拒否したために）されておらず，かつ，ニ）組織変更を契機に独立した事業組織単位に移行する前に採用（組み込み）のチャンスを高めるための，労働市場の状況に照らして合目的的な措置に参加したことである。

人的要件は，労働者が操短手当受給期間中に労働不能になった場合にも，病気時の賃金継続支払の請求権があるかぎりで充足される。

(3) **運用**　受給期間は上限12か月である。再就職操短手当の受給期間中，使用者は労働者に斡旋提案（Vermittlungsvorschlag）を行わなければならない（111条7項）。再就職可能性にとって，労働者に資格不足であることが明らかになれば，使用者は再就職可能性を改善するための適切な措置を提供しなければならない。その適切な措置のなかには，他社で資格付与の目的で期間限定で上限6か月までの継続的な雇用も含まれる。労働者が独立した事業組織で雇用されている間に，他社において連続して雇用される目的の資格向上の措置に参加した場合，そこで目的を達成できず労働者が元の事業所に復帰しても再就職操短手当の請求は妨げられない。

ここで企業が組織変更により再構築を行う場合，この手当を受給する前提として，再就職支援会社（Transfergesellschaft　「補論1」参照）に移る[11]。この会社は従来の企業とは別組織で，労働者の職業資格を向上させ再就職を仲介することである。労働者はこの手当を受給中は働くことはできず，見方によっては労働時間ゼロの操業短縮ともいえる。通常，組織変更にともなう使用者と従業員代表の利益調整にもとづいて，この会社に移籍する。これに随伴する補償計画には，それまでの使用者からさまざまな形で追加的な給付や再就職操短手当の上乗せが支給される旨定められている[12]。

再就職操短手当請求権は，労働者が引き続いて同一企業内のほかの職務をこなすために一時的にのみ集められていた場合は，除外される。

再就職操短手当は，その労働関係が解約され，または合意解約により解消されたような労働者にも請求権がある。

使用者は，各年の予定期日である6月30日および12月31日に雇用機構に対し独立した事業組織単位，そこに集約されている労働者の人数に関するデータ，ならびに再就職操短手当受給者の年齢構成および編入された者の比率（Integrationsquote）に関し遅滞なく通知しなければならない[13]。

---

11)　藤内「ドイツの雇用調整」季労235号（2011年）130-133頁，同「ドイツにおける再就職支援の法制と実情」季労240号（2013年）8-16頁。
12)　Dieter Hold, Brennpunkt Kurzarbeit, 2009, S. 17
13)　Kittner/Zwanziger 2007, S. 740

## 7 派遣労働者に対する操短手当[14]

「ドイツにおける雇用と安定を確保するための法律」(2009年)によって労働者派遣法が改正され，操短手当の定めがおかれた（11条4項3文）。それによれば，雇用機構による操短手当支給の承認がある場合，人材派遣会社で，一定期間内，賃金（Vergütung）請求権がなくなり，その間，労働者には操短手当が支給される旨の操業短縮に関する労使合意があることを前提に，操短手当受給にあたり派遣労働者の賃金請求権が喪失する旨合意できる。ここで合意（Vereinbarung）とは，個別の労働契約，労働協約または事業所協定を指す。この立法趣旨は，派遣労働者にも操短手当を支給することにより派遣労働者の雇用維持をはかり派遣切りを抑えることである。組合側（とくに金属産業労組）の要求にもとづく取扱いである。

この場合，派遣労働者に対する手当支給を禁じるような協定は許されない。

派遣法11条4項3文にもとづく操業短縮協定がある場合には，派遣会社は派遣労働者の使用者として派遣労働者の賃金を減額することができる。

人材派遣会社でも，従業員代表があれば操業短縮実施には従業員代表の共同決定を必要とする。[15]

この取扱いにつき，派遣会社は「解雇をできるだけ減らせる」として歓迎している。これを要求してきた労働組合は歓迎するとともに，派遣労働者の雇用を正規労働者と同様に保護すべきことを主張している。ただし，その利用状況はわずかである。

## 8 手当財源

操短手当の財源は，失業手当Ｉと同様に，労働者側が50％，使用者側が50％を負担する（社会法典第三編341条）。失業手当Ｉおよび操短手当のための掛け金は，頻繁に変更され，2006年は額面賃金の6.5％，2007年4.2％，2008年3.3％，2009-10年2.8％，2011年3.0％とされ，その半分ずつを，労使双方が負担する。それでもなお財源が不足する場合には，一般財源（税金）から投入される。これは法律に明記されている。

---

14) Hold, a. a. O. (N. 12), S. 21 ff.
15) 人材派遣会社における従業員代表の状況につき，藤内著・351-355頁。

## 三　大量解雇時の操業短縮[16]

　大量解雇にあたり，解雇制限法19条にもとづき解雇効力停止期間（Sperrfrist）中も，使用者が労働者を通常勤務で雇用することが不可能な状態であると判断すれば，雇用機構は操短実施を許可できる。その場合も操短を実施するか否かは使用者の判断であり，実施にあたっては共同決定に服する。なお，これはさほど利用されていない。

### 1　概　論

　大量解雇が一定規模に達する場合には，使用者は雇用機構にその理由を届け出（Anzeige）して許可を得なければならない（解雇制限法17条）。該当するのは，30日以内に，労働者21-59人の事業所では5人以上，60-499人の事業所では労働者の10％または25人を上回る数，500人以上の事業所では30人以上の労働者を解雇等（Entlassung　正確には解雇と希望退職の双方を含む）する場合である。雇用機構は個別に判断して証明開始の上限2か月前の解雇をなしえないと決定することができる（同法18条）。これは大量解雇を行政官庁が規制する手続きである。この解雇停止期間終了まで，使用者が労働者をフルに雇用することができる状態にない場合には，州労働局はその間使用者に操短を許可することができる（同法19条1項）。これはあくまで解雇効力停止期間中の暫定的な措置である。

### 2　操短の許可

　これは解雇制限法17条にもとづく取扱いを前提とする。停止期間中に使用者がこのような状態にあるか否かの判断は雇用機構の義務的裁量（pflichtgemäß Ermessen）による。労働者が完全な賃金を得られないという不利益に照らして企業の経済的状態が考慮される。そのさいにこの経済的困難が使用者に帰責性があるか否かを判断することは許されず，それを考慮することは裁量逸脱であ

---

16）　Schaub/Schindele, a. a. O. (N. 1), S. 31; Kittner u. a., KSchR, S. 1851 ff (Kittner/Deinert)；今野順夫「大量解雇の規制」法学50巻6号（1987年）195頁以下，藤内2012・137-138頁。

る。企業の経済的状態のみが問題とされる。

　雇用機構は使用者に操短実施を授権することができる。この場合，使用者は実際に操短を実施する義務を負うわけではない。授権が行われれば，実施にあたり個別労働者の同意なしに実施することができる。それに応じたくない労働者は退職するしかない。なお，雇用機構の授権決定につき，労働者はその決定の取消しを求めて社会裁判所で争うことができる。

　ここで労働協約が操短の最少週労働時間をたとえば25時間と定める場合には，協約優位原則によりそれに反する操短を実施することはできない。

　操業短縮実施につき，従業員代表には強行的共同決定権が付与されている（事業所組織法87条1項3号）。しかし，解雇制限法にもとづく操短にあたり従業員代表の共同決定権があるか否か，見解が対立する。シャウプ＝シンデレは，解雇制限法は従業員代表の参加権を削減する趣旨の規定ではないので肯定すべきだとする。

　もし従業員代表が操短に同意しない場合には，使用者の申し立てにより仲裁手続に移行する。

### 3　操短の実施

　雇用機構の授権があっても，それを実施するか否か，どの程度実施するかの判断は使用者の裁量である。この目的は，使用者の過重な負担を軽減するためである。週20時間までの操短を許可されても30時間の操短を行うことも許される。ただし，それには従業員代表の共同決定権が及ぶ。

## 四　操業短縮の実施状況

　操短の歴史的な推移をみると（図表6-1），東西統一後の1991年は2009年よりも頻繁に活用された（支給者数180万人弱）。1975年，83年にもピークがある。その意味では高度経済成長期を除き，ドイツではこの手法はしばしば活用される定着した制度である。2008年金融危機以後の雇用調整でも社会調和的な（sozialverträglich）雇用調整方法の代表例として，2009年5月の146.9万人をピークに大いに活用された。

図表 6-1　操業短縮利用者数の推移

（単位：千人）

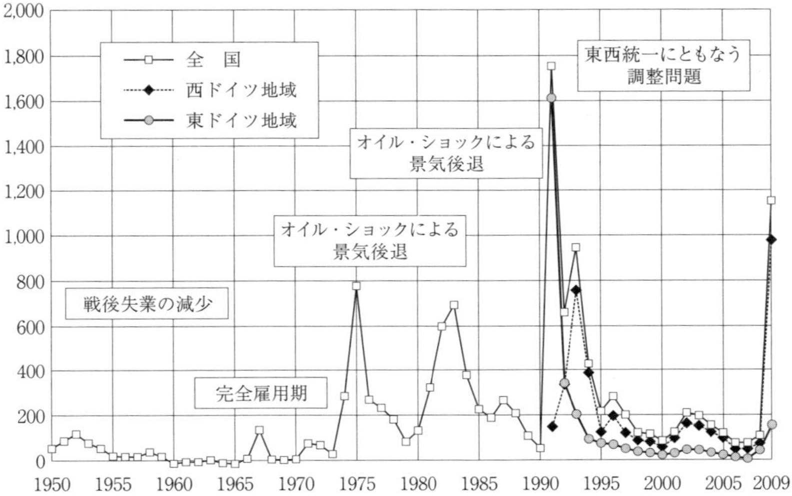
全　国
西ドイツ地域
東ドイツ地域
東西統一にともなう調整問題
オイル・ショックによる景気後退
オイル・ショックによる景気後退
戦後失業の減少
完全雇用期
2,000
1,800
1,600
1,400
1,200
1,000
800
600
400
200
0
1950 1955 1960 1965 1970 1975 1980 1985 1990 1995 2000 2005 2009

注：1991年から東ドイツ地域を含む。
出典：Statistiken der Bundesagentur für Arbeit, Statistik nach Thema, Beschäftigung

## *1*　活用促進の措置

2008年金融危機以後，時限的措置で利用条件が緩和されてきた。操業短縮手当（操短手当）の支給期間は，2009年11月の閣議決定により，2010年末までは上限が延びて24か月分まで支給可能になった。10年４月には操短手当制度の申請期限を2012年３月末まで延長する閣議決定をした。

それを支えるべく，操短手当のうち半額は，期限付きで09年２月から10年末まで，連邦予算（一般財源）で賄われた。2009年は操短手当として約50億ユーロ（約6,000億円）という多額の財政が投入された。2010年は約30億ユーロの支出が見込まれている。

利用条件として，以前は派遣受入企業は派遣労働を解約することが操短手当受給の要件になっていたが，法改正によりそれは不要になった。これは派遣切り回避を誘導する政策である。また，有期雇用の期限が満了していないことも申請の妨げにはならなくなった。さらに操短手当申請にあたり，2010年時点で

第6章　操業短縮

は労働時間口座がマイナス（不足）時間になっている必要はなくなった（社会法典第三編412ｔ条2項2号＝雇用機会法 Beschäftigungschancengesetz）。引退移行または職業訓練目的で蓄えている労働時間口座，具体的な利用目的のない労働時間口座も優先的に活用される必要はなくなった。年間労働時間の10％の範囲を超える具体的な利用目的を欠く労働時間口座の時間残高も同じである。こうした措置により操業短縮手当が申請しやすくなり，利用が促進された。

こうした利用促進措置は，組合側から積極的に改善を働きかけられ，その要望を反映している。操短実施には事業所内で従業員代表の同意が必要であるが，その同意を得られないということは通常ありえない。

## 2　実施状況[17)]

(1)　今回の特徴　これは2009年5月をピークに大いに利用された（図表6-2）。受給期間をみると，2009年初めは3か月以内が多く，次第に長期の利用に移っている（図表6-3）。産業別にみると，操短実施事業所は輸出志向の製造業に集中している。

図表 6-2　操業短縮手当受給者数の推移
（単位：1,000人）

| 年・月 | 全国 | 西地域 | 東地域 |
|---|---|---|---|
| 2000 | 86 | — | — |
| 2001 | 123 | — | — |
| 2002 | 207 | — | — |
| 2003 | 195 | — | — |
| 2004 | 151 | — | — |
| 2005 | 126 | 101 | 25 |
| 2006 | 67 | 54 | 13 |
| 2007 | 68 | 52 | 16 |
| 2008 | 102 | 80 | 21 |
| 2009 | 1144 | 988 | 151 |
| 2008.02 | 161 | 119 | 42 |
| 04 | 59 | 47 | 12 |
| 06 | 50 | 40 | 10 |
| 08 | 39 | 33 | 7 |
| 10 | 71 | 59 | 12 |
| 12 | 270 | 223 | 48 |
| 9.02 | 1079 | 910 | 162 |
| 04 | 1446 | 1265 | 172 |
| 06 | 1394 | 1219 | 167 |
| 08 | 1055 | 902 | 148 |
| 10 | 1109 | 966 | 140 |
| 12 | 929 | 791 | 135 |
| 10.02 | 1031 | 845 | 183 |
| 04 | 632 | 530 | 101 |
| 06 | 420 | 348 | 71 |
| 08 | 244 | 195 | 49 |

注：便宜上，隔月で記載した。年間の記載数字は年平均である。
出典：Bundesagentur für Arbeit Statistik: Monatsbericht 02.2011

---

17)　Barbara Schwengler/Veronika Loibl, Aufschwung und Krise wirken regional unterschiedlich, IAB-Kurzbericht 1/2010, S. 1 ff.

**図表6-3　操業短縮手当受給者数**
（受給期間別，単位：千人）

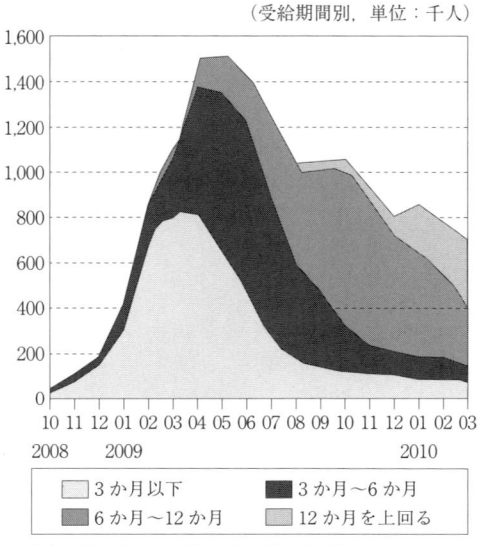

■ 3か月以下　■ 3か月～6か月
■ 6か月～12か月　■ 12か月を上回る

出典：Wirtschaft im Wandel 8/2010, S. 381

労働者のうち製造業従事者の比率は24％であるのに対し，操短手当受給者のうち製造業従事者は79％である（図表6-4）。とくに自動車産業，機械製造，金属製造・加工である。建設業でも利用がある。それに対しサービス業，とくに金融業は対照的に少ない。その結果，地域的にみても連邦のなかで深く関係する地域とそうでない地域の違いが明瞭である。失業率の地域差では南北問題が顕著であり，最近30年以上，北部で高く南部で低い。労働者に占める操短手当受給者の比率は平均4.2％で，西地域5.5％，東地域3％である（図表6-5）。これには各地域の産業構造が強く反映している。

事業所内で操短手当の申請を提案するのは，99％の事例で使用者側である。ごくまれに自動車・電機産業では少なくとも2例だけ従業員代表側が提案した。私が調査（2010年9月）で接した金属産業労組役員は「これは使用者のミスだ」と語る。

(2) **2003年との比較**[18]　ITバブル崩壊後の経済危機（2003年）と比較する

---

18) IAB-Forschungsbericht 06/2010, S. 65 ff.
　なお，操短手当利用者比率が**図表6-5**（2009年間平均：4.2％）と**図表6-6**（2009年第1四半期：8％）で異なる。この相違は，一方で連邦雇用機構調査は操短手当支給者数であるのに対し，他方でIAB調査は正確には事業所で操業短縮が実施され，それが適用されている労働者の比率であり，なかには操短手当を支給されていない者を含む。ほかに，比率の母数にミニジョブを含むか否かの違いによると推測される。操短手当受給者比率は，連邦雇用機構の調査（**図表6-5**）の数字である。

と，利用は大きく増えている（図表6-6）。その原因につき IAB は，2008年末にドイツ政府が操短手当の支給期間を期限つきで延長し政府財源で支援するという柔軟な取扱いを決定し，それに呼応して申請が増えたことが大きいと分析する。事業所規模別にみると，大規模事業所で利用が顕著に増えている。これは大規模事業所ほど需要変動に対する措置の選択肢が多く，その1つとして操業短縮を選んでいることによる。また，大規模事業所が2008年金融危機に該当することが多かったことにもよる。

**図表6-4 操業短縮実施率**
（産業分野別，労働者比率，％）

|  | 社会保険加入義務ある労働者数 | 操業短縮適用労働者数 |
|---|---|---|
| 製造業 | 24 | 79 |
| 建設業 | 6 | 7 |
| 商業・車両修理 | 14 | 4 |
| 企業向けサービス | 12 | 4 |
| 交通・倉庫 | 5 | 3 |
| その他のサービス | 21 | 1 |

注：左側の数字（比率）は，社会保険加入義務ある労働者に対する比率，右側は操短労働者全体に対する比率である。
出典：IAB-Forschungsbericht 06/2010, S.72

また，失業率変動と対比すると，対応する側面と対応しない側面がある。すなわち，今回のように操短の利用により失業率の上昇が抑えられていることがある。ただし，今回の臨時出動は特別な利用促進措置（財政援助）に支えられていた。なお，失業率は2006年6月から2008年6月までの間に3％低下した。とくに東部地域で顕著である。その一因は，東部地域では統一後，出生率が低下したこと，職を求めて西部地域に移動したことである。

## 3 使用者による操業短縮の濫用[19]

2008年金融危機後に操短手当支給の要件が緩和され，申請手続きが簡略化されたことにより，本来の目的外でその要件を充足して手当を受給する使用者の存在が報告されている。そこで使用者は一方で操業短縮実施により経営者としてのリスクから逃げ，同時に雇用不安の高い金融危機時に操短手当を受給することでプラス・イメージ（Mitnahmeeffekt）を形成できる。この点は，いずこの国も同じである。

操短手当を申請している企業のなかには，利益をあげ株主に配当を出してい

---

19) Knut-Olav Blanke, Die Krise(aus)nutzen, der betriebsrat 3/2009, S.27

第Ⅱ部　各　論

図表6-5　操短手当受給者比率

(州別，2009年間平均)

| 州 | % |
|---|---|
| ザールラント | 6.5 |
| バーデン・ヴュルテンベルク | 6.1 |
| ブレーメン | 5.4 |
| バイエルン | 5.0 |
| テューリンゲン | 5.0 |
| ノルトライン・ヴェストファレン | 4.3 |
| (連邦平均) | 4.2 |
| ザクセン | 3.9 |
| ラインラント・プファルツ | 3.8 |
| ニーダーザクセン | 3.4 |
| ヘッセン | 3.4 |
| ブランデンブルク | 2.8 |
| ザクセン・アンハルト | 2.6 |
| シュレスヴィヒ・ホルシュタイン | 2.3 |
| メクレンブルク・フォアポメルン | 1.6 |
| ハンブルク | 1.5 |
| ベルリン | 1.3 |

出典：Bundesagentur für Arbeit Statistik

図表6-6　操業短縮実施状況

(%)

|  | 2003年 | 2009年 |
|---|---|---|
| 利用した事業所の比率(全体) | 2 | 5 |
| 事業所規模：1-9人 | 2 | 3 |
| 同　　　　10-49人 | 4 | 7 |
| 同　　　　50-249人 | 5 | 15 |
| 同　　　　250人以上 | 5 | 20 |
| 利用した労働者の比率(全体) | 2 | 8 |

注：時期は各年の第1四半期である。労働者比率を除き、事業所の比率を指す。
出典：IAB-Forschungsbericht 06/2010, S. 66, 70

る企業もある。操短手当を支給するか否かは事業所単位で審査されるが、株主配当の有無は企業単位のことであり雇用機構からは審査されない。

操短手当の濫用を好ましくないと考えるならば、それをチェックできるのは、今のところ従業員代表だけである。すなわち、操業短縮の実施にあたり従業員代表の共同決定が必要であるが、そのさいに従業員代表は、その気になれば企業の経営状況を点検することができる。点検事項は、予定操短の範囲、対象予定の労働者名簿閲覧、個々の労働者の賃金減額の程度、企業ないし事業所の現在の受注状況に関するデータ（前年度との比較を含む。生産施設の稼働状況、休んでいる設備・施設の操業可能性)、収益および損失に関する経営状況、操短実施による経営的なメリットの算定などである。この点で従業員代表の共同決定権は不正行為の監視に寄与できる。

### 4　操短中の職業訓練

組合側、とくに金属産業労組（IGメタル）は操業短縮を雇用調整の中心的な方法として位置付け、その積極的な利用を促すが、そのさいに、操業短縮を労働者の職業訓練・資格

向上と結びつけることを重視している。この点では,雇用のための同盟の延長線上で位置付けられている。

　操短期間中,労働者は連邦雇用機構から金銭的に援助をうけて賃金は全額支給されて職業訓練を受けることができるようになった。仕事がまったくない操短ゼロの場合には,企業内の訓練部門でも実施できる。労働者にとってのメリットは,訓練期間中もその労働関係が維持され,元に戻れることの保証である。

　操短中の職業訓練は,訓練費用の25-80％が雇用機構から補助される。補助比率は,その範囲内で労働者の資格の種類,事業所規模および労働者個人の事情により異なる。

　2008年12月18日の欧州社会基金（Europäische Sozialfond）指針の発令以後,低資格者（Geringqualifizierte）は操短手当受給中,職業訓練を促進される。その要件は,労働者が職業専門教育（Berufsabschluss）を受けていない,または長年にわたり職業から遠ざかっていたこと,職業訓練の内容は（企業特殊的ではない）一般的な労働市場で使える知識を提供すること等である。低資格者には操短終了後も訓練がまだ修了していない場合には申請すれば雇用機構が訓練修了まで引き続いて賃金を100％まで負担でき,操短手当支給と並行して,雇用機構と使用者の共同負担により訓練費用が100％まで援助される。このように操業短縮を契機に低資格者に職業訓練させることを強く促す施策になっている。

　なお,その訓練による資格の性格が企業特殊的な技能（betriebsspezifische Know-how）であれば,労働者が転職によって活路をみいだす可能性は小さいものにとどまる。それは2003年のITバブル崩壊後にも示されている。[20]

　IAB調査にもとづき操業短縮中の職業訓練参加状況をみる。[21] 事業所単位では操短実施事業所の13％で操短労働者を訓練措置に送り出している。操短労働者のうち利用者はわずか8％である（2009年第1四半期）。利用が少ない原因は,「使用者は歓迎しない。労働者は研修受講よりも自宅でゆっくりするほうを好

---

20) Andreas Crimmann/Frank Wiessner, Verschnaufpause dank Kurzarbeit, IAB-Kurzbericht 14/2009, S. 8
21) IAB-Forschungsbericht 06/2010, S. 72 ff.

図表 6-7　操短手当に対する協約上の上乗せ手当

| 労働協約分野 | 収入の保障 |
|---|---|
| 化学産業 | 実質収入の90％ |
| ドイツ鉄道 | 月額総収入の80％まで。ただし，業績主義の変動部分を含む。 |
| ドイツ・テレコム | 総収入の80％ |
| 卸売り・外国貿易[1] | 実質賃金の16％の手当。ただし，実質賃金の100％を超えない。 |
| 木材・プラスチック（ザクセン） | 実質賃金の75％ |
| 金属産業[2] | 月額総賃金の80％。ただし，100％を超えない。 |
| 製紙業 | 喪失した時間の5％の手当 |

注1）：ノルトライン・ヴェストファーレン州
注2）：北部バーデン・ヴュルテンベルク
出典：WSI Pressedienst von 20.02.2009, S. 2

む」ことにある。私がヒアリング調査で接した組合役員はこの低さを嘆いていた。大規模事業所では自社内で訓練措置を実施している。その場合には参加率ははっきりと高まり，事業所内操短労働者の6-7割に達する。それは建設業，交通・倉庫業（Lagerei）で特徴的である。

## 5　操短の費用[22]

操短ではそれにより短縮される労働時間に必ずしも比例せずに使用者に費用負担がかかる。その原因は，操短にともない短縮する労働時間に応じて支払う賃金は減額されるが，しかしそれとは別に，操短時には社会保険の労働者側負担分を使用者が納入することになっており，[23]追加的な付随的労働費用（Lohnnebenkosten　現金給与以外の労働費用＝社会保険の使用者側負担，協約上の特別支給＝協約有給休暇（bezahlter Tariflaub）など，有給休日など）が必要だからである。

---

22）Hans-Uwe Bach/Eugen Spitznagel, Betriebe zahlen mit – und haben was davon, IAB-Kurzbericht 17/2009, S. 1 ff.
23）正確には，喪失した労働時間に相当する賃金の80％分につき，年金・医療・介護保険に対してである。

労働協約にもとづく操短上乗せ手当を支払う必要がある場合（図表6-7），付随的費用はさらに高づく。上乗せ率が大きい例として，実質賃金の90％を払う場合（例．化学産業）には，それは37-48％になる。また，労働時間の最低限が事実上規制される場合があり，たとえばバイエルン地域の衣服産業・事務系職員では週24時間を下限とし，それを下回っても24時間分までの賃金支払いが必要である。

付随的労働費用は，直接賃金の60-70％に達する。[24] ドイツでは賃金継続支払法により年間6週間までの病気休暇につき賃金100％相当分を支給しなければならない。ただし，操短中は「減額された賃金」の100％にとどまる。

なお，付随的費用は金融危機後の法律改正により，2009年2月以後，取扱いが変更された。従来，操短期間中の社会保険掛け金は使用者が労働者側掛け金を含めて納入することになっていたが，法改正により，操短最初6か月は掛け金の50％分，7か月目以後は全額が使用者に返済されることになった。これにより使用者側の負担はやや軽減される。有給休暇や協約特別支給は正確には各労働協約の定めるところによるが，付随的費用は操短だからといって減ることはない。化学産業のように賃金90％保障条項がある場合には，総付随的費用は労働費用の37-59％になる。これを試算金額で示せば，通常の付随的費用12.15ユーロであるのに対し，操短時には11-17ユーロの幅で傾向的に高くなる。

それでも使用者は操短により離職・採用費用を節約でき，熟練労働者を確保できる。それと費用を考慮しながら判断する（Kosten-Ertrags-Betrachtung）。したがって，一時的な仕事減には操短が有効である。

## 五　小　括

（1）**ドイツ法の特色**　操業短縮の手続きに関しては，従業員代表の参加に

---

[24] Institut der deutschen Wirtschaft 2008年試算。試算の基礎とされている数字は，1時間当たりで賃金（direkte Lohnkosten）16.46ユーロ，付随的労働費用12.15ユーロ（有給休暇3.71ユーロ，社会保険の使用者側負担分3.96ユーロ，失業保険の使用者側負担0.30ユーロ，労災保険0.28ユーロ，協約上の特別支給3.89ユーロ）とされている。この数値は2008年5月発表の専門雑誌にもとづく。

関する事業所組織法で明記されている。そのうえで，具体的な実施のためには労働者に操業短縮にともなう賃金減額の法的効力が生じるために法的根拠が必要とされる。

また，操業短縮手当に関しては，「重大な仕事不足」によるものであり，労働者の10％以上に賃金10％以上の減額が生じることが必要であることなどの支給要件が社会法典第三編に詳しく定められている。操短を行う事業所内で時間外労働がある場合には，原則として，仕事不足は回避不能とは解されていない。要件に該当するか否かは雇用機構で審査される。操短手当額は，喪失した実質賃金額の60％であり，扶養児童を抱える労働者ではその67％である。操短手当の財源は，労働者側が50％，使用者側が50％を負担する。それでもなお財源が不足する場合には，税金が投入される。整理解雇を回避するために，再就職操短手当という特別な種類の手当もある。派遣労働者に対する操短手当が2009年に新設されたが，それは派遣切りを抑えるという明確な立法目的にもとづく。

そして，ドイツでは操業短縮実施には従業員代表との共同決定，すなわちその同意が必要である。共同決定の目的は，労働者の賃金減少を保護すること，および，使用者に対し変更解約告知なしに労働時間を短縮することを可能にすることである。

このように，ドイツでは操業短縮および操短手当は法的に整備されたものになっており，実際に頻繁に活用されている。費用の労使負担割合は日本と大きく異なる。それはドイツでは労働者に手当として支給されるという支給回路の違いと深くかかわる。

(2) **実施状況** 操業短縮は今回だけでなく，1975年，83年，91年（180万人近く）にも多く利用された経験があり，定着した制度である。ただ今回は，活用促進，要件緩和，費用への税金投入により大規模に利用が促進された点に特徴がある。その結果，2009年には事業所の5％で利用され，労働者の4.2％が受給した（連邦雇用機構調べ）。政府が利用条件を緩和したことが利用を促進した。

ただし，操業短縮だけで雇用を継続的に維持することはできない。それは一時的な繋ぎの，痛みを和らげる措置にすぎない。金融危機は2009年末には収束

したことによって，期限つきではあれ，これらの臨時的措置は功を奏したことになる。

　使用者側の事情として，高い資格を有する労働者の市場価値は高く容易に確保しがたいことから，雇用調整にあたり使用者は，従業員内でそれらの者の比率が高い場合には操短により彼らの雇用維持を図りがちである。とくに大卒者（Akademiker）の比率が高い事業所に関していえる。

　組合はこれを社会調和的な方法であるとして推奨している。

---

25)　Crimmann/Wiessner, a. a. O. (N. 20), S. 7

# 補論 1　再就職支援会社[1]

　操業短縮手当の一種に再就職操業短縮手当がある。それを利用する仕組みとして再就職支援会社（Transfergesellschaft）制度がある。これは整理解雇が必至の場合に，何とか解雇を避けて再就職につなげようとするものである。

## 一　再就職支援会社の設立と仕組み

　この会社は社会法典第三編111条（2010年までは216条ｂ）に規定されている労働市場政策上の制度である。実際には，アウトプレースメントや短期資格向上会社などの支援会社が引き受ける。その設立・委託は，従業員代表と企業の合意（補償計画）の補足または独立した再就職補償計画（Transfersozialplan）にもとづいて行われる。この補償計画で，使用者が費用負担して訓練や斡旋の専門家を抱える専門業者に依頼して再就職支援会社を設立（委託）すること，およびサービスの内容や範囲を定める。失業が差し迫った労働者を本人の同意を得て解雇を一旦回避し再就職支援会社に雇用してもらう。委託企業と再就職支援会社は契約にもとづいて再就職支援会社における協力を了解しあい，企業は支援会社に委託料を支払う。これに応じる労働者と企業（従来の使用者）との合意解約（Aufhebungsvertrag 希望退職）により労働者は退職し，再就職支援会社と期限付きの労働契約を結ぶ。場合によっては，労働者，従来の使用者と当該会社との三者契約を結ぶこともある。再就職労働者に対しては雇用機構から再就職操業短縮手当が支給される。その財源は操短手当財源または雇用促進のための公的資金である。再就職労働者に対しては別途，旧使用者（委託企業）から再就職補償計画にもとづいて補償金（Abfindung 退職一時金）や追加手当が支払われ，従来の賃金額と同じになることもある。再就職操短手当は，従来の賃

---

1)　藤内「ドイツにおける再就職支援の法制と実情」季労240号（2013年）8-16頁。

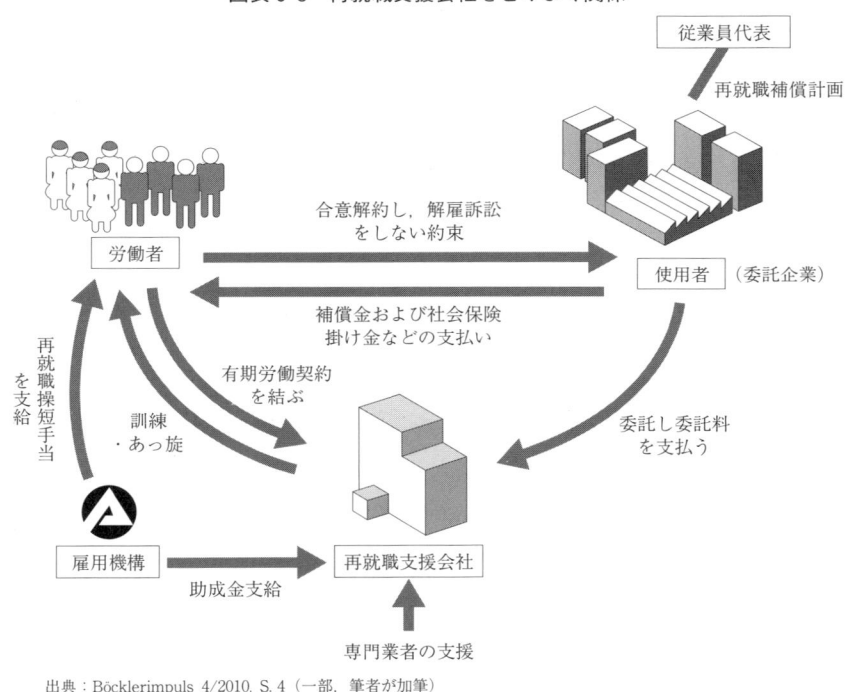

図表 6-8　再就職支援会社をとりまく関係

出典：Böcklerimpuls 4/2010, S.4（一部，筆者が加筆）

金の60%（失業手当と同じ）であり，上限1年間である。（**図表6-8参照**）

## 二　再就職支援会社の事業内容と役割

　この会社は職業訓練・資格向上と再就職斡旋のためにさまざまなノーハウと専門スタッフを有している。再訓練の機会は労働者にあらたな職業的動機付けになりうるし，資格を向上させる。その結果，再就職が成功する確率も高まる。当会社は労働者本人および旧使用者と相談して労働者の能力・関心に応じて訓練計画を立て実施する。
　整理解雇回避が困難な場合に次善の策として有効に働いている事例が多数報告されている。

## 三　使用者にとってのメリット

　つぎのとおりである。
・人員削減にもかかわらず企業イメージを低下させなくてすむ，
・解雇予告期間をおく必要がなく，整理解雇にともない生じる費用を再就職支援会社に転嫁できる，
・解雇訴訟を回避できる，
・人員削減費用を見積もれる。

## 四　労働者にとってのメリット

　つぎのとおりである。
・さしあたり失業を回避できる，
・再就職支援会社在籍中の賃金収入が中断なく年金算定基礎になる，
・再就職操短手当は上限12か月である，
・専門家の協力を得て再就職を準備できる，
・再訓練費用の本人負担がない，
・企業内の資格向上研修に参加できる。

　このように，解雇必至の労働者に対して解雇回避のための1つの方法としてユニークな制度が開拓されている。

# 第7章　非正規雇用の活用[1]

　雇用調整方法の1つとして，非正規雇用の活用がある。2008年以降の雇用調整で果たした役割をみる。

## 一　派遣労働の現状と役割

　(1)　**派遣労働と雇用調整**　　現状をデータから追う。派遣労働者数の変動（図表7-1）から，リーマン・ショック後の金融危機により派遣労働者が約10万人減少したことがわかる。減少数が男性に多いのは，輸出依存産業で男性・派遣が多く従事していることに起因する。[2]

　図表7-2は，国内総生産高変動と派遣労働者数変動の対応関係を示す。2008-09年の減少は派遣労働が景気変動の雇用調整弁として利用されていることを示すが，2006-08年の同時期に経済成長は停滞しており，その時期の増加はそれでは説明がつかず，半ば恒常的な要員として投入されている様子がうかがえる。この点では，2002年派遣法改正による使用者側にとってのメリットを企業側が大いに活用しているといえる。[3] その意味では「派遣労働の機能が変

---

1)　藤内2012・65-79頁参照。
2)　2008年金融危機の影響を受けて，派遣会社は派遣契約が減り，2008年後半に2-3割の売上げを減らしている。派遣労働者数は，2008年70.0万人から09年53.0万人に17.0万人，24％減少した。なお，公表されている派遣労働者数は各種調査により異なる。IAB調査によれば，2004年1月の32万人から2006年10月までに倍加し，2008年7月には最高で82万人に達した。Vgl. Florian Lehmer/Kerstin Ziegler, Zumindest ein schmaler Steg, IAB-Kurzbericht 13/2010, S. 3
　　ただし，景気回復のなかで，2010年末には，約90万人にまで増えている。ほかに，JILPT・HP 海外労働情報（ドイツ）「派遣労働者，大幅減」（2009年6月）参照。
3)　大橋範雄『派遣労働と人間の尊厳』（法律文化社，2007年）85頁以下，藤内著・337-339頁。

図表7-1　派遣労働者数の変動

(単位：1,000人)

| 年 | 年間平均 | 12月数値 | 男性 | 女性 |
|---|---|---|---|---|
| 1994 | 134 | 146 | — | — |
| 95 | 166 | 162 | — | — |
| 96 | 176 | 178 | — | — |
| 97 | 201 | 200 | — | — |
| 98 | 246 | 232 | 184 | 48 |
| 99 | 276 | 286 | 223 | 64 |
| 2000 | 328 | 338 | 259 | 79 |
| 01 | 341 | 303 | 234 | 69 |
| 02 | 318 | 309 | 237 | 72 |
| 03 | 330 | 328 | 250 | 78 |
| 04 | 385 | 389 | 292 | 97 |
| 05 | 444 | 465 | 344 | 121 |
| 06 | 580 | 631 | 466 | 165 |
| 07 | 715 | 721 | 528 | 194 |
| 08 | 761 | 674 | 483 | 191 |
| 09 | 625 | 632 | 436 | 197 |

注：男性および女性の数字は12月時点のものである。
出典：Bundesagentur für Arbeit Statistik

「化」してきたと指摘される[4]。派遣労働者は派遣先への直接雇用に希望をもつ者が多く，そのチャンスをめざして熱心に働く様子が伝えられている。それは否応なく正社員の働きぶりにも刺激を与える。

なお，派遣労働の打ち切りと操業短縮実施の優先順位につき，以前は派遣労働の打ち切りが操業短縮手当を申請する要件とされていたが，労働者派遣法改正（2009年）により，そのような要件はなくなった。その結果，操業短縮との比較では派遣労働打ち切りの圧力は弱まったといえる。また，派遣労働者に対する操業短縮手当が新設されたことも，派遣切りを抑制する意味をもつ。

(2) 受け入れ条件など　派遣労働を受け入れている事業所は全体の3分の1強である。自動車・電機電子産業に多い。2007年調査では増加傾向にあった。派遣労働を受け入れている事業所の4分の3では「派遣労働者の賃金は同格の労働者より低い」と回答されている。調査では29%分低いとされる[5]。これは派遣労働者の多くが労働協約適用下にあり，派遣協約賃金にもとづいていることによる。「派遣は正規雇用の代替である」とするのは26%，すなわち4分の1であり，過半数の事業所は常用的に活用している。

---

4) ハルムート・ザイフェルト「規制緩和の波とともに，非典型雇用が大幅に拡大」Business Labor Trend 2011年4月号11頁。

5) Hartmut Seifert/ Wolfram Brehmer, Leiharbeit, in: WSI-Mitteilungen 6/2008, S. 339

第 7 章　非正規雇用の活用

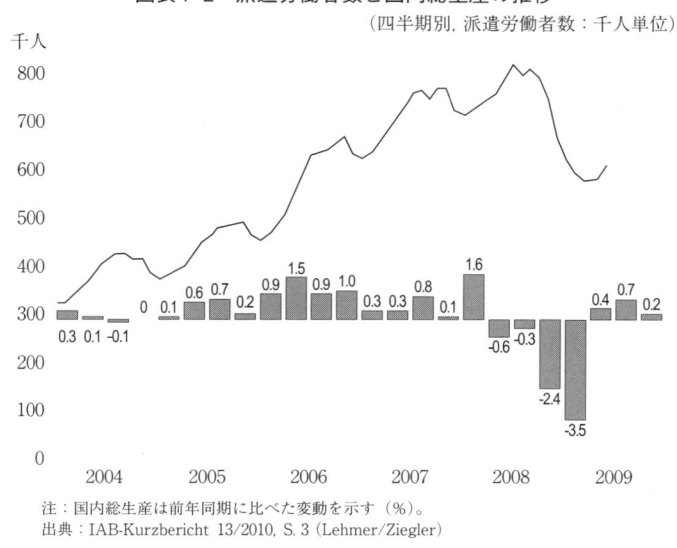

図表 7-2　派遣労働者数と国内総生産の推移
（四半期別，派遣労働者数：千人単位）

注：国内総生産は前年同期に比べた変動を示す（％）。
出典：IAB-Kurzbericht 13/2010, S. 3 (Lehmer/Ziegler)

　派遣労働者の雇用期間は 1 週間以上 3 か月未満が最多であり，概して短期である。その結果，派遣労働者の移動は頻繁であり，2008年には合計104万人の派遣労働への参入があり，他方で117万人が退出した。

## 二　有期雇用の活用[6]

　2008年金融危機にあたり，派遣労働とともに雇用調整としてよく利用された。契約期間満了後に期限の定めない雇用に切り替えられる比率は，図表7-3のように，2008年52％から09年45％に低下している。とくに製造業で顕著であり，08年68％から09年38％に大幅減少した。広く雇用調整の対象になっている。
　雇用調整に占める比重を派遣労働と比較すると，なお変動は小さい。それで

---

6)　Christian Hohendanner, Unsichere Zeiten, unsichere Verträge?, IAB-Kurzbericht 14/2010, S. 1 ff.

図表7-3 有期雇用の比率

(%)

|  | 新規採用に占める有期契約の比率（2008年） | 同左（2009年） | 有期雇用終了後に無期雇用に切り替えられた比率（2008年） | 同左（2009年） |
|---|---|---|---|---|
| 合計 | 44 | 47 | 52 | 45 |
| 250人以上 | 60 | 67 | 47 | 40 |
| 50-249人 | 49 | 59 | 48 | 44 |
| 11-49人 | 41 | 44 | 64 | 53 |
| 1-10人 | 25 | 25 | 58 | 47 |
| 製造業 | 44 | 37 | 68 | 38 |

注：新規採用に占める有期雇用の比率は2001年＝31％である。
　　ここで母数は，社会保険加入義務のある労働契約である。
出典：IAB-Betriebspanel (IAB-Kurzbericht 14/2010, S. 3 (Hohendanner))

も雇用調整弁としての役割を果たすことは明確に裏付けられている。金融危機に該当する産業分野ではっきりと増えている。だが，操業短縮を実施している事業所でも期限なし雇用の比率は高い。その理由は，景気変動の大きな分野では伝統的にパートタイムおよびミニジョブ（僅少雇用）に依存する比率が高く，有期雇用は低い位置付けであったことにある。企業経営が不安定でも有期雇用では採用時に期限を定めなければならない。それが使い勝手の悪さの一因である。

## 三　小　括

（1）　非正規雇用と雇用調整の関わりにつき，2008年金融危機後の非正規雇用の変動をみると，派遣労働と有期雇用で減少が顕著であるのに対し，パートタイムおよびミニジョブでは減少はない。これは金融危機に関係する産業分野（輸出志向の製造業）で派遣および有期雇用の利用が多いことによる。

派遣労働につき労働市場移動をみると，派遣労働にも正規雇用に移動するルートが狭いながらもある。これは日本の派遣労働をめぐる労働市場構造とは異なる特徴である。また，派遣労働の比率が低いのは，ドイツでは派遣労働を

第7章 非正規雇用の活用

図表7-4 採用・離職および雇用者数の変動

(％)

| | 製造業 | 社会的サービス業 | 全事業所 |
|---|---|---|---|
| 〈採用総数〉 | －60 | ＋3 | －17 |
| 有期契約 | －66 | ＋3 | －11 |
| 有期満了後の引き受け | －35 | －1 | －14 |
| 〈離職総数〉 | ＋43 | －1 | ＋6 |
| 労働者の自己都合退職 | －35 | ＋7 | －21 |
| 使用者による解雇 | ＋114 | －6 | ＋40 |
| 有期契約の期間満了 | ＋129 | －9 | ＋15 |
| 〈雇用数の変動〉 | | | |
| 有期雇用 | －35 | ＋2 | －6 |
| 派遣労働 | －49 | ＋34 | －38 |
| 空きポスト | －65 | －2 | －33 |
| 社会保険加入義務ある雇用 | －6 | ＋1 | 0 |

注：これは2008年前期に比べた2009年の数値である。「雇用者数の変動」は，2008年6月末日から2009年6月末日までの変動である。
「社会的サービス業」とは，公務，教育，医療・福祉，非営利団体を指す。
出典：図表7-3と同じ。S.6

活用するメリットが少ないことによる。したがって，雇用調整で派遣労働減らしが果たす役割も自ずと限界がある。それでも，今後増加する傾向にある。

有期雇用につき，雇用調整で利用度は高い。これは1990年以後，規制緩和のなかで使用者側に使いやすいものになっていることが背景にある。新規採用に占める有期雇用比率が5割弱というのは高い比率である（**図表7-3**）。それでも日本の有期雇用比率が2割強であることに比べると，ドイツでは9％前後であり少ない。

(2) 雇用調整における派遣労働と有期雇用の位置付け・重要度をみると，**図表4-3**で，「派遣労働の縮小」実施済みが24％であるのに対し，「有期雇用の不更新」が17％であるように，派遣労働のほうが重要な役割を果たしている。これは**図表7-4**で，2008-09年の労働者数変動で派遣の減少のほうが有期雇用の減少よりもはるかに上回っていることからも確認できる。その傾向は，とくに製

第Ⅱ部　各　論

造業で顕著である。

# 補論 2　高齢者パート[1]

　雇用調整方法の1つとして，早期引退および高齢者パートがある。これは高齢者の退職ないし労働時間短縮によって若者の雇用機会を維持・拡大しようとするものである。これは2008年以後の雇用調整でも一定の役割を果たした。なお，この点では2010年以降，取扱いの大きな変更がある。

## 一　背　　景

　先進国は各国とも高齢化が進むなかで，年金財源の確保に苦慮している。また，各国では少子化のなかで将来的には労働力不足が予想される。これはドイツでも同じ事情であり，将来人口減が専門労働者不足につながる可能性が高いが，高齢者の就労がそれを補うことが期待されている。そこで政府は年金財源上の理由もあり，年金支給開始年齢を67歳に引き上げ，また高齢者の就労を促す政策をとっている。

## 二　高齢者パート法

　高齢者の就労を促進すべく，1996年に高齢者パート法が制定された。
　(1)　内　　容　　それは，事業主が55歳以上の労働者の労働時間を半分に短縮してパート勤務に移行させる（部分退職），パートに転換した高齢労働者の半減した賃金に事業主が20％を上乗せして支給する，助成期間は5年間まで，そして空いたポストに使用者が失業者または職業訓練生を雇用した場合には連邦雇用機構から，高齢者パートに支払った賃金の最大20％までが助成金として企業に支給されるというものである。

---

1)　藤内2012・80-90頁。

なお，高齢者パートで勤務することの請求権は初めから個々の労働者にあるわけではなく，協約または事業所協定にもとづいてはじめて生じる。その適用を受けるために多くの産業分野でこれに関する労働協約が締結され，法定の使用者による賃金20％追加支給にさらに上乗せ支給することが頻繁に合意されている。実際には，たいていは協約にもとづき最後の税引き賃金の85％を支給されている。

　(2)　**利用状況**　2000年以降大いに利用されることになった。利用者数は2000年＝3.3万人，03年＝約8万人，05年＝約9万人と大きく増えた。助成を利用して新規に採用された者の内訳は，失業者が38％で，職業訓練生が62％である。2008年以後の雇用危機にも，この方法は社会調和的な雇用調整方法であり従業員の若返りに有効であるとして利用された。

　55-64歳層の就労者数に関し，2005年以後，高齢者パート数はさほど変化ないにもかかわらず，それを除く社会保険加入義務のある高齢労働者数は確実に増えている。高齢者パート約53万人のうち，公的に助成されている人数は約10万人，すなわち約2割である。

　55歳から65歳までのパートタイム労働者数は，2001年の55万人から2007年には90万人に増えている。彼らの就労の主たる理由は，受給する年金額の不足を補うことである。彼らのなかでは年金早期減額受給を受けて，その不足をミニジョブなどの就労で補うというパターンがある。

　(3)　**評　価**　高齢者パートの利用による高齢者就労率は，とくに2005年以後高まった。しかし，その運用内容は必ずしも高齢者パート法の立法者が意図したものではない。立法趣旨は，この年齢層の労働者の就労率を引き上げ，年金生活に段階的に移行させることにあり，前者の点では成果が上がっているものの，年金生活への段階的な移行にはなっていない。なぜならば，ここで大半の事例では事業所協定にもとづいて労働時間口座の高齢者ブロック・モデルが利用されていて，助成金を得ている事例の90％が該当する。それにより，高齢者パート就労期間の前半をフルタイムで勤務し，後半は引退しつつ減額された賃金を支給されている。

## 三　今後の取扱い

（1）　**最近の動き**　　高齢者パートに対する促進措置（公的助成）は2009年末まで存在し，その後廃止された。それでも，法律自体は従来どおり存続しており，利用は労使に委ねられることになる。

　その結果，2010年以後は政府による助成なしに，高齢者パート勤務の賃金は使用者・労働者双方による負担となった。ここで妥協策として，ドイツ南西部の金属産業労働協約は，勤続12年以上の61歳以上の労働者につき，高齢者パート勤務の請求権を認めることを定めた。

（2）　**今後の見通し**　　年金支給開始年齢が従来の65歳から2012年以後段階的に67歳に引き上げられている[2]。それとともに否応なく67歳までの就労率は高まる。その結果，雇用調整における高齢者パートの果たす比率は，促進措置が再開されないかぎり低下していくと予想される。しかし，高齢者層における早期引退の希望は強いので，将来，財政事情が許せば，高齢者パートに対する公的助成が復活する可能性はある。

---

[2]　ドイツでは労働協約または事業所協定で定年制が定められる場合，その年齢は年金支給開始年齢とリンクしなければならない。2012年から支給開始年齢が段階的に引き上げられることにともない定年年齢も引き上げられることになる。山川和義「ドイツにおける定年制の法理」名古屋大学法政論集216号（2007年）155-179頁，218号（2007年）139-179頁，桜庭涼子『年齢差別禁止の法理』（信山社，2008年）174-198頁。

# 第8章　配置転換

## 一　配置転換の状況

　ドイツでは日本ほど頻繁に配置転換は行われない。その理由は，採用にあたり担当職務および勤務地が特定されていることが通常だからである。この点では日本で専門的な業務でないかぎり担当職務が特定されないことが多く，本社採用者は広く転勤が行われるという雇用慣行が，むしろ世界では珍しいことである。担当職務または勤務地の特定がある場合，それを変更することは労働条件の変更であり，労働契約上，労働者の同意を必要とする。さらに配転では従業員代表の同意を必要とする（事業所組織法99条１項）。

　それでも管理職などでは一定程度の比率で広域異動（包括配転）条項が特約されることがある。その頻度は，**図表8-1**のとおりである。この場合には使用者が配転命令権を有している。また，1970-80年代に鉄鋼業，化学繊維産業ですでに配置転換が行われていたとの指摘がある[1]。

## 二　配転時の人事選考

　雇用調整にあたり，配転は解雇よりも痛みの少ない方法として優先される。そこでは，法律上，解雇にあたり使用者はその前に労働者を他の事業所で引き続いて雇用することができないかどうかを検討し，同格のポストに空きがあり，それが可能な場合には従業員代表は使用者の解雇提案に異議を表明するこ

---

1)　久本憲夫1989b・126頁，130頁。
　　また，久本憲夫1989a・28頁（1983年につき），32頁（1977年につき），33頁（1960年代半ばにつき）では，それぞれの時期にかなりの規模の事業所内配置転換が行われたことが紹介されている。

とができる（事業所組織法102条3項3号）。この配置転換にあたり，その人選につき使用者と従業員代表は人事選考指針（personelle Auswahlrichtlinien）を同意することができる（事業所組織法95条）。500人を上回る事業所では，この指針の内容として従業員代表は専門的および人的要件ならびに社会的観点を定めることを要求することができる。

図表8-1　配転条項の頻度

(%)

| 内　容 | 現業労働者 | 事務系職員 | 管理職 |
|---|---|---|---|
| 事業所内配転 | 12.2 | 8.5 | 5.3 |
| 企業内配転 | 6.9 | 13.1 | 22.2 |
| 勤務地の移動を伴う配転 | 6.9 | 13.4 | 29.8 |
| 外国への配転 | 0.4 | 1.3 | 5.3 |

出典：労働102号（2003年）52頁〔根本到〕。

マックスプランク研究所調査（1979年）によれば，配置転換に関する指針は事業所の20％で作成されていた。[2] 雇用調整時には労働者のなかで不安があるので平均を上回る作成頻度になろう。

　ここで人事選考指針における配置転換の運用基準をみる。私は27例の選考指針を分析した。[3] そのなかで配転に関する取扱い基準をみる。指針ではまず本人都合の配転（例，健康上の理由により医師から当該職務から外れるよう指示された場合）と経営上の理由のよる配転に区分される。ここでは後者が該当する。そこでは配転により従事する新しい職務が従来の職務に比べて格付けが高いか，同じか，それとも低いかで取扱いが異なる。まず，①高い格付けの職務に配転される場合の人選基準は，採用時と同じで，専門的要件および人物的適性による。ここで「専門的要件」とは，専門教育，職業経験，職業的資格および専門知識による。つぎに，②同格の職務への配転では，3つのタイプがある。(a)基本的に①と同じだが，専門的・人物的適性が同レベルであれば社会的観点を考慮する事例，(b)専門的要件，人物的適性および社会的観点の3要素で判断する事例がある。なお，補充的に，人事評価結果を考慮する事例も複数ある。(c)社会的観点による事例である。そして，③格下の職務への配転では，整理解雇の人選基準と同じで，社会的観点による選考になる。なかには，専門的適性で判

---

2）　Wolfgang Däubler, Das Arbeitsrecht 1, 15. Aufl., 1998, S. 599
3）　指針の内容につき，藤内・実例①・142-178頁参照。

断し，つぎに社会的観点を考慮する例が1件ある。

このように包括配転条項のない労働者では，経営上の理由による配転では選考指針にもとづいて明確な人選基準によっている。

## 三　最近の変化

2008年金融危機にともなう雇用調整のなかで，正規労働者を解雇することなくソフトな雇用調整で乗り切ろうとする事例が急速に増えている。この点で従来の＜整理解雇―補償金支給＞型の雇用調整手法が大きく変化しつつある。第4章で述べたように，企業は整理解雇をはっきりと減らしている。「内部労働市場（interner Arbeitsmarkt）」の言葉がよく語られる。

この刷新的方法の始まりは，ジーメンス・コンツェルンの立地・雇用保障協定にみられる対応である。[4] 企業内の要員調整（仲介）(Personalvermittlung) が鍵を握る。今回の雇用調整において事業所の14％で配置転換が実施された（図表4-2）ことから，配置転換の頻繁さが推測される。多くの企業がそれを担当する部門をおいている。まるで「企業内の雇用機構（日本のハローワーク）」である。この要員調整課（Personalvermittlungsabteilung=PVA）は，雇用調整対象の労働者と職業訓練・資格向上プランを設計し，そして配置転換を相談する。

この点に関する最近の動向を労働・資格研究所（Institut Arbeit und Qualifikation=IAQ）の調査を手がかりに現状をみる。[5] 著者のミューゲ（Gernot Mühge）はここの研究員としてこの調査を担当した。

## 四　要員調整の実施と有効性

(1) **調整課の設置状況**　2006年の調査によれば要員調整課を設置している

---

[4] 小俣勝治「ジーメンス社における企業再編と従業員代表の対応」会報8号（2007年）33-48頁。

[5] Gernot Mühge, Betriebliche Beschäftigungssicherung durch interne Personalvermittlung, in: WSI-Mitteilungen 2/2011, S. 69 ff.

企業はごく一部であった。これまで個別事例研究を通じて，その一部が紹介されている。たとえば，テレコム社，ドイツ鉄道，ドイツ・ポスト社などである。

　労働・資格研究所は32例につき抽出して調査した。企業規模が大きいほどそれが定着している。そのほうが余剰人員がいる場合の受け皿の余地が大きい。今や企業の一部門として定着している。コンツェルン単位でも行われている。ここでの調査対象自体が大規模民間および公的事業所（大学病院，水道・電力供給事業など）であった。調査対象の5分の1は労働者数500人以上の大規模事業所であった。

　**(2) 解雇保護と内部的要員調整**　要員調整課が設置されている事例を分析する。ここで配転を促進した原因は，ある事例では労働協約または事業所協定を通じて解雇規制が強いので使用者側が解雇によらずに人員削減をしようとした場合であり，別事例では労働組合または従業員代表の交渉要求に使用者側が譲歩した場合である。これに該当する例の一部は，外部的な柔軟性の乏しさから，人員削減にあたり内部的な柔軟性を最大限追求した。これらの事例では，企業トップ機関（監査役会）における共同決定制度の影響がある場合もあれば，従来型人員削減の行き詰まりの結果である場合もある。要員調整課を設置するという合意自体が解雇を避ける努力をすることの表明である。

　**(3) 有効性**　つぎに，要員調整課が設置されている場合の効果をみる。設置されている27例につき，2006年（好況時）の1年間，労働者100人当たりの離職率（Abgansgrat）を調べた。離職のうち，整理解雇，希望退職，職業訓練生で訓練期間終了後に受け入れられなかった場合および有期雇用に該当する数値は，各0.0，0.8，0.37，0.09，合計1.28である。同期間に27例で要員調整課に配属変更になったのは同1.56であった。したがって，外部に排出された者よりも企業・事業所内部で調整された者のほうが多い。

　余剰人員とされた労働者が同じ企業内であれ他の部署・業務に配置換えされることは，担当業務または部署の変更であり，労働者には負担である。その内容および程度を従業員代表に問うた（**図表8-2**）。上2つの項目が主観的リスクであり，下3つは客観的リスクと分類できる。「（従来の）職務の喪失にあたりかなりの負担（Härten）」には該当する事例が多くあるが，それ以外の項目で

図表 8-2　企業内要員調整にあたってのリスク

（従業員代表回答数）

| | ① | ② | ③ | ④ |
|---|---|---|---|---|
| 職務喪失にあたりかなりの負担 | 7 | 9 | 9 | 3 |
| 新しい職務への不満あり | 0 | 11 | 15 | 0 |
| 労働時間の不利益 | 1 | 1 | 14 | 12 |
| 地理的な不便 | 1 | 4 | 10 | 13 |
| 賃金減少 | 1 | 4 | 13 | 11 |

注：①まったくそのとおりだ，②どちらかとえば，そうだ，③どちらかといえば，そうではない，④当てはまらない。
出典：WSI-Mitteilungen 2/2011, S. 73（Mühge）

はさほど深刻ではない。これにつき分析したミューゲは，異動する労働者にとって全体としてさほど大きな不利益ないし負担ではなかったと評価する。そのさいに，要員調整課は関係労働者を恣意的な取扱いから守り，労働者から不安を取り除くのに役立ったとみる。その原因として，要員調整課は人員削減にあたりかなりの程度労働者に対し手続的に配慮している。そのために，課が労働者のために透明性を確保し話し合いながら手続きを進めたことが重要であったとみる。

## 五　人事選考にあたっての利害対立

　余剰人員の選考と受け入れ部門側の受入選考が行われる。
　(1)　内部的な仲介と下部のジレンマ　　ここで余剰人員を抱える部門の責任者，要員調整課，受入側，余剰人員とされた労働者本人の間で軋轢が生じる。まず，要員を出す側の責任者は選考基準を定める。ここで人選は通常，成績（Leistungsfähigkeit）基準で行われる。なぜならば，送り出す側ではその後の課題遂行は後に残るスタッフの力量にかかっているので優秀な人材を残したいからである。この人選（誰がそれに該当するか）につき，従来の研究では「下部組織の上司の専権事項であった」（ケーラーほか）と指摘されている。しかし，今回の調査では要員調整課も人選でかなりの権限を発揮したことが明らかになる。それは全社的な観点から調整されるが，それなしには受入側の理解を得られない。それでも実際には，引き受け部署のいない余剰人員がでてくる。それは調査事例の余剰労働者の12％にあたる。なお，ここで送り出す側の現場の上司が人選にあたり重要な権限をもつことは否定されない。それはドイツでも

「上司」の権力の源である。

(2) **要員調整課がその業務を遂行する条件**　ここで各現場からの人選を受けて，場合によってはこの課が再検討する。このさいにこの課がイニシアティブを発揮することが可能なためには，ここが権限，予算および人材でその条件および能力を与えられていることが必要である。権限では，各部署が新規採用を行う場合に，まず社内で余っている人材のなかから調達（社内公募）するように求める権限である。つぎに予算では，配転によって従来よりも格下の職務に異動する場合に，期限付きで賃金補助することを決定する予算権限を与えられている。また，必要とあれば職業訓練を受講させるにも資金が必要である。さらに，人材面では人事異動を進める専門的スタッフを配置されていることが必要である。

## 六　小　括

このように企業の雇用調整および事業再構築にあたり，要員調整課設置の方式が増えている。そのさいに，労働者には失業や賃金低下という形の困難・懸念よりも，むしろ失業の不安や目前で進行する人事選考過程に関する懸念が大きい。

なお，ドイツでこれが進展する背景として，従業員代表が事業所の要員計画[6]（Personalplan 人事計画の訳もある）に参加していることが重要である。すなわち，使用者は要員計画をたてる場合，従業員代表と協議しなければならない（事業所組織法92条）。この計画のなかに要員配置計画および人員削減計画があるが，それにつき協議するなかで雇用保障のために自ずと配転によって人員削減を抑制することも検討される。

---

6)　藤内著・144頁以下。

# 第9章　希望退職

　本章は，希望退職に関するハルトマンの調査（1991-92年）結果[1]を紹介し，ドイツにおける実情を知ろうとするものである。この調査報告は希望退職にかぎらず人員削減の実施状況をリアルに紹介している。とくに，人員削減にあたっての従業員代表の関与，人員削減にあたって使用者，従業員代表および労働者という関係者の思惑を分析している。

　本書の訳語で，Aufhebungsvertrag は，通常日本では「希望退職」と訳すことが多いが，ドイツでは日本語の希望退職と退職勧奨を区別する用語がなく，本書では退職勧奨の意味で使用されていることが多いので，中立的表現という意味でこの訳語を当てる。退職勧奨であることが明確な場合には，「退職勧奨」と表現する。さらに「合意解約」と訳すこともある。

## 一　はじめに

　ドイツでは，1991-92年の再統一ブームの後に企業で大規模な人員削減（Personalabbau）が行われた。92年から96年の間に，労働者の約4.3％ないしは130万人が削減された。だが，その人員削減の手法は解雇なき雇用調整であった。たとえば，新聞報道によれば，化学コンツェルンのヘキスト・バイヤー社，フォード自動車は1993年にそれぞれ3,000人規模の人員削減を「社会調和的な（sozialverträglich）」方法で実施した。また連邦銀行およびドイツ銀行は1992年に予定していた整理解雇をはっきりと断念した。同様のことは，ドイツ鉄道，ドイツ・テレコムおよびドイツ・ポストにおける雇用調整でもいえる。

---

　　[1]　Brigitte K. Hartmann, Betriebliche Personalpolitik durch Aufhebungsverträge, 1999
　　また，ドイツの希望退職の実例を紹介する文献として，徳永重良編・77頁〔徳永〕，久本憲夫1989b, 野村正實『終身雇用』（岩波書店，1994年）158頁以下がある。

第9章　希望退職

最後の3社では，労働組合との協約にもとづいて実施された。新聞報道によれば，「ドイツ鉄道，9万人の削減，官吏には早期引退で，協約適用労働者には補償金で」「鉄道，5,000人従業員に補償金を提案」「ドイツ・テレコム，整理解雇を断念」「ポスト，1995年まで解雇なし」と記載されている。

　このように経営上の必要性にもとづく雇用調整，人員削減を整理解雇によらずに合意解約という方法で行われていることは，75の企業およびコンツェルンを調査したファルケおよびヘラント（Josef Falke/Armin Höland）（マックスプランク研究所所属）の研究によっても指摘されている。このようにみると，1990年代のドイツでは人員削減を整理解雇ではなく希望退職ないし合意解約の方法で実施することは，例外的ではなく，むしろ通常のことになっている。希望退職という方法は，使用者が一方的に労働契約を解約する解雇と異なり，労働契約当事者の合意にもとづいて労働契約を解約するので，「社会調和的」な方法であるといえる。それでも，それは通常，使用者側のイニシアティブにより実施される。労働者は使用者の提案を受け入れ，職場を自発的に去り金銭によって補償される。使用者はこの方法を意識的に採用している。

　70年代半ば以後にマックスプランク研究所により調査が行われており，また，ミュンヘン社会科学研究所が従業員数50人以上の企業に関してはじめて連邦規模で事業所調査を実施し，1973年オイル・ショック以後の景気後退期における企業内の雇用調整措置につき調べた（第1章参照）。これらの代表的な調査でも，自動車産業大企業で行われた事例研究でも，希望退職は人員削減の新しい方法であることが指摘されているが，しかし，それはいまだ主に巨大企業にかぎられた現象である。それでも，増加する傾向であることは確かである。

　このように，ドイツでは希望退職による人員削減が普及してきたにもかかわらず，これに関する大量観察的な研究はまだない。そこでハルトマンの研究では，まず法的手続条件を整理し，続いて希望退職の実態調査（普及度および運用内容）を紹介・分析する。

二　希望退職の意義の高まり

　70年代にもそれは巨大企業で行われていたが，それは例外的な現象にとど

まった。オイル・ショック後の75年企業調査によれば，従業員数50人以上の事業所の4％で希望退職が実施されたにとどまる。もっとも，企業規模別にみると格差が大きく，従業員数50-200人の企業グループでは4％以下の実施率だが，2,000-5万人規模の企業では4分の1で実施されている。

マックスプランク研究所調査（1978年）によれば，調査された企業で1万2,000人が離職したが，うち4％が合意解約の方法であった。それを連邦規模に拡大して試算すると，4万4,000人が希望退職により離職したと推測される。それが大企業で実施されるときには，従業員代表は通常この措置に同意している。労働者のなかで解雇から保護される労働者，たとえば重度障害者や妊婦の離職に対してこの方法がとられることが多い。彼らは高い頻度でこれに応じている。重度障害者や中高年労働者が使用者から退職勧奨や自己都合退職を強く迫られたことが報告されている。

大量解雇の事例研究がドムボイス（Rainer Dombois）によって行われている。フォルクス・ワーゲン・コンツェルンにおいて，70年代半ばに包括的な合意解約により解雇なしに大量の人員削減が行われた。12.6万人の従業員のうち約3万人が2年間に離職（Personalabgang）したが，うち60％近くが希望退職である。さらに，10％近くが早期引退（Frühverrentungen）である。補償金額は賃金1か月分である。さらに労働協約にもとづく追加支給があり，その金額は5,000-1万マルク（2,500-5,000ユーロ＝30-60万円）の間である。希望退職は形のうえでは任意だが，実際にはかなりの強要（Zwang）のもとに行われた。

自動車メーカー3社に関するシュルツ・ヴィルト（Rainer Schultz-Wild）（ミュンヘン社会科学研究所所属）の研究によれば，オイル・ショック後の74-75年に大量の人員削減が行われたが，その大部分（50-75％）は希望退職による方法であった。[2] 従業員代表の対応の力点は補償金額引き上げにおかれた。使用者側からみれば成果があったと，シュルツ・ヴィルトは分析している。

以上の調査結果は1970年代のものであり，90年代にそのまま通用するか否か

---

2) フォルクス・ワーゲン社では，1974-75年の人員削減にあたり希望退職という方法は活発に利用された。そのさいには，男性62歳以上，女性59歳以上という年齢層限定の募集が行われた。徳永重良編・77頁〔徳永〕。

疑わしい。90年代では雇用悪化のなかでこの方法は日常化している。また，使用者が希望退職を選択するか否かでは，とくに1985年の就業促進法（Beschäftigungsförderungsgesetz）改正により，解雇にあたり補償計画策定義務が拡大されたという条件の変化が大きい。離職状況およびその理由は，企業の人員削減や転職可能性の状況に左右されるが，比較的最近（2005年および07年）の希望退職（合意解約）の重要度を示すデータによれば，希望退職は離職理由の1割弱を占める。

## 三　本調査の基礎データ

前述の先行研究調査は個別企業の詳しい手続き等を明らかにしていない。その不足を補うために，ハルトマンはこの調査を行う。調査は1991-92年に旧西ドイツ地域の16の事業所で行われた。官庁は含まれていない。小規模企業は含まれず，いずれも解雇制限法が適用されている。いずれも人員削減が実施された企業である。したがって，平常時における人員削減の実施時における合意解約の様子を知ることができる。16企業で各社の人事部責任者および従業員代表の双方に対してインタビューを行った。取材では，担当者の説明はそれを裏付ける公式の書類を交付してもらうようにした。取材では，合意解約が実施される前後の状況，合意解約が選択された理由，それに応じた労働者の様子などが担当者の説明により再現された。取材協力依頼は手紙で申し込んだが，協力を得られたのは申し込みの10％であった。したがって，ここでの調査結果はドイツ企業の平均像といえるか否か疑わしい。取材に応じたのは，自社における合意解約の様子を外部に知られても支障のないケースであろう。労使間で紛争を抱えている場合には応じてもらえていないであろう。それでもこのテーマに関するドイツでの調査の乏しさに鑑みて，意義はあろう。

図表9-1が示すように，各企業の状況はさまざまである。産業分野は4分の3が製造業である。他にサービス部門を含んでいるので，分野ごとの違いを知ることもできる。事業所規模は多様である。コンツェルンに属しているか否か

---

3)　藤内2012・144-145頁。

図表 9-1 調査事業所の特徴

| 事業所(整理番号) | 産業分野 | 労働者数(削減前) | コンツェルンに属するか | 人員削減の契機 | 実施回数 | 人員削減 | 人員削減の程度 比率(％) | 人員削減の程度 人数(人) | 施期間(年) | 削減後の人員の有無 | 被解雇者の再就職チャンス |
|---|---|---|---|---|---|---|---|---|---|---|---|
| 1 | 金融 | 7,600 | ○ | 合理化 | 1 | | 34 | 2,600 | 1.5 | あり | 良好 |
| 2 | 機械製造 | 450 | ○ | 受注減 | 6 | | 44 | 200 | 1.5 | 〃 | 〃 |
| 3 | 財団 | 240 | × | 合理化 | 1 | | 25 | 60 | 1 | なし | 〃 |
| 4 | 軍需 | 3,000 | × | 受注減 | 1 | | 35 | 1,050 | 1 | あり | 〃 |
| 5 | 軍需 | 1,400 | ○ | 〃 | 1 | | 36 | 500 | 2 | 〃 | 〃 |
| 6 | 旅行会社 | 1,000 | × | 合理化 | 1 | | 17 | 170 | 1 | なし | 〃 |
| 7 | 電機電子 | 1,050 | ○ | 受注減 | 3 | | 7 | 75 | 2-3 | 工場閉鎖 | 悪い |
| 8 | 機械製造 | 2,335 | ○ | 〃 | 3 | | 44 | 1,030 | 1 | 〃 | 〃 |
| 9 | 自動車メーカー | 2,000 | ○ | 合理化 | 1 | | 2.5 | 50 | 1 | あり | 良好 |
| 10 | 機械製造 | 1,300 | ○ | 受注減 | 2 | | 31 | 400 | 1 | 〃 | 〃 |
| 11 | 電機電子 | 360 | ○ | 〃 | 3 | | 58 | 210 | 3-4 | 工場閉鎖 | 悪い |
| 12 | 機械製造 | 5,000 | × | 〃 | 1 | | 20 | 1,000 | 1.5 | あり | 〃 |
| 13 | 〃 | 2,450 | × | 〃 | 1 | | 43 | 1,050 | 2 | 〃 | 良好 |
| 14 | 〃 | 2,700 | ○ | 〃 | 1 | | 10 | 270 | 2 | 〃 | 〃 |
| 15 | 〃 | 5,200 | ○ | 〃 | 1 | | 33 | 1,700 | 2 | 〃 | 悪い |
| 16 | 金融 | 3,335 | × | 合理化 | 1 | | 24 | 800 | 3 | なし | 良好 |

注：事業所整理番号は，本文では漢数字で表記されている。
出典：Hartmann, Betriebliche Personalpolitik durch Aufhebungsverträge, S. 90

も異なる。属しているときには，企業が本件のように人員削減の必要があるという窮状に陥ったときに，他社から援助を受けられる可能性がある。従業員構造も多様である。調査対象企業の従業員年齢は，平均して37-41歳である。勤続年数は約15年である。女性比率は電機電子産業で高く，70％または85％である。熟練労働者比率は多様で，電機電子産業ではそれが低く，逆に，機械製造業では高い。なかには従業員の85％が熟練労働者という企業もあった。

　人員削減の契機は多様である。製造業では注文や売上げの減少が中心である。この時期には東欧における売上げ減少が大きく影響している。ある企業で

は，東欧における売上げが30％減少した。軍需産業では連邦政府の軍事予算削減が影響している。4社のサービス業と自動車メーカーでは競争力低下が原因で，企業の近代化が必要となり，人員の効率的活用のために人員削減が行われた。人員削減の回数は多い企業では6波に渡っている。その自動車メーカーでは，東アジアのライバルに比べて競争力が低下したことにより，過去15年間に3回の削減を実施した。

　人員削減の人数的比率は，**図表9-1**が示すように多様である。退職者の再就職可能性は異なる。16社中11社の面接者は「良好」と答えるが，残る5社では困難を抱えている。それは当該企業の所在地の雇用状況ともかかわる。人員削減にあたっての企業内労使の協力関係には幅がある。それが削減の進め方にいかに反映するかは以下にみていく。

## 四　解約手続における従業員代表の関与

　人員削減の方法にもいくつかある。そのなかでいずれの方法がどの程度実施されるかは，労使の見解・態度ともかかわる。人員削減にあたり従業員代表が関与することがドイツの特色である。従業員代表の態度・姿勢の多様性とその傾向は，すでにコトホフ（Hermann Kotthoff）の研究で紹介されている[4]。

　調査した16社のすべてで，利益調整および補償計画が策定されている。そこでは希望退職を考えるために必要な基礎的データが示されている。希望退職で従業員代表が関与する権限は，法律上は弱い。しかし，実際には法定基準を上回る関与が行われることがある。今回調査した企業の多くでもそうであった。他方で，使用者が従業員代表の関与を敬遠している事例もあった。それでも，公式には使用者は従業員代表に最新情報を提供している。問題は，従業員代表が非公式にどの程度の関与をしているかである。関与のタイプを便宜上3つに分類してみた。

　（A）排除　5社では，退職勧奨対象者の選定を使用者が単独で行い，従業員代表の関与を排除している。使用者側では人事部と対象労働者の上司が関与

---

4）　藤内「ドイツにおける従業員代表のタイプ」岡法47巻4号（1998年）135頁以下参照。

する。従業員代表は、その情報を後になって知るか、または偶然に知るだけである。従業員代表は自分がその決定から外されていることを知っている。せいぜい個別労働者との補償金の交渉に従業員代表委員が同席するくらいである。個別交渉では、補償金が1,000-2,000マルク（500-1,000ユーロ）上がったりすることもある。それは労働者の売り込みとかかわる。

　総じて、これら5社では労使間に争いがあり、それは、利益調整が調停手続を経て成立したこと、補償計画が仲裁手続を経て成立したことから推測できる。これらの企業では人事選考指針に関する事業所協定がない。実際にも人員削減では当事者はそれを締結しなかった。その理由として、使用者側いわく、「できるだけ企業利益を考慮して人選をしたいからだ。もし従業員代表を関与させたら、彼らは社会的観点を考慮することを強調する。誰を退職させるかの人選にそれが反映する」。

　（B）通知　2社では、退職勧奨の対象者は使用者側が決めるが、本人にそれを通知する前に従業員代表にその旨を通知する。それにより使用者は、従業員代表がそれを労働者本人に知らせ、同時にこの事項で労働者がいかなる権利を有しているかを知らせることを期待している。それにより労働者の判断に従業員代表が影響を及ぼすことは可能である。しかし、人員削減が検討されている時期は企業内では雇用不安が高まっている時期でもあり、選択肢はかぎられている。

　（C）引き入れ　9社では、事態の進展に従業員代表が強く引き込まれる経験をした。ここでは人事部が人員削減措置にあたりとるべき順番を決めるのみならず、選考手続き、さらには具体的な選考指標の決定まで従業員代表と協議している。もし人事選考指標やその重要度の決定に関与し書面で合意すれば、通常はさらなる選考手続きにも参加しており、従業員代表は決定に対する責任を明確に負わされることになる。使用者側のこの要請に対し従業員代表が断れば、人事部は単独でことを進めることになる。または、別の形で関与を求められる。たとえば、退職勧奨対象者リストを人事部から提案され、それを検討するか、または、人事部担当者および上司とともに、誰を退職勧奨候補にするかの議論に従業員代表委員が応じて加わったりする。ある従業員代表議長の説明によれば、彼の経験ではこの話し合いで、彼の主張により候補者の30-35％が

入れ替えられたことがある（従業員代表議長—事業所番号十，以下同じ）。別の人事部長の説明によれば，その社では従業員代表の関与により候補者名簿の80％まで決め，残りは人事部が決めた（人事部十四）。従業員代表が対象者リストの確定への関与を断ることもある。そうなれば従業員代表には人選したことの責任は生じないが，その分だけ使用者ペースで進められる。

　いくつかの企業では，従業員代表は労働者本人との退職懇談（Aufhebungsgespräch）に同席している。ある従業員代表委員いわく，「同席することによって，従業員が人事部の説明を受けてその場で同意書に署名することを防ぐんだ。彼がそれに応じた場合の今後の状況を説明し，それを覚悟したうえで判断するようにアドバイスしている。場合によっては結論を出す前に，法律家や年金専門家と相談することを勧める。」退職懇談のなかで，その労働者がおかれているあらたな事情が判明したときには，従業員代表は退職勧奨対象からその者を外すことを主張することもある。さらに，従業員代表によっては，従業員集会（Betriebsversammlung）で48歳以上の労働者に対して，任意に解約に応じたときに彼らの再就職チャンスの小さいことなどを知らせ熟考を促す。

　面接した人事部は，人員削減手続きに従業員代表を深く組み入れる戦略上の理由をこう説明する。従業員代表の関与が措置を労働者側に受け入れやすくし，人員削減の実施をスムーズにするという。具体的な発言として，「もし従業員代表が，企業として人員削減はやむをえない状況だ，補償計画は総じて満足できるものだ，従業員代表は補償計画の目標を達成するために努力したと述べれば，それだけで労働者側が退職懇談で提案を受け入れがちになる」。（人事部十四）「従業員代表とは信頼に満ちた措置を講じるべきだ。事業所組織法が求める水準を超えて，できるだけ早い時点で従業員代表に情報提供し話し合いを進め，従業員代表の理解を得なければ」。（人事部六）

　従業員代表との協力につき，その人事部長は2つの目標に役立つという。第1に，従業員代表が手続きに参加することで措置の必要性を理解してもらい，その後必要になるかもしれない解雇や労働裁判所での手続きで反対されないようにすることである。第2に，従業員代表に情報を流すと，それは労働者に伝達され，従業員代表を経由して流された情報に関しては労働者側の反発が小さ

い。そこで使用者側が提案していることがもっともであることを従業員代表に証明してもらうため，従業員代表と協議することを勧める（人事部六）。他方で，従業員代表側もこのような人事部の意図を察している。いわく，「確かに我々が事前に話しあいをすると，従業員側の受け入れがスムーズになる。人事部の担当者が向こうから話し合いに来ると，それを期待していると感じる」。（従業員代表議長十二）

多くの人事部長は，従業員代表と対立して，予定している措置を実施することで事業所内が不満や不安で満ちることを懸念している。従業員代表側はこのような人事部の見方を，「企業内の文化」と見ている。ここでは，従業員代表から従業員集会または文書で人員削減の概要と予想される措置の内容が紹介され，補償計画ないしは人事選考指標が紹介される。

これらの企業では，労使双方は，良好な関係を維持すること，企業内の現実の困難を協力して対処することを望ましいと考えている。これがなくなるとき，通常，より大きな不利益を被るのは構造的に弱い立場にある従業員代表側である。もし使用者側が従業員代表と長期的に良好な関係を維持することを放棄すれば，従業員代表は事業所組織法を上回る使用者の協力を得ることができなくなる。両者は長期の継続的な間柄で，この良好な協力関係は双方に利益があると考えている。自分の立場を有利に進めるには相手方の協力に依存していると認識している。ある時は，どちらかといえば一方に有利な取扱いでも，他の時にはその逆があり得る。

今回調査された企業でも，前記のような構造的特徴と人員削減にあたっての従業員代表の関与の程度には，明確な相関関係がある。文献では企業規模と参加度の相関関係がよく議論されてきた。たとえばコトホフは，従業員数600人を分岐点として従業員代表の参加度に違いがあると指摘する。今回の調査でもその傾向を確認することができる。

コトホフはさらに参加度の分岐点として，従業員代表の役割認識の相違にもふれる。すなわち，従業員代表は従業員の利害を代表すべきだという認識を強く持つか否かによって，参加の程度が大きく異なると主張する。今回の調査でも同様にそれを確認できる。面接者がいうように，参加タイプにとって，それぞれの従業員代表が共同して責任を負う用意があること，使用者側との良好な

第9章　希望退職

協力関係をつくる用意があること，容易に変更することのできない当該企業の文化などが重要である。同時に従業員代表が強調するのは，交渉相手として尊重されるには，専門的知識を備えていることである。

## 五　社会調和的な措置の優先

　売上高減少のさいに，企業が取りうる選択肢は多様である。減少の程度が一時的でわずかであれば，雇用調整なしで対応できる。人員削減以外の方法は，事後に再び売上げが回復したときに容易に元の状態に回復できる。労働組合や従業員代表側からはその実施が求められ，たいていその方法が優先される。しかし，売上減の程度が大きく長期にわたるときには，人員削減に着手せざるをえない。

　人員削減にもソフトな方法からハードなものまで各種ある。一方で，ソフトな方法は自然減と欠員不補充であり，早期引退もこれに含まれる。それに比べ，整理解雇や希望退職はハードな方法であり，最後の手段になる。調査16社では事業所協定で，整理解雇はできるだけ避けるべきことが明記されている。人員削減では労働契約内外の配転や再訓練でも利益調整や補償計画が締結され，補償金が支給されることがある。これらの方法がどの程度の頻度で行われているかは不明である。人事選考では刷新的な労働時間モデルにより，企業に特有な技能を有する労働者ができるだけ残され，人員の予備が置かれ，同時に人件費削減に努める。

　人員削減に関する事業所協定のなかで，早期引退や希望退職は整理解雇より優先して位置付けられている。すなわち，労働者の削減は当該労働者との合意にもとづいて行われねばならない。これが双方にとってどの程度の意義を有するかは，事業所協定の議事録に示されている。そこでは法律的に有効か否かはともかく，人事部長は当該期間中には一方的解雇を行わない旨を表明し約束している。たとえば，「署名者は中央従業員代表に対し，1991年には事業所協定にもとづき解雇を行わないことを約束する。ただし，当該期間中に双方の合意にもとづいて解約をなすことを妨げない」。(従業員代表十四)

　(イ)　面接者の説明によれば，人員削減期には離職率が高まる。いくつかの

企業の人事部は，削減目標の30％を合意解約の方法で達成した。比較的良好な市場チャンスをもつ労働者は「船が沈む」前に時期を見計らって去り，そのために本人から合意解約を求める。企業が繰り返し従業員数を減らしているという経験から，労働者は自分のほうから辞めていくのが有利だと受け止める者がいる。転職可能性の高い地域ほどその傾向が強い。

　労働者側からの自己都合退職があれば，その分だけ人員削減数を少なくすることができる。しかし，辞めていく労働者は市場価値が高く市場チャンスの大きい労働者であり，それは企業側にとってとどまって欲しい労働者でもあることが多い。その場合には，「この労働者には辞めて欲しくない」と使用者が考える労働者に対しては，人事部が積極的にとどまることを要請し，そこでとどまるならば特別手当を支給することを合意することもある。その例として，「以下の場合には，救済基金（Härtefonds）から追加して給付を行う。人員削減措置実施期間中に転出の希望を持ちながら，あえてとどまる労働者には事業所協定にもとづき補償金が支給される」。(従業員代表十)　ここでは「補償金」は退職一時金ではない。

　調査した16社中15社では，使用者側が取り組んだ人員削減は，主に希望退職により達成された。面接者によれば，退職勧奨された労働者の80-99％がそれに応じた。残った労働者に対してのみ，整理解雇が通告された。

　希望退職に労働者が応じて署名するときには，使用者に対して追加的な請求をしないこと，または裁判所に提訴しないことが同意されている。企業としては補償金で決着をつけることになる。事業所協定または補償計画には，希望退職に応じた，または労働関係の存続を訴えないことを約束した労働者に対してのみ補償金を支給する旨の条件が定められているのが通常である。その例として，「補償金の支給はつぎのことを条件とする。すなわち，当該労働者が合意解約で，または雇用関係清算証明書（Ausgleichsquittung）で，協約上または強行法規上の請求権を除き，労働関係にもとづく，および終了を契機とするさらなる請求権を放棄し，労働関係の存続を主張しないこと」。(補償計画十二)

　調査した企業では協約上の指針が合意解約の実施にも適用されることは稀である。なかには事業所協定で合意解約する労働者に対して熟考期間（クーリングオフ）が明示的に認められているケースがある。

（ロ）早期引退（Vorruhestand）[5]は広義の合意解約の1つである。先に「退職勧奨された労働者の80-99％までが応じる」と述べるとき，そこにはこれも含まれる。しかし，その方法がすぐに当事者間で実施されることは少なく，まずは他の方法（たとえば，一旦失業して失業給付をもらう）が利用され，その後に初めて早期引退が選択される。従業員に占める中高年者の比率が比較的高く，人員削減の総数が少ない企業では，早期引退は人員削減の70％の比率を占めている（企業九）。これは別の研究者の大量観察結果とも一致する。その調査結果によれば，労働者は正式の年金支給開始年齢である65歳に到達するまでに95％が離職している。うち，63歳以前に離職した者の比率は75％を上回る。

（ハ）調査した16企業のうち1社（企業十二）のみが，人員削減にあたり希望退職を行わなかった。そこでは，年齢的にみて早期引退の対象とならない労働者に対し整理解雇が実施された。しかし，それ以外の企業では解雇は例外的であった。

以上の事実は，人員削減における希望退職の重要度を示している。ただし，統計上の合意解約には早期引退を含んでいるので，それを差し引くと，合意解約と整理解雇の比率は半々だろう。他の研究者の調査結果と照らし合わせて，今回の調査結果はドイツの一般的傾向と符合する。

それでは，なぜ使用者側は整理解雇よりも合意解約を優先させるのであろうか。つぎにそれを見ていく。

## 六　関係者の行動動機

使用者が人員削減に取りかかろうとするとき，従業員代表は，削減対象予定労働者の利益と残る労働者のそれの双方を考慮しなければならないという苦しい立場に置かれる。従業員代表としては，彼らが自発的に辞めてくれれば残る労働者にとっても好都合だという判断があり，その意味では合意解約は社会調和的な解決方法である。対象者にされた労働者にとっては，万が一の解雇に比

---

[5]　ハルトマンが調査した早期引退の実施状況につき，藤内「ドイツにおける合意解約の実情」岡法51巻1号（2002年）103-105頁参照。

べれば，もしそれが避けがたいのであれば解雇よりは希望退職のほうがましだという判断がある。このような思惑が交錯するなかで事態は進行する。

(1) **使用者**　面接した人事部長は，大量解雇に対する現行規制が厳しいと強く非難し，整理解雇よりも合意解約によって人員削減を行うことにより法律の制約を逃れようと意図する。しかし，彼らはそのような規制があることを絶対的な悪というわけではなく，社会的市場経済体制では必要な制約であると認める。それでも現行解雇法制は使用者にとっては大きな足かせと受け止められているようである。面接者はそれをはっきりと語る。

使用者にとって希望退職は，あまりに厳しい解雇規制を逃れる裏口のようなものだという。希望退職による補償金支給は解雇のときよりも高づく。しかし，使用者にとって希望退職にはそれを上回るメリットがある。それは，社会的観点にもとづく人事選考の回避と訴訟の可能性がなくなることである。

(イ) 社会的観点による選考　退職勧奨では，使用者ペースで「事業所の必要性」にもとづいて離職対象者を選べる。もし整理解雇で，解雇による不利益の小さい者を優先的に解雇するという社会的選考を行うと若年者が解雇される傾向になり，従業員の年齢構成が「老人ホーム」のようになる。それでは人事の停滞が生じるので，使用者としては希望退職により年齢構成の若返りを図りたい。しかし，それでも従業員代表との合意解約をめぐる交渉の過程で，希望退職の対象者選考にあたり社会的観点の考慮を求められ，圧力をかけられる可能性は残る。

たとえ従業員代表と協議して合意解約の手続きを進めるとしても，なお企業の都合を考慮してもらえがちである。仕事ぶりの劣る労働者をその対象者に含めることに従業員代表側の抵抗は小さい。使用者側がこのように労働者の業績にこだわるのは，ドイツ産業の賃金水準は高いところ，それを維持するには業績の高い労働者に依存せざるをえないからである。補償計画の補償金支給により解雇は回避できる。補償金支給は解雇から保護されるべき労働者を離職させることを正当化する。したがって，使用者側にはそのことに後ろめたさはない。

(ロ) つぎに，解雇訴訟との関係では，解雇したときに提訴される可能性があり，もしそうなれば，法廷へ出向くことを含め，かなりの手間と費用を割か

れる。確かに希望退職でも労働者と数回に及ぶ話し合いが必要であり，手間はかかるが，それでも解雇訴訟に比べればまだ少ない。

　加えて，使用者側にとって，労働裁判所の法律解釈は労働者寄りすぎだと映っている。整理解雇であれば，人選にあたり必ず社会的観点を考慮することが求められる。その選考指標の重要度は使用者にとって予想しがたい。このことも使用者が労働裁判を避けたい理由である。

　人事部長（企業二）が語るには，「私の企業で行った200人に及ぶ合意解約のうち，20-50人分は整理解雇ならば許されない労働者だ」。その企業の従業員代表議長の見方では，合意解約した200人中80-100人は解雇できない労働者である。

　このように整理解雇では人選等が厳しいのに比べれば，合意解約では使用者側の希望をかなり貫徹できる。労働者が解雇で争う用意がないようであれば，使用者としては合意解約で取り扱いたい。そのほうが企業としての世間体もいい。労働者にとっても解雇訴訟を起こすことは決断のいることである。合意解約は使用者にとってトラブルの少ない方法である。しかし，それは必ずしも全面的には社会調和的ではない。いわく，「希望退職を進めるのも生やさしくない。労働者に対して退職を勧奨し，これを断れば君は解雇されるというわけだから。労働者はそれを受け入れるにしても心地よくはないだろう」。（人事部二）

　合意解約に至らずに，残った労働者を整理解雇するときには，その労働者が提訴することを使用者は覚悟しなければならない。その裁判で使用者が敗訴すれば，意図は達成できなくなり，費用は高づき，従業員の若返りをはかれない。

　面接した人事部長および所長（Geschäftsführer）はいずれもこういう。

「通常，退職勧奨に応じなかった労働者は解雇される。解雇するときは，確かに労働者が提訴して争うことを覚悟せねばならない。」「提訴されればどういう判決が出されるであろうかを事前によく考えないような人事部は失格だ」。

　退職勧奨の交渉が難航したときには，使用者側は結局は解雇保護規定を無視することはできないので，それは退職勧奨交渉でも部分的には考慮される。そのことは面接した人事担当者も述べ，合意解約交渉（退職勧奨）でも万が一，社会的選考を行わざるをえないときの選考指標を考慮している。その意味で，

解雇制限法と判例の判断基準は現実の労使関係に影響を及ぼしている。その結果，解雇制限法で保護される程度の強い労働者ほど，その分だけ，合意解約交渉でも強い立場にある。

　（ハ）使用者にとって，社会的選考を少しでも避けたいという思惑のほかに，人員削減方法の選択にあたり，企業イメージの考慮も働く。それは残る労働者の職場の雰囲気に影響し，また，新規採用の募集にも影響を及ぼす。解雇に比べれば，合意解約による削減のほうがダメージが小さいことは明白である。それが大きな新聞記事見出しにでもなれば世間の話題になる。面接者はそう語る。

　同じ解雇でも，解雇するに到った時期や産業分野により，その影響の程度も異なる。使用者がその解雇を外部事情のせいにできるときには，使用者の措置に対する非難も小さく，労働者に対しても説明しやすい。たとえば，東欧市場の崩壊，軍事予算の削減，所属するコンツェルン・トップが上層で決定し，現場ではいかんとも対処できないときである。そのような外部的な事情に由来する人員削減によるイメージダウンは小さい。それが企業内部の事情や，経営判断ミスによるときには，逆にダメージは大きい。とくに，顧客を相手とするサービス業では，この点で大いに気を遣う。企業イメージダウンが将来的な売上げ・業績悪化に大いに影響を及ぼすからである。解雇によって経営状態が悪いとの印象を与えると，さらなる売上げ低下を招き悪循環に陥る可能性がある。それゆえに，サービス業での人員削減はリスクをともない，慎重に行われる。

　このような人事部の理解に対して，1社だけ例外がある。それは合意解約の努力を行うことなく整理解雇を実施した企業である。その企業では，果たして合意解約のほうがメリットがあるか否かの評価に迷った。すなわち，整理解雇を避けるべきとの判断に直ちにはいたらなかった。そこでは，最近4年以内に採用された，均質的な利害状態にある従業員グループ600人のうちから，職業資格，業績，仕事の熱心さ（Arbeitsmotivation）などの経営上の関心から167人が解雇対象者として選ばれた。使用者は提訴されることを何らおそれなかった。イメージダウンも企業内の雰囲気を悪くすることも心配しなかった。

　さらには，従業員代表十二では，その企業は当地では高い水準の福利厚生

サービスを提供する魅力的な存在であり，労働者は自発的に退職しようとはしなかった。そこで従業員代表は予めセミナーを受講し社会的選考の考え方を学び，人事部との交渉に臨んだ。そこで利益調整および補償計画を策定した。企業十二では解雇比率は高いが，従業員代表議長は一連の交渉をふり返って，肯定的に評価している。いわく，「この企業では法律の考えにしたがって処理された。従業員代表として解雇は困難な課題だが，それでも受け入れざるをえない」。

(2) **従業員代表**　従業員代表は人員削減にあたり，相反する役割を担う。一方で，削減対象者となる労働者の利益を守り，削減される人数をできるだけ減らそうとし，選考にあたっては社会調和的な人選を行いたい。離職する労働者に対する補償金の上乗せにも努める。他方で，削減後に残る労働者の利益のためには企業の採算が回復するように努めたいし，また，企業採算性の改善および残る職場の確保のためにも人員を削減することそれ自体は必要であるという使用者の主張を認めざるをえない。そこで従業員代表は「より小さな悪」を選択するしかない。集団的な観点からみて，人員削減は，それを行わないときに生じるかもしれないより深刻で重大な事態に比べれば犠牲は小さい。したがって，人員削減を一般的に拒否するという選択をしない限り，従業員代表にできるのは，辞めていく労働者にできるだけ社会調和的な方法を探ることである。限られた選択肢のなかで，従業員代表は整理解雇よりも「銀メッキの解雇 (versilberten Entlassungen)」といわれる合意解約を優先させる。実施方法では使用者がそれを行うことを支持するという形である。

多くの従業員代表との面接で，普及している希望退職の実情およびその根底にある考えを彼らは支持する。彼らにとっても企業の繁栄は関心事であり，人員削減にあたり使用者側と同様に企業イメージを大切にし効率性を考慮する。

従業員代表議長十五いわく，「判例が求める選考手続は面倒くさい。幸いに我々は解雇と社会的選考から免れることができているが」。

関係者は企業イメージを大切にする。解雇を行いそれがマスコミで取り上げられることに神経を使う。「私の企業では人員削減は痛みなしに無血で行われた。おかげで街に出ても後ろめたさなく胸を張って歩ける」。(従業員代表議長十五)

別の従業員代表議長十は，たとえ不当な解雇でも職場に戻れるチャンスが少ないという判例の動向を指摘する。ファルケら（マックスプランク研究所）の調査によれば，1978年には解雇のうちわずか8％のケースで提訴され，労働裁判所における手続きの後に提訴した労働者の10％弱が元の職場に戻っているだけである。ディークマン（Jörn Diekmann）の研究でも同様である。その結果，労働者は補償計画が成立すると職場に残ることを諦める傾向がある。そこでは，雇用確保ではなく，お金で解決される。さらに加えて，結局，使用者の退職勧奨に応じるか否か，その補償金で了解するか否かを決めるのは労働者本人である。人員削減は労働者本人の「任意」の同意のもとに進められ，労働者はそれに応じることと引き替えに解雇を争う権利を放棄する。このような方法は従業員代表にとって気が楽である。もし労働者が応じなくて使用者が解雇するときには，従業員代表はその解雇提案に同意するか否かを判断しなければならないところ，労働者が合意解約に応じれば，解雇に同意するか否かという，従業員代表にとっても気苦労なことを経験しなくて済むからである。いわく，「双方が事業所協定にもとづいて提案された金額で折り合ってくれれば，私はその希望退職を最も合理的なものと考える」。（従業員代表議長十四）

それでも人員削減手続きに従業員代表が関与することによって，人選基準にも一定，社会的選考の観点が考慮されるのは事実であり，従業員が退職勧奨に応じるか否かの判断にあたり軽率な判断をしないように注意を促しているのも事実である。従業員代表が関与していない場合には，人選にあたり企業の事情がより強く考慮されがちである。

(3) **労働者**　企業内で人員削減の話が出回ると，従業員のなかに将来への不安と動揺が広がる。職場の雰囲気はとげとげしいものになる。ある者は上司に見放されまいと，企業への忠誠的姿勢を示そうとしてへつらうようになる。いずれにせよ労働者はライバル意識を刺激される。

そして，誰が退職勧奨対象者に含まれているかが明らかになると，それに該当する者とそうでない者との間で亀裂が生じる。労務担当取締役の話によれば，そのとき，必ず誰か労働者が文句をいいにきて，「自分はこれまで企業のために熱心に働いてきたのに，なぜその対象者になるのか」と食ってかかるという。なかには意気消沈してしまう者もいる。たとえば，15歳から長年この企

業でのみ働いてきて，他の企業で働いた経験がなく，他社で働くことを考えたことのない労働者で，しかも彼の技能・経験に照らして他社で採用される見込みが乏しいような場合である。

このハルトマン調査では，直接に退職勧奨対象者となった労働者から取材することはできなかった。それでも人事部担当者および従業員代表への取材から，労働者のおおよその反応を窺い知ることができる。まず，たいていの労働者は合意解約への署名によって少なくとも形式的には退職に同意している。その場合に，いくつかの反応のタイプがある。第1に，状況に対して諦める者，第2に，置かれた状況を判断して「より小さな悪」を選ぶ者，第3に，補償金を受け取るか，それとも引き続いて働くかという選択肢の中で，自分にとってより魅力的なほうを選ぶ者，たいていは補償金を選ぶ。

（A）断念　第1のタイプで，対象者となった労働者にとって状況が克服困難であると判明すると，次第に諦めの心境になる。そして，ついには本人が，「実は最近，私の体調も思わしくないんだ」と自分から退職する口実をいうようになる。その過程で人事部は，本人との面接で，退職勧奨対象者の名前を明らかにし，本人のメンツを傷つけないように配慮し，ただ，彼が従事してきた職務が今後不要になることを説明する（労務担当取締役四）。

また，別の人事部長（人事部十一）は，対象者との面接で，彼が対象者になった本当の理由（例，彼が他の職務をこなすだけの柔軟性に欠けること，高齢のために作業能率が低下していることなど）は述べない。むしろ，企業として人員削減をしなければならない必要性を一般的に詳しく述べる。

（B）第2のタイプのケースで，もし対象労働者が人事部の説明にもかかわらず退職勧奨に応じないときには，つぎに人事部はその者に圧力をかける。その方法は解雇の脅しである。すなわち，「今ここで退職に応じなくても，君はいずれ解雇される。正式に解雇されるときには補償金をもらえないぞ」という。それが最も効果を発揮するのは解雇保護の適用がない労働者に対してである。また，仕事ぶりや勤務態度に難点がある労働者に対しても効果がある。彼らに対しては面接のときに，その弱点を指摘することもある。

要するに，これは「飴とむち」の政策である。補償計画にもとづく補償金の金額と合意解約によるそれとの間に格差をもうけ，その金銭的な魅力によって

退職へ誘導する。たとえば，こうである。「退職勧奨に応じて退職すれば2万マルク（1万ユーロ）まで出そう。それも今すぐならば2.5万マルク（1.25万ユーロ）出してもいい」。こうして，労働者はどうせのことならと考えて，より小さな不利益を受け入れる者が出る。

　もし，対象者が任意に退職に応じようとしないときには，嫌がらせが行われることもあると何人かの従業員代表は語る。たとえば，頻繁に配転する，不公正な業績評価を行う等の方法である。このような針の筵に座らせる方法で労働者をいたたまれなくする（従業員代表九）。他の従業員代表の説明によれば，それにより場合によっては補償計画による補償金の金額よりも低い金額で労働者が退職に応じることもあるという。

　(C) 第3のタイプは，諦めもせず，使用者の嫌がらせや解雇の脅しに屈するわけではなく，それでも補償金の魅力に惹かれて応じるメンバーである。それには2つのケースがあり，転職チャンスが高いメンバー，つぎに，解雇保護が厚く使用者が容易に解雇できないメンバー（重度障害者や中高年者）である。前者にとって企業から補償金をもらって，人員削減しなければならないような企業を去り，さっさと再就職するのは願ってもないことである。通常ではもらえないような補償金額をもらえる。後者を解雇しようとすれば相当な理由が必要である。

　調査した企業では，すでに合意解約に署名した労働者は労働関係終了まで賃金を支給されつつ，その退職前の時点で労働義務を免除されているのが通常であった。この労働義務免除は退職者によって企業内平和と人員削減実施が妨げられないようにするための予防的措置である。なぜならば，彼らの転職先が容易に見つからず，退職に合意したことを悔やんでいるようなときに，それが職場で伝わることは退職勧奨を進める人事部にとって不都合である。また，近々退職することになっている労働者が出勤してきても労働意欲がすでに低下しており，同僚にとって迷惑な存在である。

## 七　補償金額

　労働者が合意解約に応じるか否かの判断にあたり，補償金額の多寡は重要な

要素である。以下，それに関する調査結果を紹介するが，残念ながら調査企業16社のうち12社で金額を教えてもらえたにとどまる。残る4社ではそれに関する情報をもらえなかった。

補償計画に補償金が定められる趣旨は，通説によれば雇用喪失に対する補償である。喪失が整理解雇によるか，それとも合意解約によるかを問わない。ただし，補償計画による補償金の定めとは別に使用者が追加支給をすることは使用者の自由である。

金額の基準は，まず，裁判による労働関係終了のときには賃金12か月分までとされ，中高年労働者に対しては勤続年数により18か月分までとされている（解雇制限法10条）。裁判外の手続きによる労働関係終了のときは，補償金支払いは不可欠ではない。連邦労働裁判所判決（1982年11月25日）によれば，補償金は裁判外のときには勤続年数1年につき額面賃金0.5か月分が適切であると判断されている。

調査した12社では，補償金額は額面賃金および勤続年数にもとづいて補償計画で定められている。同時に，通常は年齢も考慮されている。さらに，扶養義務ある労働者や重度障害者には手当が加算されることがある。収入および勤続年数を重要な基準にするということは，過去の実績に目を向けた指標であり，給付は雇用喪失に対する補償という位置付けにもとづいており，失業することの社会的費用を調整するという機能は乏しい。

補償計画給付を年齢，扶養義務または障害の有無によってランク分けし区別することは，雇用喪失をあらかじめ労働者のために設定するという金銭的社会的意義をもつ。年齢が高まるとともに，一方で再就職の可能性は低くなるところ，他方では家族扶養義務を負うことが多い。その分だけ雇用による収入に依存する程度も高い。このような指標は現実の必要性にもとづいている。

**図表9-2**は調査で明らかになった12社の補償金算定方式である。

算定基礎額は現在では平均した額面賃金となっている。その場合，算定対象となる「平均」の期間は，過去3か月および2年間の間である。たいていの企業では，年次有給休暇手当，クリスマス手当および財産形成給付は退職する年度の分は全額支給されているが，一部の企業では労働者が当該年度で在職した期間に比例する部分のみ支給されている。

第Ⅱ部　各　論

### 図表9-2　補償計画または事業所協定にもとづく補償金支給

| 事業所番号 | 補償金算定方式 | 追加手当 |
|---|---|---|
| 2 | $\left[\dfrac{年齢}{20} + \dfrac{勤続年数}{4}\right] \times 賃金 \times 係数$<br>係数：0.7＝40歳以下　1.0＝51歳以上<br>　　　0.8＝41－50歳 | ・重度障害の1％ごとに70マルク<br>・失業したときには＋150マルク<br>・たとえば、労働者が重度障害のある子どもをもつときには救済基金から追加支給 |
| 3 | 賃金 × 勤続年数 × 係数<br>係数：1 ＝勤続年数1年のとき<br>　　　0.75＝　〃　　2－3年のとき<br>　　　0.40＝　〃　　4年以上のとき | なし |
| 5 | $\dfrac{賃金 \times 勤続年数 \times 年齢}{105} \times 0.8$ | ・重度障害の1％ごとに一定金額 |
| 6 | 賃金 × 勤続年数 | ・重度障害者に対して、賃金 × 勤続年数 × 0.5 マルクを追加 |
| 7<br>‖<br>11 | (0.66 × 賃金 × 勤続年数) ＋係数①＋係数②<br>係数①：賃金 ×0.5 ＝30歳未満<br>　　　　〃　 ×1.0 ＝30－40歳<br>　　　　〃　 ×1.5 ＝41－45歳<br>　　　　〃　 ×2.0 ＝46－50歳<br>　　　　〃　 ×2.5 ＝51歳以上<br>係数②：＋2,500 マルク ＝24歳以下<br>　　　　＋3,500 マルク ＝25－35歳<br>　　　　＋3,600 マルク ＝36歳<br>　　　　＋3,700 マルク ＝37歳、それから1歳あがるごとに＋100マルク | ・重度障害者に対して、＋7,000マルク<br><br>（左から続く）<br>＋4,900 マルク ＝49歳<br>＋5,000 マルク ＝50－51歳<br>＋6,000 マルク ＝52歳以上<br>なお、賃金は最高で5,170マルク、最低で2,500マルクとする。 |
| 8 | $\dfrac{賃金 \times 勤続年数 \times 年齢}{90}$ | なし |
| 10 | $\left[\dfrac{(年齢-18) \times 勤続年数}{60}\right] \times 賃金 ＋ 賃金 ×0.5$<br>ただし、（　）は、50歳未満の者では、20を上回らないこととし、50歳以上の者では17を下回らないこと。 | ・配偶者が働いていないときには、＋3,000マルク<br>・扶養義務がある子ども1人につき、＋1,500マルク<br>・本人が職業訓練生であるときには、＋2,500マルク<br>・退職後3か月たってなお失業中であるときには12か月間を限度として、救済基金から、退職時の実質賃金の90％に達するまで失業手当に上乗せ支給する。 |
| 12 | $\dfrac{賃金 \times 0.5}{12} \times 勤続月数$<br>ただし、賃金の最低は3,200マルクとする。<br>勤続月数の上限は60とする。<br>合計で2,500マルクを下回らないこと。 | ・配偶者が働いていないときには、＋1,000マルク<br>・扶養義務がある子ども1人につき、＋1,000マルク<br>・40歳以上の者に対しては、＋1,000マルク<br>・重度障害者に対しては、＋賃金1か月分 |
| 13 | 賃金 × 勤続年数 ×0.5<br>ただし、合計は80,000マルクを上回らないこと。 | ・重度障害者または解雇できない者に対して＋賃金3か月分<br>・55歳未満の者に対しては9か月分、55歳以上の者に対しては15か月分の失業保険および老齢年金の掛け金支給 |
| 14 | 賃金 × 勤続年数 ×0.5× 係数<br>係数：1.0＝39歳以下<br>　　　1.2＝40－44歳<br>　　　1.4＝45－49歳<br>　　　1.6＝50－54歳<br>　　　2.0＝55－57歳 | なし |
| 16 | 賃金 × 勤続年数 × 係数<br>係数は年齢によりランク分けされる。<br>しかし、具体的数字を教えてもらえない。 | ・配偶者または子どもがいれば、＋2,000マルク<br>・勤続年数10年以上の者で、配偶者または子どもがいれば、＋3,000マルク |

注：賃金とは月額賃金を指す。
出典：図表9-1と同じ。S. 130-131

図表9-2によれば，いかなる要素をどの程度重視しているかが企業（正確には事業所）により異なるのがわかる。企業五および八では，賃金，勤続年数および年齢が重視されている。2社でも加算される手当の算定方法は企業により異なる。企業二，七および十四では年齢が重視され，それは段階ごとに考慮されている。企業三，六および十三では年齢は考慮されていない。企業十二では年齢は手当の項で40歳を超える場合に限り考慮されている。いくつかの企業では支給金額の上限および下限を定めている。企業十三でのみ，判例の考えに忠実に，賃金と勤続年数に従って算定している。

補償金に比べると，追加して支給される手当のほうは企業によりもっと多様である。まず企業三，八および十四では，追加手当は何ら支給されない。重度障害者を例にとって手当額を見ると，企業六では最も多額に支給される。たとえば，労働者Aが重度障害者であるとすると，彼は賃金約2か月分の9,000マルク（4,500ユーロ）を支給される。労働者Bならば賃金8か月分の3万マルクである。Cならば13か月分の5万マルクに達する。それに比べ，企業七および十一では重度障害者に対しては一括して7,000マルク支給される。これは企業六の最低水準に相当するであろう。企業二では，障害の程度によってランク分けされ，各％ごとに70マルク支給され，したがって，100％であれば7,000マルクになる。このように重度障害者の退職・解雇でも追加手当額は企業により異なる。

それ以外の追加手当はさまざまである。企業十，十二および十六では，扶養義務のある子どもないしは無職の配偶者がいるときに支給され，企業十では労働者が離職後3か月たってなお失業中であれば，離職時の賃金の90％に達するまで失業手当に追加して支給される。企業十三では，失業保険および老齢年金保険の使用者側掛け金相当分が支給される。人事部の説明によれば，それは賃金4,000マルクの労働者で2万マルクの追加支給に達する。

補償計画における金額と実際に支給される金額は異なっていて，実際にはさまざまな名目で追加して支給されているようである。この点に関し，面接に応じた者に質問しても正確な金額を教えてもらうことはできなかった。ある例では，補償計画に定められている勤続年数や年齢を上乗せして加算している。この点に関し，ドイツで調査はない。

第Ⅱ部　各　論

　この点で，ヘマー（Edmund Hemmer）の研究[6]は調査した163の補償計画につき具体的な補償金額を挙げている点で有益である。それにより80年代前半のドイツにおける補償計画でどれだけの資金が支出されたかという実態を知ることができる。それによれば産業分野ごとの違いも大きく，繊維産業では3分の2の労働者が支給された補償金は5,000マルクを下回るのに対し，2万マルクを上回る労働者はいなかった。これに対し，化学産業では労働者の4分の1は4万マルク以上であり，わずかに10％の労働者が5,000マルク以下にとどまっている。金属産業における補償金の水準はこの2つの産業の中間である。

　本調査で人事担当者が語るところによれば，労働者が自発的に退職したときには企業二では補償計画が定める金額に10％ほど上乗せし，企業十一では解雇よりも6,000マルクの範囲内で上乗せされている。

## 八　調査結果分析

　以上の検討から明らかなように，70年代と異なり，90年代では希望退職は人員削減の例外的方法ではなくポピュラーな方法である。調査した16企業は，規模や産業分野にかかわらず，この方法はあまねく実施されていることがわかる。

　使用者が人員削減の方法として解雇ではなく，この方法を採用するか否かを判断するときには，誰を離職させるかの選択基準で解雇に比べてどの程度自由にできるか，解雇のときの補償計画の補償金に比べてどの程度高くなり，企業がその負担に耐えられるか否か，が考慮される。

　前者の人選に関して，企業十二では，予定していた削減が大量解雇によって達成できたので合意解約は行われなかった。さらに，面接者の何人かが語るところによれば，以前は従業員の年齢構成が，解雇にともなう社会的選考を回避しようと考える必要性がないほどに「健全」であった（企業二，十一）。また，企業規模が小さいなどの理由により解雇制限法が適用されない，また仮に解雇

---

[6]　その内容は，深山明1995・第6章で紹介されている。補償計画のほかの事例につき，藤内2012・138-140頁。

をしても補償計画策定が義務付けられずに社会的選考を考慮しなくてもすむ企業では，人員削減の方法で整理解雇か希望退職かと悩むことなく解雇が行われる。

さらに，70年以後の法律改正等の動きが加わる。以前は補償計画を策定する義務付けは90年代よりも少なく，かつ，補償金はもっと低額であった。すなわち，80年代の法律（雇用促進法，事業所組織法）改正により，使用者にとって希望退職の方法によることの金銭的メリットは乏しくなった。それでもなお，解雇を行ったときの企業の評判や企業内の雰囲気の変化を考えれば，希望退職のほうが使用者にとって望ましいようである。

労働者が再就職可能性が比較的高く，補償金がかなり高く，そして従業員代表がその措置を支え，またはたとえ企業に残ってもその企業に将来性が乏しく，場合によってはさらなる人員削減が待ち受けているときには，使用者による希望退職の提案は，労働者から肯定的に受け止められる。実際の事案ではこれらの事情がすべてそろうことはなく，そのうちのいずれかに関連する。従業員代表の関与がなかった５つの企業でも事情はさほど変わらず，同様に労働者から提案が受け入れられている。その原因として，使用者の説得が上手だったのか，脅しか，それとも金銭的魅力によるかはさまざまである。

影響を及ぼす要素の１つである補償金額についてみると，やはりさまざまに異なって考慮される。労働者にとっては通常，絶対額が重要ではなく，むしろ解雇された場合に補償計画にもとづいて支給される補償金との差額が問題である。なぜならば，労働者は同じ条件にある他社の補償金額に関する情報をもち合わせていないからである。それは一部の人事部担当者および従業員代表に関してもいえる。したがって，労働者が希望退職提案を受け入れるか否かにとって，そのときの補償金額はさほど重要ではない。

調査企業のなかで企業二および六は例外的な極端なケースである。企業二では人事部の説明によれば，補償計画が低い水準の補償金だった。その理由は，その企業が属するコンツェルンが80年代半ばに経営難に陥っていたためである。その結果，人員削減措置では補償計画にもとづく低額の補償金だけで済ませた。そして合意解約協定では上乗せすることができた（人事部二）。それに対し，企業六では補償計画では企業の良好なイメージのゆえに比較的高額の補償

金額になった。それをベースに合意解約交渉が個別に行われた。このように2社では補償金額に違いがあるが，しかし，それは人員削減の展開とは関係ない。両社とも多数の希望退職を取り付けた。

このように補償金の絶対額も解雇時と希望退職時の補償金額の差額もケース・バイ・ケースでさまざまである。そこでは，一方で，その労働者に解雇保護が及び使用者に対して強い姿勢で交渉できる立場にあるかなどの客観的事情，そして他方で，交渉にあたっての本人の技術，知識およびトラブルへの覚悟などの主観的な事情が相互にからまる。ある企業のなかで誰にどれだけの上乗せが行われたかに関するデータは調査ではハルトマンに提供してもらえず，詳しい実情はわからない。

ここでは個々人の任意の決断が問題となる。解雇とは異なり，選考指標や補償金額は，その合意の効力にとって関係ない。確かにその労働者に特別な解雇保護が適用されるときは，使用者は合意解約交渉にあたり，それを念頭にはおいているだろうが，それがどの程度作用しているかは判然としない。このように合意解約交渉は個別に行われるので，その評価・検討は難しい。

## 九　小　括

ハルトマンの研究はドイツにおける希望退職（合意解約）の実情を調査した初めての研究であり，ドイツにおける実情を平均像とはいかないまでもおおよその姿をうかがうことができる報告および分析である。以下に，本章で紹介したことをいくつかの点で整理する。

（1）ドイツにおける希望退職の特徴点として，ドイツでも人員削減の方法として合意解約が代表的な方法であること，その手続きで従業員代表が側面的に関与し希望退職の多くの事案で従業員代表が同意していること[7]，従業員代表がしばしば労働者に対して退職勧奨に応じるよう説得していること，労働者が退職勧奨に応じて退職するときには補償金が支給され，通常それは整理解雇され

---

[7] 希望退職において従業員代表が関与し同意している状況は1970年代でも同様であった。エルンスト・180頁参照。

た場合の補償金額よりも高いこと，わずかながらも産業によっては労働協約で合意解約手続きを規制し，使用者がそれを労働者に提案した後に労働者に熟考する期間を与えたり，一旦労働者が合意解約に同意しても事後に一定期間内であれば取り消すことができる定め（クーリングオフ）をおいている事例があることなどを指摘できる。従業員代表が希望退職に同意することは，一方でそれを正統化し労働者がそれに応じることを促進する役割を果たすが，他方で退職する労働者に有利な条件を引き出し，「より小さな悪」にとどまるように作用する。

　日本では合意解約のなかで希望退職のほうが頻繁に実施される印象があるが，ドイツではこの点，必ずしも明らかではない。本章で登場するのは主に退職勧奨である。

　(2)　これを日本における合意解約手続きと比較すれば，共通点として，人員削減にあたり希望退職が代表的な方法であること，使用者としては若い労働者を企業に残したいと考えていること，使用者が労働者に対して退職勧奨を行うとき，形の上では労働者が「同意」しても，その任意性に疑問をもたれるような事態がしばしばあることを指摘できる。

　なお，離職者対象に使用者側は中高年労働者を挙げがちであるのは日独で共通するが，その理由には日独で共通する事情と異なる事情がある。使用者がその理由として労働者の年齢構成や賃金水準に比較した労働能力のアンバランスを挙げる点は共通する。ただし，賃金水準と労働能力のアンバランスは，職務給を基本とするドイツではわずかな程度であると推測される。それでも，そのことがわざわざ指摘されるのは私には意外である。

　(3)　それに対し，日独で異なる点としては，ドイツでは事業所組織法が存在するもとで使用者が希望退職をするには一定の場合に従業員代表による規制をうけること，希望退職の多くが従業員代表の同意のもとに行われていること，また人員削減にともない一定の場合に補償計画策定を義務付けられ，離職者に対して金銭による補償が必ず行われること，退職勧奨手続として，一部の労働協約で熟考期間や取消権の定めをおいていることなどを指摘できる。

　(4)　この研究を読んで私にとって意外であったのは，合意解約にあたっての従業員代表の対応姿勢である。経営難で人員削減が必至であるという状況のも

とでは，従業員代表は退職する労働者の利害と同時に，その後に企業に残る労働者の利益も考慮することが求められるなかで，私からみれば，退職勧奨対象者に対してかなり酷な働きかけを行っている。この点では，労働組合役員は，このようなときに従業員代表に労働者全体の利益を擁護することを期待することはできない旨を語っているが，現状はそのようである。

# 第10章　整理解雇[1]

## 一　はじめに

　雇用調整のなかで最もハードな方法として整理解雇（betriebsbedingte Kündigung　経営上の理由による解雇，会社都合解雇）がある。ドイツでは解雇に対する法的規制は解雇制限法と事業所組織法（Betriebsverfassungsgesetz　経営組織法の訳もある）[2]が交錯する。解雇制限法による規制のなかにも一部で行政機関による規制がある。本章の記述のなかで，二―四は解雇制限法にもとづく解雇事由の規制であるのに対し，五は事業所組織法にもとづく規制である。

　また，整理解雇に対する司法審査は日本とは異なる取扱いである。本論に立ち入る前に，この点を説明する。そのうえで整理解雇の要件の概要を述べる。

　(1)　**企業主決定と使用者決定の区別**[3]　　同一人物が行った決定であっても，企業主決定（Unternehmerentscheidung　企業決定，事業主決定の訳もある）は企業運営に責任を負う立場の決定であるのに対し，使用者としての決定は労働者と

---

1) Kittner u. a., KSchR(Michael Kittner/Olaf Deinert)；Bader/Etzel/Fischermeier/Friedrich/Lipke/Pfeiffer/Rost/Spilger/Vogt/Weigand/Wolff, Gemeinschaftskommentar zum Kündigungsschutzgesetz und zu sonstigen kündigungsschutzrechtlichen Vorschriften, 7. Aufl., 2004(Gerhard Etzel)；Kittner/Trittin, Kündigungsschutzrecht, 1993, S. 409 ff.；Däubler 1998；Manfred Löwisch, Arbeitsrecht, 6. Aufl., 2002；Kittner/Zwanziger 2007 (Martin Becker)；Christian Schoof, Rechtsprechung zum Arbeitsrecht von A bis Z, 5. Aufl., 2006；Wolfgang Hamer, Personalabbau/Betriebsbedingte Kündigung, 2005；Kittner 2010；今野順夫「西ドイツにおける経済的事由に基づく解雇の法理」季労113号（1979年）118-124頁，ヴォルフガング・ドイブラー（西谷敏訳）「ドイツ解雇制限法の現状」季労193号（2000年）189-201頁，根本到「ドイツにおける整理解雇法理の判断枠組」季労196号（2001年）82-95頁，高橋賢司著。
2) 法律条文全訳は，会報4号（2003年）65-114頁（藤内訳）参照。
3) 今野順夫「整理解雇と司法審査」外尾健一＝広中俊雄＝樋口陽一編『人権と司法』（勁草書房，1984年）82頁，87頁。

の労働関係の当事者としての立場からの決定であり労働法の適用を受ける。ドイツでは企業主決定に対して司法審査は抑制的であり，判例は，整理解雇のもとになった企業主決定が経済的技術的および組織的にみて必要性ないし合目的性（Zweckmäßigkeit）があったか否かにつき，原則として司法審査の対象にならず，それは不可侵であるとする。学説も概ねそれを支持する。司法審査が抑制的である根拠は，企業主のみが経営上の危険を負担していて国家は負っていないこと，事案によっては専門的な判断が必要であり専門家の援助を得られない労働裁判所にとって審査は負担が大きすぎること，企業の基本権に照らして審査することは疑問であることが挙げられる。

ただし，このような司法審査の自己抑制的な現状に対しては，キットナーなどから批判もある[4]。それでも，キットナーも立ち入った審査をすることが裁判官にとって大きな負担となることは認め，根本的には労使共同決定の強化によるべきであるとみる。

これに対し，企業主決定にもとづき実施される解雇は使用者決定であり，司法審査の対象となる。ここで，主張・立証にあたり，使用者側は組織決定が解雇決定にいたる関連性が強いほど，労働者に対する雇用の必要がなくなる理由を事実にもとづいてより詳しく示さなければならない。使用者は自らがとる措置および実施方法を示し，それに異議のある労働者は，その措置が明らかに不合理であることを示さなければならない（BAG v. 17.6.1999）[5]。

(2) **企業主決定と司法審査の範囲**[6]　このように司法審査は，企業主決定と使用者決定で大きく異なった取扱いであるが，BAG は，企業主決定に対してもつぎの3つの場合につき例外的に司法審査を認める。

第1に，企業主決定が明らかに不適切（unsachlich），不合理または恣意的である場合には，整理解雇は緊急な経営上の必要性がないとみる。ただし，使用者の説明を受けて労働者がそれを証明することが求められるので，実際にはこ

---

4) Kittner 2010, S. 919
5) NZA 1999, S. 1095, 1098 ; Kittner u. a., KSchR, S. 1537 ; Kittner/Zwanziger 2007, S. 1442
6) Däubler 1998, S. 555 ff.

の「濫用審査 (Mißbrauchskontrolle)」が功を奏することは容易ではない。なぜならば，労働者側は通常その判断に必要な情報を十分に持ち合わせていないからである。そして，利潤引き上げという目的も判例上で不合理とはみられていない。なお，使用者がその稼働・操業を労働者によってではなく請負業者によるように切り替えることを決定することは，企業主決定ではなく使用者決定であり，司法審査の対象になる。[7]

例外の第2は，企業主決定が現行法に違反する，または目的において法律違反を有する場合には許されない。

例外の第3は，解雇にあたり使用者利益と労働者利益の間の利益衡量が公正で適切なものとみられないならば，解雇は許されない。

なおドイツでは，監査役会における労働者代表制度により企業決定に労働者代表の意見が反映され[8]，また，組織変更（Betriebsänderung 事業所変更，事業変更の訳もある）により関係労働者に発生する不利益（解雇など）を補償計画で緩和・除去することとされているが，それは企業主決定に司法審査が原則として及ばないことの支障を補う意義を有する。[9]

(3) **手続きの概要**　整理解雇は概ねつぎのような要件ないし手続きによる。

(イ) 解雇回避措置

整理解雇は最後の手段であるとされ，まずその労働者を，別の職場に配置転換する，職業訓練をして継続雇用する，変更解約告知を申し入れるという形で当該企業で引き続いて雇用できるか否かの検討を使用者に求め，それが可能であるときには解雇は認められない。

(ロ) 経営上の必要性との調整

整理解雇が必要と判断されるとき，被解雇者の人選にあたり後述の社会的選考の基準で行うと，整理解雇を実施しなければならないという経済的苦境にあ

---

7) Däubler 1998, S. 560
8) エドワルド・ガウグラー＝ペーター・カーデル＝佐護誉＝佐々木常和『ドイツの労使関係』（中央経済社，1991年）168頁以下，平澤克彦『企業共同決定制の成立史』（千倉書房，2006年）209-214頁。
9) Löwisch, a. a. O. (N. 1), S. 347

る企業にとっては負担が大きい。そこで立法者は社会的選考と同時に事業所利益も考慮する措置を講じている。「とくにその知識，能力および業績（Leistung）または事業所の均衡のとれた従業員構成（ausgewogene Personalstruktur）の確保のために，当該労働者の雇用継続に事業所の利益がある労働者は，第1文にもとづく社会的選考の対象者としなくてよい」（解雇制限法1条3項2文）。このようにして労働者側の利益と事業所利益（経営上の必要性）を調整している。

　（ハ）社会的選考

　緊急な経営上の理由にもとづく解雇では，被解雇者の人選が社会的観点（soziale Gesichtspunkte）にしたがって行われなければならない（解雇制限法1条3項1文）。すなわち，労働者に帰責事由のない整理解雇では勤務成績等の労働力評価の観点によらず，解雇による不利益の小さい者をまず解雇することにより，社会的要保護者をより厚く保護する観点で被解雇者の人選（社会的選考 soziale Auswahl）が行われる。

　社会的観点の具体的指標は，現行法上，労働者の勤続年数，年齢，扶養義務の程度および重度障害の4つである。

　（ニ）大量解雇に対する規制[10]

　解雇制限法（17条以下）は大量解雇に関し行政機関による規制を定める。これは別の観点からの解雇規制である。その目的は労働市場政策であり，解雇を禁止するものではないが，反射的効果として解雇を規制することになっている。

　内容的には，一定規模以上の解雇につき使用者に対して雇用機構への届出義務を課し，使用者から届け出られた解雇は，雇用機構の同意があってはじめて有効とされる。

　（ホ）従業員代表による関与

　解雇に対する法規制が，解雇制限法と並んで，従業員代表に関する事業所組織法に定められる。それは解雇の手続きに関する規制，社会的選考への関与，被解雇者に対する不利益緩和を定める補償計画の策定などである。

---

10)　藤内2012・137-138頁。

## 二　社会的に不当な解雇でないこと

　解雇制限法は，社会的に不当な解雇は無効であるとし（1条1項），（a）緊急な経営上の必要性にもとづかない解雇は社会的に不当であること，（b）従業員代表が，①人事選考指針に違反する，または②当該労働者が同一の事業所もしくは当該企業の他の事業所における他のポストで雇用継続が可能である，として解雇に異議を表明した場合にも社会的に不当であること，（c）使用者に期待可能な（zumutbar）転換訓練・能力向上訓練（Fortbildung）の後に労働者の雇用継続が可能である場合，もしくは変更された労働条件のもとで雇用継続が可能であり，かつ，労働者がそれに同意している場合にも，解雇は社会的に不当とされる（同2項）。

　社会的に不当とされる事由は，ほかに被解雇者の人選で社会的観点が（十分に）考慮されていない場合（同3項）などを含むが，それについては項を改めて論じる。

### 1　「緊急な経営上の必要性」の審査

　「緊急な（dringend）」とは，解雇によってしかその苦境を克服できないことを意味する。最近の判例によれば，それは比例性原則（Verhältnismäßigkeitsgrundsatz）で審査される（BAG 21.4.2005）[11]。具体的には，①達成しようとする目的に照らして解雇という措置が適切であること（適切性（Einigung）），②それは関係者にとってもっとも負担の少ない手段であること（必要性），③措置によってめざされる目標は，それにより生じる不利益とアンバランスでないこと（均衡性（Proportionalität））である。②の必要性原則から，ほかの技術的，組織的，または経済的措置が不可能であり，期待不能である場合に初めて経営上の理由によるとされ，ほかに穏便な手段がないこと，すなわち最終（最後的）手段の原則が適用される[12]。

　解雇には社会的相当性（ないし正当性）が求められる。判例により，その内

---

11）　NZA 2005, S. 1289
12）　Kittner u. a., KSchR, S. 1542

容として,「最終手段の原則(Ultima-ratio-Prinzip)」「将来予測の原則」などが解雇制限ルールとして形成されてきた。それが整理解雇に適用されて,段階的審査が行われる。その方法には議論があるが,判例によれば,6ないし10段階で審査される傾向にある。

## 2 人事選考指針に反しないこと[15]

(1) **選考指針の意義**　採用,配置転換,格付け変更および解雇にあたり,社会的選考のため,使用者および従業員代表は人事選考指針(personelle Auswahlrichtlinien)を合意することができる(事業所組織法95条)。解雇では,勤続年数,年齢,扶養義務および重度障害の有無という重要な4指標がバランスよく考慮されていなければならない。選考指針はさらに個々人の重要な個別事情を考慮する余地を含んでいなければならない。この選考指針に違反する解雇は,従業員代表から異議表明された場合(事業所組織法102条3項2号),無効となる(解雇制限法1条2項2文)。点数表をともなう選考指針は社会的観点の客観化に役立ち,予備選考に適する。

選考指針がない場合には,使用者が単独で社会的選考のために社会的観点にウエート配分する余地が認められる。

(2) **選考指針の効力**　選考指針を作成するか否かは使用者の自由である。従業員500名を上回る事業所では従業員代表は社会的観点をその内容とする選考指針の作成を使用者に要求することができる(事業所組織法95条2項)。

選考指針は使用者にもさまざまな便宜を与える。使用者は指針にもとづいて予備選考を行える。解雇実施にあたりどのような内容であれば従業員代表が意見聴取で異議表明するかを予測できる。図式化された指針を用いれば,選考基

---

13) 根本到「解雇法理における『最後的手段の原則』『将来予測の原則』」労働94号(1999年)195-208頁,高橋賢司著・64-66頁。

14) 根本・前掲注(1)86-87頁,Kittner u. a., KSchR, S. 1524-25

15) Bernhard Weller, Betriebliche und tarifliche Regelungen, die sich auf die soziale Auswahl nach §1 Abs. 3 KSchG auswirken, in: Recht der Arbeit 1986, Heft 3/4 S. 222 ff.; Kittner/Trittin, a. a. O. (N. 1), S. 403 ff.; Rüdiger Linck, Die soziale Auswahl bei betriebsbedingter Kündigung, 1990, S. 129 ff.; Wolfgang Zöllner, Auswahlrichtlinien für Personalmaßnahmen, Festschrift für Gerhard Müller, 1981, S. 665

準は単純化される。

　選考指針の内容をいかに定めるかは，原則として使用者と従業員代表の自主的な判断に委ねられる。しかし，解雇制限法が定める社会的不公正事由に反してはならない。法律による事業所当事者（使用者と従業員代表）への授権により，事業所当事者には一定の「裁量の余地（Ermessensspielraum）」が認められる。しかし，使用者と従業員代表は選考指針によって個々の労働者が有する法律上の解雇保護を弱めることはできず，その内容の適否に関しては裁判所による審査に服する。

（3）　**選考指針の実際**[16]　ここでその実情をみておく。解雇事項は重要であるため，多くの指針で，詳しく定められている。手続きとして，まず，使用者と従業員代表の合同の要員計画会議で議論され，要員計画（人員計画）で解雇を抑制する努力が行われる。ここで解雇を回避して引き続いて雇用する可能性も労働者個々人に関して話し合われる。

　つぎに，被解雇者の選考基準では，まず正当な経営上の必要性から一定範囲の労働者は選考対象から除外される（ただし，その後の判例変更により，今日，その者らも一旦は含めて社会的選考が行われる）。そのなかに労働者の業績観点が含まれている事例がある。この点は，それが有効か否かにつき法律解釈として争いがある。そこで残った選考対象者のなかで社会的観点にもとづく選考が行われる。しかし，そのさいに労働者の勤務ぶりを含める選考指針もある（例，欠勤状況，就業規則違反行為の有無）。社会的観点の具体的指標は概ね共通している。

　さらに，社会的選考指標の重要度評価は，点数表として体系化されていることもあれば，それを厳密には定めていない事例もある。点数表を見ると，勤続年数に大きなウエートがおかれていることがわかる。なかには勤続年数を社会的観点から独自にとり出して区別しているケースもある。そうでないのは，年

---

16)　藤内・実例①・142-178頁。なお，ここで紹介されている選考指針例は，1996年以前のものである。当時の法律では，社会的選考基準として4指標は明記されておらず，また，事業所利益の考慮要素のなかに「均衡のとれた従業員構成」は明記されていなかった。

齢が同格扱いされている事例くらいである。60歳を上回る高齢者は通常は解雇から保護が弱くなるが，なかには逆に保護を厚くするケースもある。

## 3 解雇回避措置[17]

「当該事業所における労働者の雇用継続と両立しない，緊急の経営上の必要性」がある場合には，経営上の理由による解雇が有効とされる（解雇制限法1条2項1文）。その必要性の有無の判断にあたり，「労働者が同一の事業所もしくは当該企業の他の事業所における他のポストで雇用継続」が可能か否か，さらに使用者に期待可能な転換訓練・能力向上訓練の後に雇用継続が可能である場合，もしくは変更された労働条件のもとで雇用継続が可能であり，変更に労働者が同意している場合にも解雇は社会的に不当とされる（同2項）。したがって，整理解雇に先立ち，使用者は配置転換，職業訓練および労働条件変更（契約変更）による雇用継続の可能性を追求しなければならない。このような取扱いは，解雇が最終手段であるという原則に根拠づけられる。

マックスプランク研究所の調査（1978-79年）によれば，解雇回避措置として実際に，配置転換，操業短縮，労働時間短縮，変更解約告知，残業縮小などが行われている[18]。

(1) **配置転換** 最も頻繁に行われるのは配置転換である。それが実施されるのは同一企業内で当該労働者と同格のポストに空きがある場合にかぎられる。このうち同一企業内他事業所における配置転換を追求すべきことは，1972年改正で定められた。

それでは，この空きポストへの配転候補者が複数いる場合，使用者は誰を雇用継続させるべきであろうか。その場合，いかなる基準で人選すべきであろうか。被解雇者の人選は社会的観点にもとづくが，雇用継続の人選でも考慮されるべきであろうか。仮に求められるとして，他事業所における雇用継続でも同じように考えるべきであろうか。BAGの1994年判決は，空きポストが同一事業所にある場合と別事業所にある場合を区別し，同一事業所の場合には，該当

---

17) Däubler 1998：根本・前掲注（1）87-88頁，高橋賢司著・83-92頁，上田真理「ドイツにおける人員整理と雇用保障の法理」行政社会論集11巻3号（1999年）33-36頁。

18) 高橋賢司「甦る解雇の自由（3）」立正法学論集40巻1号（2006年）95頁。

する複数候補が空きポストの職務に専門的かつ人物的に適任である場合には雇用継続の対象者選考は社会的選考の原則によるとし，他方で空きポストが別事業所にある場合には，使用者は「公正な裁量」にもとづいて対象者を人選すべきであるとする[19]。このように判例は余剰労働者がいる事業所に空きポストがあるか否かで区別するが，学説上はさまざまな見解がある。その場合に，解雇対象労働者が労働契約上，他事業所に配転する義務を負っているか否かで区別する学説もある。

ここで使用者はコンツェルン内の他企業まで同格の空きポスト状況を調べる義務はない。ただし，コンツェルン内の他企業から当該労働者を引き受ける意思が表明されているような場合は別である。

(2) **職業訓練による雇用継続**　生産方式や生産製品の変更により従来の技能・資格が通用しなくなるような場合，余剰人員が発生しても転換訓練・能力向上訓練の後に雇用継続が可能なことがある。この場合，訓練実施により使用者側に負担が生じるが，使用者側はどの程度まで応じることが「期待可能」であるかは，労働者の勤続期間，その能力，使用者に生じる費用金額などを総合して判断される。

この適用にあたっては，「使用者は労働者に，技術的設備，作業方法および作業工程の計画にもとづいて，もしくは職場の計画にもとづいて予定される措置と，それが職場および作業環境に及ぼす影響，およびその職務の内容および種類に及ぼす影響に関して通知しなければならない。労働者の職務が変更され，かつ，その課業を遂行するにはその者の職業的知識および能力では十分でないことが確実になった場合には，直ちに使用者は当該労働者に，いかにすれば事業所内で可能な範囲でその者の職業的知識および能力を，その者に将来求められる水準に適合できるかを話し合わなければならない」（事業所組織法81条4項）とされていることが重要である。

(3) **労働条件変更による雇用継続**　配置転換の可能性がなくても，なお契約内容を変更すれば雇用継続が可能であれば，使用者はそれを提案しなければ

---

19)　藤原稔弘「ドイツにおける経営上の理由にもとづく解雇と事業所関連性原則」季労184号（1997年）78-94頁。

ならない。ただし、これは従前と同等のポストに空きがある場合にかぎられる。

(4) **操業短縮** これは法律には規定されていない解雇回避措置である。人員削減を必要とする原因である売上げ・受注不足が一時的である場合に検討される。その場合に、使用者はそれを解雇回避措置として実施する義務があるか否かにつき判例は対立している[20]。一方で、実施するか否かは事業所当事者の自由であるとする判例があり、他方で、一時的な受注不足時には操短は負担の少ない措置であるとする判例があり、さらには、使用者はそれを行う義務はないとする判例もある。

この点につき学説上対立があり、一方で、一時的な仕事不足にともなう雇用調整にあたり整理解雇よりも操業短縮を優先させるべきであるという見解があり、他方で、操業短縮は一時的な仕事不足時に実施されるが、そもそも操短時には整理解雇は許されないので解雇回避措置にはならないという見解がある[21]。

なお、操業短縮は従業員代表との共同決定事項であり、使用者単独では実施できない。使用者側は実施すべきであると判断しても、共同決定にともなう制約がある。また、操業短縮を実施すると、その実施中は解雇を行えない。

## 三 経営上の必要性との調整[22]

(1) **問題の所在** 整理解雇を実施するという事態は、事業所にとって苦境である。被解雇者の人選が社会的観点にもとづけば、主に中高年労働者が残ることになる。しかし、それは経営建て直しにあたり不利な条件となる。そこで、事業所利益を一定反映させて調整し、整理解雇の人選にあたり事業所の都合が考慮されて、経営上必要とされる労働者は解雇対象者から除外されるという調整方法がとられる。それにより、事業所の必要性と解雇される労働者側の

---

20) 高橋賢司著・87-88頁。
21) Däubler 1998, S. 566
22) Gregor Thüsing/Donat Wege, Sozialauswahl nach neuem Recht, Recht der Arbeit 2005, S. 12-23; Joachim Weyand, Interessenausgleich und Sozialplan, 2009

利益の考慮が調整されている。

この点で1951年解雇制限法は,操業技術上,経済的またはそれ以外の正当な経営上の必要性から特定の労働者を引き続いて雇用することが是非とも必要であり(bedingen),それが社会的観点にもとづく選考と対立するときには,使用者は前述した社会的観点にもとづく選考を行わなくてもよい(当時の解雇制限法1条3項2文)としていた。[23] その後,1996年以後の法改正により,一部変更された。

(2) **現行規定**　1996年および2003年改正により,①その労働者が「是非とも必要である(bedingen)」という文言が外され,②「均衡のとれた従業員構成」が正当な経営上の必要事由に追加された。ただし,この法改正による変更はさほど大きくなく,基本的に従来と同じである。すなわち,①特定の労働者を雇用継続する必要性につき,従来の「是非とも必要である」という基準に比べればやや弱くなったといえる。②は取扱いの変更ではなく,従来でも考慮されていたのを明示したものである。これが使用者側から主張される理由は,社会的選考では年齢や勤続年数の考慮により,とかく中高年者が多く残されるようになり,整理解雇後の苦境を乗り越えるうえで不都合があるからである。

一方で,社会的選考は選考対象者のなかにおける比例性原則が反映しているのに対し,他方で,これは個別事案にかかわった利益衡量の範囲内での使用者側の最終手段原則が反映しているといえる。[24] ここでは使用者の判断に対し,司法審査による濫用規制がありうる。とくに人数の点で司法審査が及ぶ。

(3) **経営上必要な人材の除外**　使用者は経営上必要な人材等を解雇対象者から除くことができる。除外されるべき者の氏名列挙は,使用者が行う。ただし,その者らが比較可能な労働者に含まれるかぎり,解雇に関する意見聴取にあたり,使用者は従業員代表に対し,これら除外者を含む,解雇予定労働者,残る労働者全員,選考過程にかかわる全員につき,その適否を判断するための社会的データ(勤続年数,年齢,扶養義務,重度障害など)を開示し,そのうえで最終的に被解雇者から除外される。[25] その過程で,従業員代表から質問があれ

---

23)　当時の法律下における議論内容につき,藤内・整理解雇・34-43頁。
24)　Kittner u. a., KSchR, Rn. 494a

ば，なぜ労働者Ａを除外するのかの説明も求められよう。使用者はそこで列挙する労働者につき，除外することに特別な必要性がなければならない。単に業績優秀者（Leistungsträger）であるでは足りず，従業員内で業績はかなり上位でなければならない。

　許容される人数比率につき，具体的な基準はない。裁判例では社会的選考の対象となる13人中10人を使用者がこの基準に該当するとして除外したことの当否が争われた事案がある。ＢＡＧは，これほど多くの者を選考対象から除外し，残された僅かな労働者につき社会的選考をすることは社会的観点が十分に考慮されないと推測されると判示し，不当であるとした。[26] 通説は，この基準に該当するとして列挙される人数が労働者の50％を上回る場合には社会的選考の過誤があると推測している。この点でテュージング＝ヴェーゲは，連邦官吏俸給構造法（Bundesbesordungsstrukturgesetz）42条ａで業績手当（Leistungsprämien/Leistungszulage）は官吏および兵士の15％に支給することができることを１つの根拠に，優秀者であることを理由に社会的選考から除外されるのは15％までにとどめるべきであり，それを上回る場合には社会的選考が十分ではないと主張する。[27]

　**(4) 均衡のとれた従業員構成**　これを正当な事業所の利益とみることは1996年改正で明記され，[28] 一度は1998年改正で削除されたが，2003年改正により復活したものである。これは実際には1996年改正以前から，使用者側からの主張にもとづき考慮されることが多かった。[29]

　この取扱基準は特定個人を除くわけではなく事業所全体で判断するので，許される基準は曖昧である。基準として，まず年齢構成が考えられる。５歳区切

---

25)　藤内著・168頁。
26)　NZA 2003, S. 849（Thüsing/Wege, a. a. O.（N. 22), S. 19）
27)　Thüsing/Wege, a. a. O.（N. 22), S. 19
28)　当時の法律下で，これの運用をめぐる裁判例につき，橋本陽子「第２次シュレーダー政権の労働法・社会保険法改革の動向」学習院大学法学会雑誌40巻２号（2005年）204頁以下参照。
29)　なかには65歳以上の労働者を排除するために使用者側から主張されることもあった。山川和義「ドイツにおける定年制の法理・１」法政論集216号（2007年）166頁以下。

りでグループ分け（Staffelung）して社会的選考を行った事例につき，BAG（23.11.2000）[30]は，正当であると判断した。ほかにBAGで明確に認められたグループ分けの例として，4グループ（10歳単位，最年少層は30歳以下），5グループ（10歳単位。加えて61歳以上のグループ）および6グループ（原則として10歳単位で，最年少層は20歳以下，年長は51-57歳，58歳以上）のグループ分けがある[31]。これは実際に頻繁に活用されている[32][33]。なお，ここでいう「均衡の確保」は整理解雇時の現状を確保するためのものであり，人員構成を改善するきっかけとして利用することは許されない。

　年齢によるグループ分けのほかに，労働者277人中81人を解雇する事案で，職業資格別に，小売業における専門教育を受けた労働者，商業的専門教育受講者および商業的専門教育を受講していない者の3グループに分けて社会的選考を行ったことにつき，BAGはそれを許容されるとした例がある（BAG v. 28.8.2003）[34]。ほかにも，いくつかの人的指標にもとづく構成が考えられる。

## 四　社会的選考[35]

　被解雇者の人選にあたっては，解雇対象労働者のなかで「社会的観点を考慮した選考」，すなわち社会的選考が行われる。この規定の立法趣旨は，労働者の責めに帰すべき事由のない解雇では解雇による不利益の大きな労働者の解雇

---

30)　NZA 2001, S. 601（Thüsing/Wege, a. a. O.（N. 22）, S. 20）
31)　Weyand, a. a. O.（N. 22）, S. 280
32)　Kittner 2010, S. 919
33)　このような取扱いが一般平等取扱法に違反するか否かが争われた判例につき，山川和義「経営上の理由による解約告知の人選と年齢差別」労働判例958号（2008年）96-97頁，佐々木達也「社会的選択の際の年齢グループと点数表」労旬1722号（2012年）66-69頁。
34)　NZA 2004, S. 432（Thüsing/Wege, a. a. O.（N. 22）, S. 22）
35)　Wilhelm Neyses, Auswahlkriterien, Auswahlschema und Auswahlrichtlinien bei betriebsbedingter Kündigung, Der Betrieb Heft 45 v. 11. 11. 1983, S. 2414 ff.; Kittner/Trittin, a. a. O.（N. 1）, S. 410；今野順夫「被解雇者の選択」『現代の生存権──法理と制度（荒木誠之先生還暦祝賀論文集）』（法律文化社，1986年）335頁以下，手塚和彰「西ドイツ労働事情・判例展望3」判例時報1125号（1984年）12-22頁。

をできるだけ避け，就労により小さく依存している労働者を優先的に解雇することにある。立法者はそれを社会的正義として理解する。

社会的選考にあたり何を考慮することが必要かにつき，解雇制限法（1951年制定）は1996年改正まで明文で定めなかった。したがって，それは解釈に委ねられた。その結果，点数表の導入を含めて活発な議論が展開されてきた。

この点で1996年以後，法改正が繰り返されてきた。社会的選考の判断基準に関する法律改正の変遷は，整理すればつぎのとおりである。①1996年以前には明文の定めはなかった。②1996年改正により，勤続年数，年齢および扶養義務（Unterhaltspflicht）の3指標を考慮すべきことが明記された。だが③1998年改正によりそれらの規定は削除された。④2003年改正により，前記3指標に重度障害を加えた4指標を考慮すべきことが明記された。[36] それらを考慮しない，または十分に（ausreichend）考慮しない人選にもとづく解雇は社会的に不当である（1条3項1文）。

この関連で，名簿をともなう利益調整がある。[37] これは，組織変更にあたり，組織変更の必要性を従業員代表が認め，利益調整を合意し，そのうえで使用者と従業員代表が共同で社会的選考を行い，被解雇者の名簿を書面で確定するものである（解雇制限法1条5項）。これが作成されると，組織変更と整理解雇が一気に進むことになる。この規定は，2003年改正により復活したものである。立法者としては，組織変更およびそれにともなう解雇を，できるだけ関係する従業員代表の関与をともなって進め，それにより過酷な事態を緩和し，同時にその手続きを正当化したい思惑がある。

## *1* 選考対象となる労働者の範囲

(1) **職務との関連** 選考対象者は，まず労働者の職務との関係では，余剰人員とされる職種・職務の労働者に限定される。これはドイツでは職種ごとに労働者が採用されるという雇用慣行に由来する。人事選考は事業所内の相互に

---

36) 名古道功「ドイツ労働市場改革立法の動向」金沢法学48巻1号（2005年）102頁以下，橋本・前掲注（28）200頁以下。

37) Kittner/Zwanziger 2007, §92 Rn. 51-69, S. 1461-1467; Kittner u. a., KSchR, S. 1621-1631; Weyand, a. a. O. (N. 22), S. 116-121；高橋賢司著・96頁，藤内2012・136-137頁。

比較可能な労働者の間で行われる。「比較可能な」労働者とはその者と代替可能な（tauschbar 交換可能な）労働能力を有する労働者を指す。代替可能か否かの判断基準は，まずブルーカラー（現業労働者）かホワイトカラー（職員）かを区別して，労働者が従事する職務に必要な知識，技能の範囲および程度が同じ労働者グループを指す。その場合に従事する職務の協約上の格付けが参考になる。現時点では直ちにその労働者を配置できなくても簡単な訓練・研修によって新しい職場に配置できれば，彼も代替可能な労働者に含まれる。

　相互に比較可能であるとは，原則として事業所内ランク（Betriebshierarchie）が同じレベルであることである（水平的比較可能性）[38]。代替可能性の判断では，職務に関連した（arbeitsplatzbezogen）指標で，その者が担当している職務（Tätigkeit）が重要である。

　労働時間の長さが違えば，原則として比較可能性はない。使用者が人員削減にあたりパートタイムを削減しようとするとき，フルタイムと比較可能ではない。そのように考える前提として，使用者は事業所をパートタイムで編成するか，それともフルタイムで編成するかを強要されないと考えられている[39]。使用者の指揮命令により，対応する職務を宛てがわれるような労働者は比較可能である。

　原則として事業所の職階上同じランクにある労働者のみが比較可能であり，同一ランクにない労働者は，社会的選考の対象にならない。これを「垂直的な比較可能性」は否定されるという[40]。BAGもそのような選考を認めない（BAG v. 29.3.1990）[41]。したがって，解雇通告された労働者が，より下位の比較可能レベルの職務に就く覚悟を求められることは酷であると解されている。

(2)　**事業所範囲との関連**　　つぎに，労働者が所属する事業所の範囲との関

---

38)　Kittner/Zwanziger 2007, S. 1456-57
39)　毛塚勝利「パートタイム労働者の経営上の理由にもとづく解雇と社会的選択の対象労働者」労旬1461号（1999年）29-31頁。
40)　藤原稔弘「ドイツ解雇制限法における社会的選択の法理」季労179号（1996年）125頁。
41)　Entscheidungssammlung zum Arbeitsrecht §1 KSchG Soziale Auswahl Nr. 29 (Kittner/Zwanziger 2007, S. 1457)

係では，解雇制限法1条の2項と3項の関係が問題になる。すなわち，2項では整理解雇が不当でないことの要件の1つとして，その労働者を企業内の別の事業所で引き続いて雇用する可能性がないことが規定されている。同3項では整理解雇が必要であると判断されて被解雇者の人選を行うときに，人選対象とされる労働者の範囲につき2項のような企業単位の人選を規定していない。したがって人選はそれぞれの事業所単位で行われる。この点の違いが重要である。また，解雇制限は事業所に関連づけて（事業所関連性 Betriebsbezogenheit）形成されたルールなので，人事選考は事業所内の比較可能な労働者の間で行われる。[42]

　これを説明するために設例をすれば，事業所Aで電気職長10人のうち5人が合理化により削減されることになったとする。他方で，事業所Bには同様に電気職長10人がいたとする。事業所Aで整理解雇を行うには，解雇される者が別事業所で雇用される可能性の有無を検討しなければならない。その可能性がないときに，予定どおりの人数を解雇することが正当化される。つぎに解雇される5人の人選は事業所Aの同種労働者である10人のなかだけで行われることになる。

## 2　社会的観点の内容——歴史的展開[43]

　社会的選考の考え方は，ドイツでは長い歴史がある。まず，労使の自主的な取扱いのなかでルールが形成されてきた。それが動員解除令や従業員代表法という法令にとり入れられた。現行の解雇制限法における取扱いはそれを継承している。

　(1) **第一次世界大戦まで**　　18世紀および19世紀のドイツでは経済的自由主義の考え方が時代を支配していた。そこでは契約自由の原則から，契約当事者双方には理由を告げることなしに労働契約関係を自由に解約することが許されていた。1902年以後，一部の労働協約で仕事不足による解雇にあたっての被解

---

　42）　別事業所に雇用継続可能な空席がある場合に，雇用継続の対象者選考にあたり社会的選考をすべきか否かが争われた判例につき，藤原稔弘「ドイツにおける経営上の理由による解雇と被解雇者選定基準」労旬1399号（1997年）76-78頁。

　43）　Linck, a. a. O. (N. 15), S. 5 ff. 詳しくは，藤内・整理解雇・43-47頁，高橋賢司著・16-40頁。

雇者選考に関する定めがはじめておかれた。それによれば，当該地域に住んでいた労働者よりも外部から流入してきた労働者がまず解雇されるべきと定められていた。これは組合側からの要求にもとづくものである。

(2) **動員解除令** 1918年の終戦以後，一連の動員解除令（1919年）が登場した。それによって戦争復員者の再雇用が促進された。この命令は社会的選考にとって重要な意義をもつ。そこには事業所側の都合による解雇にあたり，被解雇者選考基準が示されていた。1919年4月1日の動員解除令はブルーカラーに，1919年1月24日のそれはホワイトカラーに適用された。後に整理・統合された1920年の同令13条には，「労働者が人員削減のために解雇されるときには，その選考ではまず事業所の都合が，とくに事業所の経済性（Wirtschaftlichkeit）との関係で個別労働者の代替（交換）可能性が審査される。その後に労働者の年齢，勤続年数および家族状態が考慮されて，年配で技術水準の高い労働者および扶養義務を負っている労働者ができるだけ事業所に残されるようにすべきである」と定められた。

この動員解除令13条は，現行解雇制限法1条3項の先駆けである。その法律ではすでに社会的観点の具体的な内容が，年齢，勤続年数および扶養義務（家族状態）として明記されていた。もっとも，社会的観点にもとづく選考が行われるのは，それに先だって企業の経済的観点にもとづいて労働者の代替可能性に関する選考が行われた後である。その点では経済的観点が優先されている。この点も現行法と同じ枠組みである。

(3) **従業員代表法** この論点に関して，1920年代前半には動員解除令と並んで最初の従業員代表立法である従業員代表法（Betriebsrätegesetz 経営協議会法）（1920年）が存在していた。双方の法律規定は交錯しており，それぞれの要件を充足するときには労働者はいずれかを選択して適用を求めることができた。

この法律で重要なのは，84条の規定である。すなわち，「労働者は使用者からの解雇通知にあたり，以下の場合に，…異議申立することができる。1…4，解雇が不公正であり，労働者の行為もしくは経営上の事情に照らしどうしても必要な（bedingen）不利益（Härte）に該当しないとき」。

動員解除令と異なり，ここでは人選基準は法律に明記されてはいない。しか

し，実際にはこのような一般条項で事足りた。ここでは解雇が労働者の行為または経営上の都合により正当化されないならば許されないことが明確である。

動員解除令の効力停止後にも，被解雇者選考の取扱いは引き続いて従来の基準にもとづいて行われた。そして整理解雇では，経営上の必要性により一定範囲の労働者は被解雇者対象から除外された。すなわち，人選にあたり経営上の必要性が優先された。社会的観点としては，年齢，勤続年数および扶養義務に加えて，さらに家賃の高さ，貯金，そのほかの資産，ならびに労働市場における再就職の見通しもこの時期に考慮されるようになった。

(4) **1945年から51年まで**　終戦後，ナチス政権下に制定された国民労働秩序法に代わって管理委員会法40号が制定された（1947年）。しかし，この管理委員会法は詳しくなく，法律の欠缺は州法によってカバーされた。州ごとの取扱いに任された結果，解雇の法的取扱いは不安定でバラバラなものになった。そこで解雇に関して統一的な取扱基準を定める努力が着手され，1950年，いわゆるハッテンマイヤー草案にもとづいて統一的な解雇制限法の原案が合意された。これが51年の解雇制限法の基礎となった。

(5) **1951年解雇制限法**　1951年に制定された解雇制限法は，1920年従業員代表法等における解雇規制をさらに発展させたものである。ここでは詳しく定められている。整理解雇では，被解雇者選考にあたり社会的観点が考慮されなければならない旨が明記された。立法資料では，このような基準は従来の法律にもとづく取扱基準に依拠していると記されている。

その後，1996年，1998年および2003年改正を経て現行法にいたる。現行法では，社会的選考にあたり考慮すべき4つの要素が明記されている。

### 3　具体的な選考基準[44]

このように現行法では，社会的選考にあたり考慮すべき4つの指標が明記されている。このうち勤続年数が条文では最初に書かれていて，文献でも必ず最初に記述されるだけの重要性をもつ。

---

44) Kittner/Trittin, a. a. O. (N. 1), S. 416; Linck, a. a. O. (N. 15), S. 86 ff.; Ulrich Ph. Rass, Die Sozialauswahl bei betriebsbedingter Kündigung, 1986, S. 35, 48f. ：高橋賢司著・98-106頁。実例につき，本書・資料Ⅱ参照。

(1) **勤続年数** すでにこの指標は動員解除令（1920年）に含まれていた。1951年法制定にあたり，立法者は「法案は，労働者の職場および勤続年数に法的価値を認めている」と説明している。それゆえに法律では勤続年数（Dauer der Betriebszugehörigkeit, Betriebsdauer, Beschäftigungsjahr 勤続期間，正確には当該事業所における所属期間）が6か月に満たない労働者には解雇制限法の適用がないとされている。また民法622条2項では，勤続年数に対応して解雇予告期間に長短がある。

実際の労働協約でも解雇保護の上乗せ取扱いで勤続年数が重視されている。連邦職員に適用される労働協約（BAT）53条では，40歳以上で，かつ，勤続15年以上の職員は解雇されないと定められている。これは雇用関係に直接にかかわる基準である。勤続年数は労働者本人からは一種の財産のように受け止められ，より新しく採用された者より先に解雇されることは不公正であると理解されている。

それでは勤続年数が考慮される理由は何か。この説明を多くの学説・判例が試みてきた。たとえば，長期の勤続によって企業の存続・繁栄にそれだけ貢献してきた，企業との結び付きが強まる，解雇制限法は雇用関係の存続をめざしている，勤続年数の長い者ほど新任者に比べて保護される等々。その説明根拠は同じではないが，勤続年数の長い労働者が短い労働者よりも解雇から保護されるべきと考える点では一致している。

このように勤続年数が社会的観点のなかで重要な地位を占めることは明らかである[45]。労使が合意した人事選考指針のなかでは，従業員代表が各種の理由からこれを重視し，重要な基準とされている[46]。現に，被解雇者の勤続期間をみると，短期勤務者のほうが頻繁に解雇されている（**図表10-1**）。しかし，それが最も重要な指標であるか否かの評価で学説は対立する[47]。多くの学説は，最重要な指標と見ている。しかし，他方で別の指標にも同程度の重要さを認める学説も

---

45) 従業員代表が勤続年数の長い労働者を解雇から保護しやすい理由につき，藤内「ドイツの解雇に対する従業員代表の関与」岡法45巻2号（1996年）60頁以下。
46) 藤内著・368頁以下。
47) 藤内・整理解雇・48-49頁。

図表10-1　被解雇者の勤続年数

| 勤続年数 | ％ |
| --- | --- |
| 6か月以下 | 23 |
| 6か月－2年以下 | 30 |
| 2－5年以下 | 19 |
| 5－8年以下 | 10 |
| 8－12年以下 | 7 |
| 12-15年以下 | 3 |
| 15-20年以下 | 3 |
| 20年を超える | 5 |

出典：WSI-Mitteilungen 8/2006, S. 423（Pfarr/Zeibig）

ある。

かつて選考要素が明記されていなかった法律状態下で，BAG判決はこの点で明確ではない。勤続年数はそれだけで価値があるのではなく，実際には年齢とリンクして高く評価されているようである。

（2）年　齢　イ）意義　これも動員解除令に明記されていた社会的観点の1つである。年齢は労働関係と直接の関係はない。しかし，若い労働者ほど再就職のチャンスが大きい。

高齢者は通常，若者に比べて職場や生活する地域を変わることの苦労が大きい。新しい職場で同僚や上司にとけ込むにも苦労する。これは年齢が勤続年数とリンクするときには，とくに妥当する。もっとも，このような理由は正確には高齢者に妥当するだけであって，20-40歳で他の同僚よりも年配であるというだけで生じるわけではない。また，年齢でも具体的に何歳であるかによって意味が異なることがある。たとえば，20歳と30歳とでは再就職チャンスは僅かな違いであるが，45歳と55歳とでは大きく異なる。

年齢を考慮することは，多くの協約規定に見られる。たとえば金属産業基本協約（1988年締結）では，53歳以上で，かつ，勤続3年以上の労働者は解雇されない旨定められている。年齢だけでは重要性は高くないが，勤続年数とセットにされて重要性をもつ。この点で，整理解雇で中高年労働者が解雇から保護される背景として，法律規定のほかに，労働協約による合理化からの保護規定，従業員代表の働きかけの影響もあるとの指摘がある。[48]

ロ）年齢を考慮要素とすることの是非―年齢差別との関係　解雇制限法1条3項は社会的選考基準の1つとして年齢を考慮すべきことを明記する。しかし，そのような取扱いは年齢差別に該当するのではないかとの疑念があり，年齢を考慮要素とすることの是非をめぐり争いがあった。[49] しかしこの議論は，

---

[48]　エルンスト・188頁。

2006年に一般平等取扱法が制定され，そこで解雇には解雇制限法が排他的に適用されることが明記された（2条4項）ことにより一応の解決が図られた。それでも，平等法の当該規定はEU法に違反するのではないかとの意見があり，その後も議論は続いている[50]。

この点につき，年齢を考慮することは確かにEU指針と対立する可能性はある。しかし，法律は年齢のみを考慮することを求めているわけではない。BAGは2008年判決で，人選基準として年齢を考慮することを承認した[51]。また学説では，確かに年齢によって自動的に労働市場における雇用チャンスが左右されるわけではないが，雇用チャンスにつき年齢と一定の相関関係があるのは事実である。EU指針はそれを考慮することまで禁止してはおらず，考慮要素の1つとすることはなんら抵触しないとの意見がある[52]。

(3) **扶養義務の程度（被扶養者数）**　これには子どもの人数，家族状態（独身，既婚または離婚），既婚者ではさらに配偶者が働いているか否かが含まれる。さらに子どもの年齢も考慮すべきであるという意見がある。それは子どもが幼いか，10歳代であるかによって子どもに要する費用が異なるからである。

この指標も労務提供とは関係ないことである。しかし，解雇制限法は労働者の労働関係継続を保護するのみならず，労働者の経済的および社会的生存も保護する。そこに家族扶養義務が考慮される理由がある。また，「婚姻および家族は，国家秩序の特別の保護を受ける」（基本法6条1項）という憲法上の価値基準にも由来する。

扶養義務も無制限に考慮の対象となるわけではない。労働者が法的に義務を負う者に対してのみ問題となる。年少の子どもでも義務教育修了後にすでに働いているときには親として金銭的な扶養義務は生じなくなる。別居生活中の夫婦では実情に応じて扶養義務の有無を判断することになる。正式の婚姻関係ではない実質的な共同生活を行っていること（内縁関係）は，選考で考慮される

---

49)　桜庭涼子『年齢差別禁止の法理』（信山社，2008年）172-174頁，高橋賢司著・99-100頁。
50)　山川和義「ドイツ一般平等取扱法の意義と問題点」会報8号（2007年）87頁。
51)　佐々木・前掲注（33）。
52)　Kittner u. a., KSchR, S. 1602-03

必要は原則としてない。

配偶者が病気であるときには，その事情は特別な支出および要介護者の存在として考慮される。

なお，使用者側も効率性の理由から労働者の家族関係に関心を払う。それは被扶養家族がいるほうがその責任感から概して真面目に仕事をするからである。

(4) **重度障害**[53]　これを考慮すべきことは2003年改正によって定められた。改正趣旨は，EU 指針5条に適合させるためであり，それは一般平等取扱法（2006年）5条で，適切な異別取扱は積極的格差是正措置として許容される旨規定されることに呼応する。

ドイツでは重度障害者を解雇するには統合庁（Integrationsamt）の同意・許可を必要とする（社会法典第四編85条）。その趣旨は，重度障害者を職業生活に参加させることによって心理面でのリハビリに役立つので解雇を規制することにある。重度障害者は，その障害発生が職業生活に由来するか，それとも私的生活領域に由来するかは問われない。ここで官庁の解雇許可を得るためには，使用者による許可申請を必要とする。使用者がその手続きをしない場合には，重度障害者は解雇対象者から除かれることになる。統合局による許可を得た場合には社会的選考の対象者となり，判断基準に関する社会的データが集計され選考される。

重度障害の場合と異なり，障害の程度が一定等級に達しない軽度の場合には特別には考慮されない。それでも利益衡量の範囲内で考慮されることは妨げられない。すなわち，考慮することを法律が明文では要請していないというだけであり，事業所当事者が社会的選考にあたり一定の考慮することは禁止されておらず，かつて解雇制限法に社会的選考にあたっての考慮指標が明記されていなかった法律下で，BAG（17.3.2005）[54]は，使用者は，特別に労働市場リスクを根拠づけることを明確にはできない不都合な事由を考慮することができると判示した。したがって，法律に明記されていない基準を考慮することは妨げられ

---

53)　Kittner u. a., KSchR, S. 1605-06
54)　Der Betrieb 2005, S. 1390

### 4 判例・学説上の議論状況

1996年改正以前,社会的選考にあたり考慮すべき指標が法定されていないもとで,多様な議論が展開された。一連の改正を経て考慮すべき4指標が定められたのちも,4指標の重要度,ほかの指標を考慮することの可否などをめぐり議論されている。以下では,現行法とは規定がやや異なる法律適用下における議論も紹介する。4指標を考慮すべきであるという現行規定も将来変更されるかもしれないが,そのさいに1996年以前の議論が参考になりうる。

(1) **判 例**[55] 選考にあたり考慮すべき指標・基準が法定されていなかった1975年から77年までの時期に,シュレスヴィッヒ・ホルシュタイン州内の労働裁判所で下され,かつ,整理解雇における社会的選考が争点となった裁判事例286件(うち判決が下されたもの91件)に現れた,事業所における考慮指標の頻度をヴァイスレーダーが分析した。

この判例分析から,当時の判例の優に90%は,勤続年数,年齢ないし扶養義務のいずれかにかかわっており,この3指標が当時,主要な指標であったことが明らかである。なかでも単独で決定的な意義をもつ指標として,勤続年数という指標はほか2つの基本指標とは異なる重要さをもっている。もっとも勤続年数という指標もほかの基本指標がさらにほかの社会的観点と結合するときには,それをなお上回るほどの決定的な意義をもつわけではない。

いずれにせよ以上の判決から,この3つの指標以外に単独で意義を有する指標はないことが明らかになり,それ以外の指標はせいぜい補充的意義をもつにとどまる。

(2) **学説上の議論**[56] 何が重要な社会的観点かに関する判例の基準が確定しないもとで,使用者は自己のリスクで人選を判断しなければならない。そのような不安定な状況を解消すべく,学説が判例動向を強く意識しつつ社会的観点

---

55) Wolfgang Weissleder, Soziale Auswahl bei betriebsbedingter Kündigung in der Gerichtspraxis, 1982, S. 75 ff.;藤内・整理解雇・55-67頁。
56) Rass, a. a. O. (N. 44), S. 61 ff.; Wilfried Berkowsky, Betriebsbedingte Kündigung und soziale Auswahl, in: Betriebs-Berater, Heft 32, 20. 11. 1983, S. 2062;藤内・整理解雇・67-78頁。

の内容をなす指標とその重要度を議論してきた。そのなかで，点数表制度が提案され，今日にいたっている。

　社会的選考を安定化させる試みとして，1967年に初めてフォクトが点数表を導入することを提案し，社会的観点として考慮すべき指標とそのウエート配分の客観化をはかることを主張した。これをめぐり，賛否の意見が表明された。

　そこで，この点数表制度の長所・短所をみておく。

イ）点数表制度の長所

　(i) 法的安定性　点数表示されることによって誰からもわかりやすく，透明な制度運用となる。裁判所が事後審査するときにも使用者による決定基準が明瞭である。

　(ii) 客観的な選考手続　使用者の主観的評価から解放され，操作される可能性のない制度になる。表によって，その者が解雇された理由が明らかになる。

　(iii) 結果がより細分化されること　指標ごとに点数化されるので，労働者ごとに1点ずつの違いをともなってランキングができあがる。それによって解雇から保護される順位が明確になる。

　(iv) コンピュータ処理に便利であること　項目と点数による表示なので，コンピュータ処理によって新しい情報も容易に入力できる。

ロ）この制度の短所

　批判として，それぞれの指標に対するウエートの置き方次第で結果が絶対的なものとして出てくることが指摘される。また，「表は法律が求める個別的事情を近似値的に示すにすぎない」との批判もある。事例に応じた個別的事情を反映させることが困難であるという，表が持つ硬直性への指摘に要約される。

　このような長所・短所の認識を踏まえ，研究者からさまざまな点数表が提案された。そこでは，いかなる指標をいかなる点数配分で入れるか，事業所利益的指標を含めるか否かにより，さまざまな表が登場している（図表10-2）。

## 五　従業員代表の関与と補償計画

　整理解雇にあたり，解雇回避措置や社会的選考という要件のほかに，事業所組織法にもとづき実施にあたり従業員代表が関与することもドイツの特色であ

図表 10-2　提案された点数表

例1．フォクト案

| イ．勤続年数 | |
|---|---|
| 　5年以上 | 10点 |
| 　10年以上 | 20点 |
| 　15年以上 | 30点 |
| ロ．欠勤日数（病気欠勤を含む。前年） | |
| 　100日 | 0点 |
| 　50日以上 | 10点 |
| 　14日以上 | 20点 |
| 　8日以上 | 30点 |
| ハ．年令 | |
| 　45歳以上 | 15点 |
| 　50歳以上 | 20点 |
| 　55歳以上 | 30点 |
| 　60歳以上 | 45点 |

例2．プライシュタイン案

| イ．年齢 | |
|---|---|
| 　20歳以下 | 0点 |
| 　21歳〜50歳，20歳を超える年齢ごとに | 各1点 |
| 　51歳以上，上記に加えて50歳を超える年齢ごとに | 各2点 |
| ロ．勤続年数 | |
| 　1年につき | 各4点 |
| ハ．被扶養家族 | |
| 　1人につき | 各15点 |
| ニ．資格 | |
| 　すぐれている | ＋10点 |
| 　平均より劣る | －10点 |
| ホ．そのほか | |
| ・配偶者が働らいている | －10点以内 |
| ・資産収入あり | －10点以内 |
| ・65歳以上で，公的年金が完全に支給されている | －50点 |
| ・健康上の障害あり | 10点以内 |

出典：藤内・整理解雇・70頁

る。それは，解雇の必要性に対するチェック，被解雇者選考基準の策定，被解雇者に対する不利益緩和措置としての利益調整・補償計画策定という内容である。

## 1　解雇に関する通知，意見聴取，意見表明 [57]

解雇に関する手続規制の内容は，使用者による意見聴取と従業員代表による意見表明が中心である。

（1）**通知と意見聴取**　整理解雇にあたり，使用者は従業員代表に解雇理由を通知し，従業員代表の意見を聴取しなければならない（事業所組織法102条1項，以下，同法の条文）。

イ）**通知内容**　使用者は，解雇決定にあたり考慮したすべての事情につき情報を提供しなければならない。そのなかには，事業所内の労働者の勤続年数，年齢および家族状態など，解雇の当否を判断するのに必要な社会的データ

---

[57]　藤内著・166頁以下。

が含まれる。

　重要なのは，解雇理由である。使用者は従業員代表に，整理解雇に根拠があるか否かを判断するために十分な情報を提供しなければならない。受注不足であれば，不足の程度と受注不足が当該労働者の職務を不要とすることの関連性を裏付ける情報を提供しなければならない。

　整理解雇にさいしての社会的選考では特別な問題が生じる。以前のBAG判決によれば，使用者は人選基準を自ら定めることとされ，ただし，従業員代表の求めがあれば，他の労働者の社会的データを示さねばならなかった。しかし，最近の判例によれば，使用者は最初から，選考過程にかかわる労働者全員の社会的データを通知しなければならない。これは，経営上正当な利害があるために解雇対象者から除外される労働者に関しても同じである。そのかぎりで，解雇対象除外者に関しても従業員代表が意見を表明できるよう配慮しなければならない。

　ロ）手続き　　使用者からの通知を受けて，従業員代表側ではそれに対する態度を決定する。検討の結果，従業員代表が通常解雇に対し疑義を抱いた場合には，従業員代表は理由を添えて遅くとも1週間以内にそれを使用者に書面で通知しなければならない（102条2項）。

　もしこの期限内に従業員代表が態度を表明しない場合には，解雇に対し同意したものとして扱われる（102条2項）。

(2)　**従業員代表の異議申立権**　　通常解雇の場合，解雇が一定の事由に該当すれば従業員代表は異議を表明できる（102条3項）。

　異議申立事由は，つぎの5つに限定されている。
(i) 使用者が解雇される労働者の選考にあたり，社会的観点を考慮しない，または十分に考慮しなかった場合，
(ii) 解雇が人事選考指針に違反する場合，
(iii) 解雇される労働者が，同一の事業所または当該企業の別事業所の他の職場で，引き続いて雇用することが可能な場合，
(iv) 期待可能な転換訓練または資格向上訓練措置の後に，引き続いて労働者を雇用することが可能である場合，
(v) 契約条件を変更すれば労働者を引き続いて雇用することが可能であり，か

つ，労働者がそれに同意している場合。

## 2 被解雇者選考基準の策定

解雇にあたり被解雇者の人事選考に関する指針を作成する場合には，従業員代表の同意を必要とする（95条1項）。500人を超える労働者を擁する事業所では，従業員代表は，整理解雇の人事選考にあたり考慮される専門的および人物的要件ならびに社会的観点に関する指針の策定を要求することができる（95条2項）。指針またはその内容に関して合意が成立しない場合には，仲裁委員会が決定する。

従業員代表の関与にあたり，「事業所における中高年労働者の雇用を促進すること」（80条1項6号）が従業員代表の任務の1つとして明記されていることも，年齢や勤続年数を選考基準として重視することを後押しする。

使用者が指針に違反した場合，使用者が提案する人事措置や解雇に対し，従業員代表は同意を拒否することができる（99条2項2号，102条3項2号）。

## 3 利益調整および補償計画[58]

解雇された労働者に対する補償制度があることもドイツ法の特色である。ここでも従業員代表が強く関与する。

これは，事業所縮小などの組織変更（Betriebsänderung 事業所変更，事業変更の訳もある）にともない労働者に具体的な不利益が生じる場合に，その不利益を補償または除去・緩和するものである。

(1) **組織変更**　従業員代表委員の選挙権を有する労働者が常時21人以上いる企業では，企業主（使用者）は，組織変更の計画がある場合には，その計画を従業員代表に適時かつ包括的に通知し，計画されている組織変更につき従業員代表と協議しなければならない。

組織変更とは，結果として労働者全員またはその大部分に重大な不利益をもたらす可能性のある企業の措置を指す。具体的には，(i)事業所全体または重要な事業所部門の縮小および閉鎖，(ii)事業所全体または重要な事業所部門の移転，(iii)他の事業所との統合または事業所の分割，(iv)事業所組織，事業目的または事業所施設の根本的な変更，(v)根本的に新しい作業方法および生産方法の導

---

58) 藤内著・180頁以下。

入，の5つの事例を指す（111条）。多くの場合に整理解雇が引きおこされる。
　(2) 利益調整
　イ）成立と効力　結果として整理解雇を引き起こす組織変更の計画にあたり，企業主は従業員代表と協議しなければならない（111条）。従業員代表が組織変更に同意すれば，その実施に関する合意は成立しやすい。計画されている組織変更に関し，企業主と従業員代表の間で合意が成立した場合には，それは利益調整として書面にされ，企業主および従業員代表から署名される（112条1項）。
　利益調整の取扱事項[59]は，組織変更計画という企業主の経済的決定そのものの当否，およびその実施方法である。たとえば，閉鎖計画につき，その規模・程度を縮小する，事業目的を変更して生産活動を継続する，組織変更につき実施時期を遅らせるなどである。労働者の不利益を除去したり軽減することが議論され合意される。整理解雇が必要であると判断されれば，その人選基準を定めることになる。
　ロ）合意の試み　計画されている組織変更に関する利益調整の合意が成立しない場合には，企業主または従業員代表は州雇用庁長官に仲介を要請することができる。合意が成立しない場合，従業員代表が仲裁手続（仲裁委員会設置）を進めるか否かは自由であるが，企業主側にとってそれは義務であり，それを怠れば従業員代表との利益調整を試みなかったこと（113条3項）と同一視される。
　なお，企業主が，111条にもとづいて計画された組織変更を，従業員代表と利益調整を試みることなく実施し，かつ，その措置の結果，労働者が解雇されるか，または他の経済的不利益を被る場合には，不利益調整が行われる（113条3項）。
　ハ）不利益調整　企業主がやむをえない理由もなしに，計画されている組織変更に関する利益調整を試みない場合，またはその合意を履行しない場合，その結果として解雇されることになる労働者は，使用者に補償金（Abfindung 退職手当）支払を求めて，労働裁判所に提訴することができる（113条1項）。これ

---

59) 実例につき，本書・資料Ⅲ参照。

を不利益調整という。労働者がほかの経済的不利益を被る場合も同様である。不利益調整の目的は，企業主の合意努力の不足および合意の不履行に対する制裁，そして労働者の不利益への補償である。

　不利益調整の内容は，整理解雇では補償金支払である。そのさいに解雇制限法10条が準用され，補償金額は月額賃金の12か月分を上限とする。ただし，労働者が50歳以上で，かつ，15年以上勤続している場合には15か月分まで，55歳に達し，かつ，勤続20年以上であれば，18か月分まで支給されうる（解雇制限法10条2項）。ここで補償金支払の月数につき，裁判所は，労働者の年齢，勤続年数，再就職の可能性をとくに考慮して決定する。このさいに企業の経済的状態は何ら考慮されない。

　(3)　**補償計画**[60]　企業主と従業員代表の間で，計画されている組織変更に関して協議し，その結果，労働者に生じる経済的な不利益を補償または緩和することに関する合意（補償計画）が成立すれば，それは書面に記録され，企業主および従業員代表から署名される（112条1項）。

　これは，計画されている組織変更の結果，労働者に生じる不利益を調整または緩和するものである。それは，それ自体としては是非を問われない組織変更の企業主決定から発生する社会的および人事的な影響にのみかかわる。手続きは利益調整と同じであるが，大きく異なる点は，企業主と従業員代表は補償計画の内容に関して合意できない場合には，補償計画の内容を仲裁委員会が自ら決定することである。その意味で，従業員代表は共同決定権を有する。

　補償計画の内容は，組織変更が結果的に深刻で補償できない損失を労働者の生活に及ぼすか，それとも企業の経営危機が労働者に不利益を及ぼすことなく克服できるかに大きく左右される。補償金を算定する出発点は，組織変更により関係労働者に生じる不利益である。補償計画の目的は，完全な補償（調整）である。ただし，企業の経済的状態が不利益の緩和を許容する範囲内においてである。

　解雇や合意解約などにより職場を喪失する場合，補償金が支給される。それ

---

[60]　この実情につき，深山明1995・第6章，藤内著194頁，高橋賢司著138-140頁，藤内2012・138-140頁参照。実例につき，本書・資料Ⅳ参照。

**図表10-3 補償金算定表**
(単位:各労働者の月給,合理化保護協約)

| 勤続年数(年) | 40歳未満 | 40歳以上 | 45歳以上 | 50歳以上 | 55歳以上 |
|---|---|---|---|---|---|
| 3 | — | 2 | 2 | 3 | 3 |
| 5 | 2 | 3 | 3 | 4 | 5 |
| 7 | 3 | 4 | 5 | 6 | 7 |
| 9 | 4 | 5 | 6 | 7 | 9 |
| 11 | 5 | 6 | 7 | 9 | 11 |
| 13 | 6 | 7 | 8 | 10 | 12 |
| 15 | 7 | 8 | 9 | 11 | 13 |
| 17 | 8 | 9 | 10 | 12 | 14 |
| 19 | 9 | 10 | 11 | 13 | 15 |
| 21 | 10 | 11 | 12 | 14 | 16 |
| 23 | — | 12 | 13 | 15 | 17 |
| 25 | — | 13 | 14 | 16 | 18 |

注:この数字の月給分が補償金として支給されるということである。
補償金算定表は,図表9-2にもある。
出典:Wolfgang Hamer, Personalabbau/Betriebsbedingte Kündigung, S. 36

は日本の退職金に相当する。実務では,年齢および勤続年数を目安とした一括払いがよく用いられる。補償金取扱いの例として,連邦職員向け労働協約(BAT)「合理化保護協約」では,補償金算定基準表が**図表10-3**のように定められている。この協約は公務員に適用されているものなので,非営利的な企業などでよく参考にされる。補償金支給と同様に,早期引退も重要な役割を果たす。それにより,仕事に大きな困難を抱えた中高年者の事案が解決される。それは60歳以上の労働者に適用されることが通常である。早期引退により公的年金支給額が減ることがあるが,それは失業手当および失業扶助を考慮したうえで,使用者が加算することで対処されている。

ただし,失業率が高く再就職が困難な状況のときには,補償計画にもとづく補償金支給では問題解決に限界がある。労働者の関心事は,適切な雇用機会を得ることである。そのために,協定にもとづいて,労働者に対しては資格向上のための転換訓練受講を求め,使用者には経営多角化により新しい製品の開発,新しい市場を開拓することが求められる。再就職支援会社(本書・補論1)設立もその方法の1つである。それと補償計画が併存する。

## 六 小 括

### 1 本章の要約

整理解雇の要件・手続きの特徴を確認すれば,つぎのようになる。
　イ)人員削減の必要性につき,原則として司法審査は行われない。それにと

もなう支障は，共同決定法にもとづく監査役会における労働者代表の参加および被解雇者に対する補償金支払により補われている。

ロ）被解雇者の選考にあたり，経営上必要とされる労働者は除外されるという形で事業所利益が考慮され調整されている。

ハ）被解雇者の人選では社会的選考が行われる。その指標として，勤続年数，年齢，扶養義務および重度障害という4つが法律で定められている。その比重のかけ方，ほかの考慮する指標は事業所自治の問題である。

ニ）被解雇者に対しては，補償計画策定により補償金が支給されて不利益が緩和される。

このような取扱基準は，法律に明記された手続規制と不利益緩和といえる。

## 2　社会的選考ルールが形成された背景

被解雇者の人選で社会的選考が行われるようになった背景には，歴史的な沿革がある。それは19世紀末の労働協約で，「当該地域に住んでいた労働者よりも外部から流入してきた労働者がまず解雇されるべき」と定められたことに由来する。そうした協約の傾向が，祖国勤労奉仕法（1916年），動員解除令（1919年）に反映し，戦後につながる。ここでは組合側がそれを要求したことが重要である。

また，企業内で被解雇者人選基準を交渉するのは従業員代表である。従業員のなかで勤続年数の長い者が従業員代表委員に選出される傾向があることも，従業員代表が中高年者の利害を考慮した対応をすることにつながっている。

他方で，使用者側の事情を考えると，ドイツでも使用者側として経営困難時の人員削減を労働者の能力や成績を考慮して労働力評価基準にもとづいて行いたいという願望をもつ。しかし，組合の要求に応じてさほどその願望に固執していない。その背景には，協約上の賃金体系が職務給であり，担当職務の種類および技能水準に応じているために，日本の年功的賃金体系と異なり，賃金水準と労働力水準のアンバランスが小さいという事情がある。

## 3　整理解雇の実施頻度

図表1-3，4と図表4-3を比較する。図表1-3（1974-75年）によれば，雇用調整実施事業所のうち整理解雇実施率は61％，図表1-4（1976-78年）によれば57％であるのに対し，図表4-3（2009年）によれば，全事業所のうち13％である。雇

用調整方法のなかで実施率の順位が下がっており，減少してきたことが推測される。

　整理解雇による離職率は，2005年で1.9%，2007年で2.2%である[61]。

　つぎに，雇用調整において整理解雇の比重が低下してきた背景を考える。第1に，別の人員削減方法である希望退職が定着してきた。第9章でみたように，使用者としては人員削減費用が高づくことを覚悟すれば，希望退職のほうがスマートである。第2に，90年代以後の雇用のための同盟の普及および事業所における雇用保障協定の普及があり，それを背景に事業所組織法改正（2001年）により雇用保障で従業員代表が果たす役割が増大し[62]，従業員代表が整理解雇をできるだけ回避し，より社会調和的な雇用調整方法を追求しようとすることによる。

---

61)　藤内2012・144-145頁。
62)　藤内著・147頁。

第Ⅲ部 総　括

# 第11章　日独比較

　以上，10章までの検討を踏まえて，雇用調整に関する日独比較を行う。それにより日独の共通点および相違点が分析される。そのうえで日本で雇用調整のあり方を考えるうえでの示唆を得たい。

## 一　日本の特色

### 1　歴史的推移

　日本における雇用調整の特色をみる。**図表11-1**をみると，1975年をピークにオイル・ショック時には多数の事業所で雇用調整が実施されたことがわかる。**図表11-2**で産業合計と製造業を比較すると，雇用調整実施ピーク時には製造業で実施比率がとくに高いことがわかる。とくに今回リーマン・ショック後ではそういえる。これはその産業分野が国際競争にさらされていることの反映であろう。ただし，1975年では調査対象が製造業中心であったこともあり，産業合計と製造業の実施率に隔たりが小さく，全産業分野で実施されている。

　前回の景気後退期であったITバブル崩壊後の2002年1-3月期と比較すると，2009年は「希望退職の募集・解雇」が減り，反対に，残業規制，一時休業，配置転換および操業日数短縮の利用が増えている。また，「派遣労働の削減」が調査項目として新たに登場している。

　〔共通点〕今回リーマン・ショック後の雇用調整につき，それ以前と共通する点として，企業レベルの雇用調整順位として，まず「残業削減」から始まり，「中途採用の停止」「臨時・パート労働者の再契約停止」と進む。さらに深刻になると「配置転換・出向」「一時休業（一時帰休）」が行われ，最後には「希望退職者の募集・（指名）解雇」という正規従業員の人員削減に至るといわれる。[1]この実施順は今日にも妥当している。**図表11-1**からみて，一時休業は希望退職募集よりも先に行われる傾向である（ただし，1998-2002年はやや異なる）。

### 図表 11-1　雇用調整等の方法別事業所比率の推移

(％, 複数回答)

| 年　月 | 雇用調整実施比率 | 残業規制 | 休日増 | 臨時・パートの停止 | 中途採用停止 | 配置転換 | 出向 | 一時休業 | 解雇希望退職・ | (その他・小計) | 操業日数短縮 | 賃金等削減 | 外注の削減 | 派遣労働の削減 | (実施なし) |
|---|---|---|---|---|---|---|---|---|---|---|---|---|---|---|---|
| 74.10-12 | 58 | 40 | 7 | 16 | 40 | 16 | | 4 | 5 | — | — | — | — | — | 42 |
| 75.1-3 | 64 | 49 | 11 | 12 | 45 | 18 | | 9 | 5 | — | — | — | — | — | 36 |
| 93.7-9 | 41 | 31 | 7 | 5 | 17 | 11 | 7 | 2 | 1 | 15 | 5 | 3 | 9 | — | 59 |
| .10-12 | 38 | 26 | 6 | 7 | 18 | 11 | 8 | 4 | 2 | 16 | 6 | 5 | 10 | — | 62 |
| 98.10-12 | 32 | 19 | 5 | 5 | 10 | 10 | 7 | 3 | 4 | 17 | 4 | 8 | 8 | — | 68 |
| 99.1-3 | 34 | 19 | 4 | 5 | 9 | 10 | 7 | 3 | 4 | 15 | 3 | 6 | 8 | — | 66 |
| 4-6 | 31 | 18 | 4 | 3 | 8 | 10 | 7 | 3 | 4 | 15 | 3 | 8 | 7 | — | 69 |
| 01.7-9 | 25 | 14 | 5 | 4 | 7 | 7 | 5 | 1 | 3 | 11 | 3 | 4 | 6 | — | 75 |
| 10-12 | 29 | 15 | 4 | 5 | 7 | 9 | 5 | 3 | 5 | 15 | 4 | 8 | 7 | — | 71 |
| 02.1-3 | 31 | 16 | 4 | 5 | 10 | 5 | 3 | 7 | 14 | 4 | 8 | 7 | — | | 69 |
| 08.10-12 | 35 | 21 | 7 | 6 | 9 | 11 | 4 | 2 | 3 | 21 | 7 | 4 | 5 | 12 | 65 |
| 09.1-3 | 47 | 30 | 8 | 12 | 13 | 14 | 4 | 13 | 5 | 30 | 12 | 10 | 8 | 17 | 53 |
| 4-6 | 49 | 29 | 9 | 7 | 13 | 15 | 5 | 14 | 3 | 28 | 9 | 13 | 7 | 11 | 51 |
| 7-9 | 45 | 26 | 8 | 5 | 12 | 13 | 5 | 11 | 3 | 22 | 7 | 11 | 5 | 8 | 55 |
| 10-12 | 43 | 26 | 9 | 4 | 12 | 13 | 5 | 10 | 3 | 22 | 7 | 10 | 5 | 8 | 57 |
| 10.1-3 | 44 | 25 | 5 | 5 | 10 | 14 | 5 | 2 | 2 | 20 | 5 | 9 | 5 | 7 | 56 |
| .4-6 | 40 | 22 | 9 | 3 | 8 | 14 | 6 | 6 | 2 | 20 | 6 | 6 | 4 | 6 | 60 |

注：本調査では対象事業所は労働者数30人以上である。雇用調整を実施しない事業所を含む調査である。
　　1974-93年調査では調査対象は，現在と異なり製造業が主で，サービス産業は限定されている。
出典：厚生労働省「労働経済動向調査」より作成。

上位を占める調整方法はほぼ固定している。解雇が少ないのも一貫している。

　また，「賃金等削減」による雇用調整では，賞与（一時金）は企業経営状態に応じて変動可能な，企業にとって弾力的な制度であるが，それは一貫してそのように運用されている。

---

1)　猪木武徳＝樋口美雄編『日本の雇用システムと労働市場』（日本経済新聞社，1995年）69頁〔村松久良光〕。個別事例につき，中馬宏之『検証・日本型「雇用調整」』（集英社，1994年）参照。

第11章 日独比較

図表11-2 産業計と製造業の雇用調整方法比較

(%)

| 年　月 | 〈産業合計〉 | | | | 〈製造業〉 | | | |
|---|---|---|---|---|---|---|---|---|
| | 雇用調整実施 | 一時休業実施 | 希望退職・解雇 | 派遣削減 | 雇用調整実施 | 一時休業実施 | 希望退職・解雇 | 派遣削減 |
| 1975.1-3 | 64 | 9 | 5 | — | 72 | 11 | 6 | — |
| 1993.7-9 | 41 | 2 | 1 | — | 46 | 2 | 1 | — |
| 1999.1-3 | 34 | 3 | 5 | — | 45 | 7 | 6 | — |
| 2002.1-3 | 31 | 3 | 7 | — | 42 | 6 | 9 | — |
| 2009.1-3 | 47 | 13 | 5 | 17 | 69 | 31 | 7 | 33 |

注：1974-93年調査では調査対象は製造業が主で，サービス産業は限定されている。
出典：厚生労働省「労働経済動向調査」より作成。

図表11-3 製造業における雇用調整方法選択比率

(雇用調整実施企業のうち，%)

| 年・四半期 | 残業規制 | 一時休業・帰休 | 中途採用の削減・停止 | 配置転換 | 出向 | 臨時・パートタイムの不更新 | 希望退職募集・解雇 |
|---|---|---|---|---|---|---|---|
| 1974・3-80・2 | 57.3 | 13.6 | 61.3 | 36.9 | | 7.7 | 5.2 |
| 1980・3-84・4 | 51.0 | 12.3 | 38.8 | 32.9 | | 5.4 | 3.8 |
| 1985・1-88・4 | 57.8 | 9.8 | 25.2 | 32.8 | 33.3 | 4.2 | 4.4 |
| 1991・1-97・2 | 65.0 | 6.2 | 31.3 | 31.1 | 24.7 | 9.7 | 3.1 |
| 1997・3-00・3 | 61.2 | 9.2 | 25.6 | 34.9 | 29.2 | 10.6 | 8.1 |
| 2000・4-04・3 | 49.3 | 5.6 | 18.2 | 34.2 | 26 | 11.7 | 11.1 |

注：これは四半期ごとの集約であり，実施期間の後ろの数字は各四半期を指す。
出典：「労働経済動向調査」より作成。JILPT資料シリーズNo.2『リストラと雇用調整』(2005年) 19頁。

　企業規模による違いをみると，全国中小企業団体中央会の調査（2009年7月実施）によれば[2]，リーマン・ショックへの対応で，契約・臨時社員等の雇い止め，派遣契約の解除，残業規制，一時休業，配置転換および出向で企業規模が大きくなるほど実施比率が高くなるのに対し，正社員の解雇だけは規模が大きくなるほど低くなっている。また，大企業のなかで1,000人および3,000人で区

---

2) 労政時報3781号（2010年）95-96頁〔全国中小企業団体中央会〕。

切って分類した連合調査（2008年11月実施，調査対象は加盟民間労組）によれば[3]，出向・転籍だけは企業規模が大きいほど実施比率が高くなるが，残業削減，契約労働者等の雇い止め，派遣労働者の削減，配置転換は大企業のほうが中小企業よりも高くなるが，必ずしも一直線に企業規模に比例するわけではない。

産業別にみると，製造業では，希望退職・解雇の実施率が全体平均よりも高い（図表11-3）。

〔変化〕 他方で，以前に比べて変化した点として，「中途採用停止」は1974-75年には4割強の企業で実施されたことに比べるとやや減少してきた。これは，オイル・ショック後に企業が減量経営で人員を絞り込んできたことにより人員の余裕がなくなってきたことを示すものと解される。また，今回は一時休業がオイル・ショック後に比べてもより頻繁に実施された。とくに製造業でその傾向が強い。リーマン・ショックの雇用に対する影響がかつてない規模であったこと，雇用調整助成金の利用条件緩和が後押ししたことを示している。

「1996年以前には，上部団体企業（労働組合があり，かつ，その組合が上部団体に加盟している企業）では，赤字にならなければ人員整理を実施しない傾向があ」[4]った。1997年以後，赤字経営でなくても人員削減（希望退職，解雇）が実施されるようになった。これは日本労働研究機構（JIL）調査（2002年実施）[5]で，1999-2001年の3年間に人員削減を実施した企業の人員削減理由として，「現在の重大な経営上の困難に対処するため」は36％にとどまり，残る6割余りは現時点で赤字ではなくても戦略的に，または将来に備えて人員削減を実施していることにも示されている[6]。人員削減の方法として，人員削減の項で希望退職と

---

[3] 労政時報3741号（2009年）105-106頁〔連合緊急雇用実態調査〕。

[4] 野田知彦『雇用保障の経済分析』（ミネルヴァ書房，2010年）174頁。
「二期赤字で人員削減に着手」する傾向が，1996年までは，セメント，電機産業，機械製造業および造船業の大手でみられた。猪木＝樋口編・前掲注（1）70頁〔村松〕参照。同旨，松浦克己「雇用削減と減配・無配の関係」フィナンシャル・レビュー60号（2001年）111頁。

[5] 野田・前掲注（4）126頁，174頁。

[6] JIL「事業再構築と雇用に関する調査（企業調査）」（2002年）13頁。http://www.jil.go.jp/press/koyo/020617.html

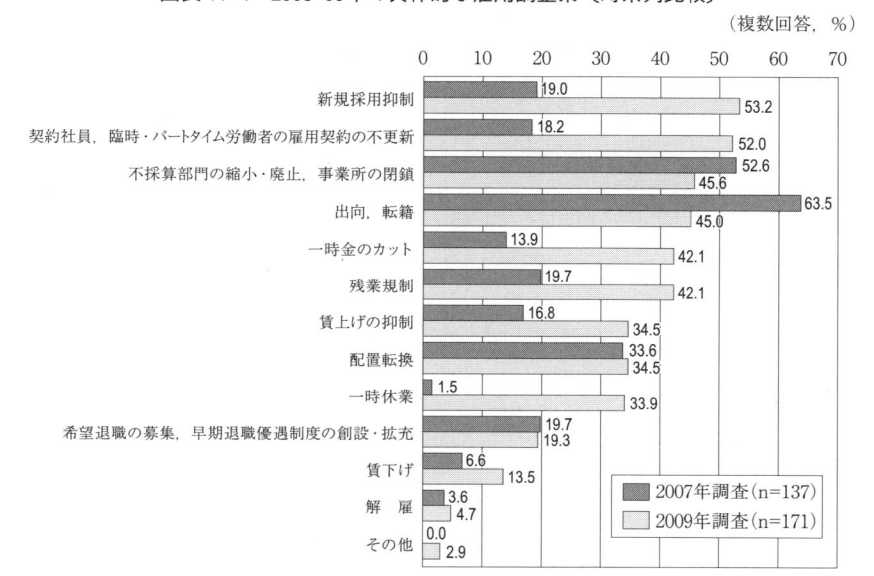

図表11-4 2005-09年の具体的な雇用調整策〔時系列比較〕

(複数回答, %)

| 項目 | 2007年調査(n=137) | 2009年調査(n=171) |
|---|---|---|
| 新規採用抑制 | 19.0 | 53.2 |
| 契約社員, 臨時・パートタイム労働者の雇用契約の不更新 | 18.2 | 52.0 |
| 不採算部門の縮小・廃止, 事業所の閉鎖 | 52.6 | 45.6 |
| 出向, 転籍 | 63.5 | 45.0 |
| 一時金のカット | 13.9 | 42.1 |
| 残業規制 | 19.7 | 42.1 |
| 賃上げの抑制 | 16.8 | 34.5 |
| 配置転換 | 33.6 | 34.5 |
| 一時休業 | 1.5 | 33.9 |
| 希望退職の募集, 早期退職優遇制度の創設・拡充 | 19.7 | 19.3 |
| 賃下げ | 6.6 | 13.5 |
| 解雇 | 3.6 | 4.7 |
| その他 | 0.0 | 2.9 |

注:調査時からみて過去2年間に雇用調整を実施した企業を対象に集計。
出典:JILPT資料シリーズNo.71『今後のポートフォリオと人事戦略に関する調査』(2010年) 17頁〔同名の研究会〕。

並んで「早期退職優遇制度の創設・拡充」がおかれているのが特徴的である。とくに2002年頃がピークに達する[7]。しかし,人員削減はリーマン・ショック後,減っている。この時期,派遣労働の削減および一時休業・操業日数短縮によって代替された(図表11-1, 2)。

オイル・ショック直後は雇用調整実施比率が高い。それは直前の高度成長期で人手不足傾向だったところに雇用状況が急変したことから,サービス業を含む多くの産業分野で雇用調整が実施されたことによる。それに対し,リーマン・ショック後は輸出志向の製造業を中心に実施された。

## 2 今回の特徴

労働政策研究・研修機構(JILPT)調査(2009年9月実施,調査対象は上場企業

---

7) 『労働経済白書・平成21年版』154頁。

**図表 11-5 過去・今後 3 か月間に実施される雇用調整**

(連合調査, 2008年11月, %)

|  | 過去3か月 | うち,雇用調整実施企業 | 今後3か月間(予定) | うち,雇用調整実施企業 |
| --- | --- | --- | --- | --- |
| 残業削減・規制 | 20.2 | 48.3 | 24.6 | 56.1 |
| パートタイム・契約労働者の雇い止め | 4.6 | 9.5 | 8.5 | 18.0 |
| 派遣労働者の削減 | 12.1 | 28.3 | 18.6 | 40.2 |
| 請負の削減・縮小 | 3.1 | 7.8 | 4.9 | 11.5 |
| 採用募集の削減・停止 | 5.4 | 12.2 | 6.2 | 13.8 |
| 配置転換 | 9.3 | 18.4 | 10.8 | 24.1 |
| 出向・転籍 | 5.9 | 11.6 | 5.0 | 11.9 |
| 一時休業・帰休 | 0.9 | 2.3 | 2.7 | 6.7 |
| 希望退職募集・解雇 | 1.4 | 2.9 | 1.8 | 4.0 |
| 新卒採用内定取り消し | — | — | 0.1 | 0.4 |
| 上記の雇用調整方法は実施予定していない | 59.8 | 22.1 | 55.8 | 14.0 |

注：これは連合が加盟民間組合を対象に実施したものである。1,363労働組合回答，回答率26%調査対象には，雇用調整実施予定のない企業の労働組合を含んでいる。
出典：労政時報3741号（2009年）105頁，106頁〔連合緊急雇用実態調査〕。

に限られている）によれば（**図表11-4**），2009年9月時点で「過去2年間に雇用調整が実施された」のは調査企業の76.7％である。そこでは，採用抑制，契約社員等の契約不更新，出向等および一時金カットの方法が上位である。一時休業も34％と高い。**図表11-1**でも同じ傾向を確認することができる。ただし，「残業規制」の実施率がやや異なる。

**図表11-1**によれば，残業規制は従来から多く，雇用調整方法のなかで残業規制のほうが採用抑制に比べて一貫して重視されていた。「出向・転籍」は**図表11-4**では雇用調整実施企業（76.7％）のうち45％（全体の35％）に達しているのに対し，**図表11-1**ではさほど高い比率ではない。これは**図表11-4**が大企業中心の調査であったことの反映であろう。

派遣労働の削減が増加している。これは1999年および2003年の労働者派遣法改正によって派遣労働を使いやすくなった結果として派遣労働者数が増えたこ

第11章　日独比較

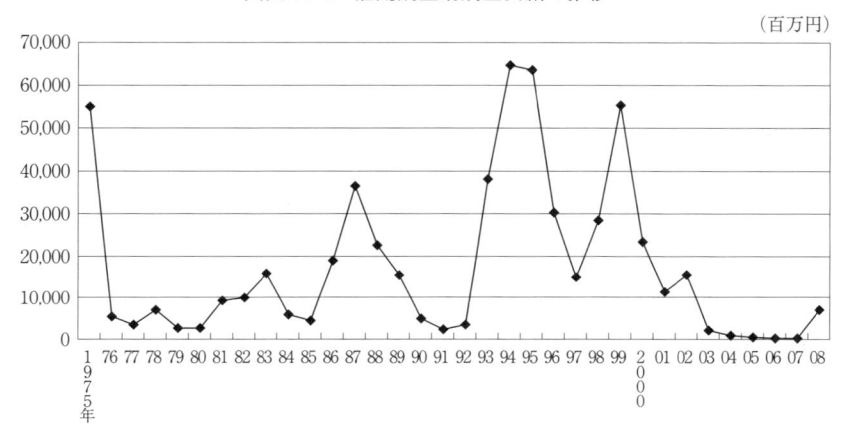

図表 11-6　雇用調整助成金支給の推移

(百万円)

出典：厚生労働省職業安定局資料より作成（JILPT 資料シリーズ No.10『雇用調整助成金受給事業所の経営と雇用』（2005年）に補足）

との反動であるという側面がある。とくに雇用調整の初期には、頻繁に行われている（図表11-5）。

連合による加盟組合に対する調査（図表11-5　2008年11月、回答組合は大企業が中心であろう）によって、雇用環境変化直後に実施される方法は、残業規制、派遣労働者削減、配置転換および採用抑制であることがわかる。それに比べると、一時休業はしばらく経過した後に実施される。実施頻度と実施優先順位は異なるが、これは2008年11月という雇用環境悪化の直後であり、優先的に実施された措置と理解できよう。また、一時休業は、雇用調整実施企業に限っても6.7％の企業で「今後3か月間」に実施予定であり、JILPT調査（2009年）（図表11-4）で25.6％（76.7％×0.339）の企業が実施したのと大きく異なる。一時休業・助成金支給は、リーマン・ショックから1年近く経て2009年7-10月に受給者数のピークを迎えた（図表11-6, 7）。一時休業・助成金利用の実施順位は遅く、08年11月時点では全国でも76事業所、1,590人分の給付であり、調査時期の違いによる。それでも後述のように、日本ではかつてなく大規模に利用された。

図表11-7　雇用調整助成金支給対象者数
(1,000人)

| 年　月 | 対象者数 |
|---|---|
| 2008.4 | 1 |
| 6 | 2 |
| 8 | 2 |
| 10 | 2 |
| 12 | 3 |
| 2009.2 | 22 |
| 4 | 535 |
| 6 | 1,857 |
| 8 | 2,501 |
| 10 | 2,271 |
| 12 | 1,838 |
| 2010.2 | 1,371 |
| 4 | 1,066 |
| 6 | 1,134 |
| 2011.4 | 478 |
| 6 | 764 |
| 7 | 1,036 |
| 8 | 987 |

注：1,000人単位で四捨五入している。助成金のうち約85％が一時休業のためであり、残る約15％は教育訓練のためであるといわれる。

出典：労働経済白書・平成22年版220頁。それに厚生労働省の速報「雇用調整助成金等支給決定状況」により加筆・修正した。

## 二　日独比較（図表11-8）

### 1　概　要

（1）　日独の共通点として、第1に、労働者数の増減によらずに、1人当たり労働時間数の調整による方法が中心である。すなわち、外部的な人員調整によるのではなく、労働時間削減という企業内部的な雇用の柔軟性に強く依拠している。この点は重要な特徴であり、解雇が原則として自由で、「採用と解雇の繰り返し」により雇用調整をはかるアメリカとは対照的である。第2に、ドイツでは操業短縮、日本では一時休業・雇用調整助成金利用（日本版操業短縮）という一時的な時短が、手当・補助金に支えられて、2008-09年には頻繁に利用された。これが今回の深刻な雇用危機を失業率の上昇につながらせないうえで有効であった。今回、日本では利用が多かったが、ドイツでは従来から頻繁に利用されている。第3に、希望退職がかなり頻繁に利用されている。第4に、整理解雇の実施は極めて少ない。実施される場合に企業規模による違いがあり、小規模企業でやや頻繁に実施されている。[8]

また、年休取得促進を雇用調整に活用する可能性につき、ドイツではそのような取扱いがある。日本では直接に対応するわけではないが、雇用調整方法の1つに「休日の振替、夏期休暇等の休日・休暇の増加」という

---

8)　エルンスト・180頁。

第11章 日独比較

図表11-8 雇用調整方法の日独比較

(全事業所対象調査, 2009年実施, %)

| (調査者)<br>(本書図表番号) | 経済社会科学研究所 (WSI)<br>(4-2,3) | ブレーメン労働者会議所<br>(4-5) | Lohnspiegel [1]<br>(4-6) | 労働経済動向調査 [2]<br>(11-1) | JILPT [3]<br>(雇用調整実施企業中)<br>(11-4) |
|---|---|---|---|---|---|
| 労働時間口座・残業削減 | 30 | 19 | — | 30① | 42 |
| 派遣労働の削減 | 24 | 10 | 22 | 17② | — |
| 操業短縮・一時休業 | 20 | 18 | 19 | 14④ | 34 |
| 有期契約の不更新 | 17 | 25 | 32 | 13 | 52 |
| 配置転換 | 14 | 22 | — | 15③ | 35 |
| 採用抑制 | 13 | 24 | 40 | 13 | 53 |
| 賃金削減 | 11 | 10 | — | 13 | 42 |
| 希望退職 | 7 | 17 | 13 | 5 | 19 |

注1): これは「雇用調整なし」が28%にとどまっており、実施企業の比率が高い。
注2): 四半期ごとの調査のうち各事項で2009年中の最高値を示した。この項で○内の数字は順位を示す。
注3): これだけは雇用調整実施企業のみに対する比率である。
注4): 右側2つの枠は日本に関するものであり、左側3つの枠はドイツに関するものである。

項目があるので、休暇を活用しようとする点は共通する。ただし、両国では年休取得率に大きな違いがあり、日本で年休取得率は5割以下という低率にとどまっている。

図表4-1(雇用柔軟性のレベル・形態)に照らすと、「労働時間の長さ」でまず内部的な柔軟性が活用され、同時に・つぎに外部的な柔軟性が活用される。雇用調整の実施順序につき、日独で共通する傾向がある。ドイツではまず最初に労働時間口座(残業規制に相当)が、つぎに操業短縮が実施されるが、日本では残業規制→派遣労働縮小・有期雇用雇い止め→配置転換→操業短縮・一時休業(ピーク時：ドイツでは09年5月、日本では09年8月)の順である。ただし、ドイツでも派遣労働削減の方法が重要になりつつある。

(2) ドイツと比較した日本の特色は、第1に、時間外労働の増減が大きな役割を果たしていることである。[9]この方法は日本では一貫して重要である。雇用危機下の2009年の製造業にもなおかなり長い時間外労働があることにみられる

---

9) エルンスト・172頁。

図表 11-9　日本の時間外労働時間数

(月平均，時間)

| 年 | 2003 | 2004 | 2005 | 2006 | 2007 | 2008 | 2009 |
|---|---|---|---|---|---|---|---|
| 事業所規模5人以上 | 10.0 | 10.3 | 10.4 | 10.7 | 11.0 | 10.7 | 9.2 |
| 同30人以上 | 12.1 | 12.4 | 12.4 | 12.9 | 13.4 | 12.9 | 10.9 |
| 製造業・5人以上 | — | — | 15.8 | 16.5 | 16.6 | 15.2 | 10.5 |
| 同・30人以上 | — | — | 17.7 | 18.3 | 18.5 | 17.3 | 11.7 |

出典：厚生労働省「毎月勤労統計調査」より作成。

(図表11-9)ように，日本では時間外労働のうち景気変動にかかわりなく恒常的に行われる部分の比率が高い。この点で日本の労働時間制度の柔軟性は高く，同時に各種の弾力的・変形制労働時間があり，労働時間口座制をさほど必要としていない[10]。将来，日本でも時間外労働実施の条件がより厳格に定められれば，そのような別の方法で弾力性を高める工夫の必要が高まるかもしれない。

　第2に，配転・出向という独自の方法がある。配転はドイツに比べてはるかに頻繁に実施され，また出向はかなり独自の方法である。これは主に大企業が利用可能である。

　配転・出向および採用抑制は日本では重要である。その背景には，労働契約における労使の権利・義務内容の構造上の違いがある。日本の多くの労働契約では担当職務内容が特定されることが少なく配置に柔軟性を有することは，雇用調整においては雇用の安定に寄与する。その結果，日本ではソフトな雇用調整方法が多様にある。この点，採用抑制につきドイツでは，採用が担当職務別に行われるため，要員数の過不足がわかりやすく，採用抑制は日本よりも少ない。また，要員計画が従業員代表との労使協議で定められるために「どの職務に余剰・欠員があるか」がはっきりすること，人手不足により時間外労働が頻繁になると従業員代表は時間外労働の同意を拒否して新規採用のために圧力を

---

10)　ちなみに，日本におけるフレックスタイム制の導入状況は，2010年で事業所の5.9%であり，1,000人以上企業では31.8%である。厚生労働省・平成22年就労条件総合調査参照。その比率が高くないのは，労働基準法でフレックスタイム制が明確に定義され利用条件が制約されていることによると考えられる。

かける傾向にあることにもよる。

　第3に，非正規雇用が雇用調整弁として果たす役割が大きい。日本では正社員の長期雇用安定のために戦前から雇用調整弁として有期雇用（臨時工）が恒常的にいた。正社員は臨時工を必要悪と認識していた。それが今日まで続いている。そして法制上，日本では有期雇用をわずかな制約のもとで大いに使える。

　また，後述するように，労働者に占める派遣労働者の比率が異なり，日本では労働者の5％前後と高い。そのために雇用調整で果たす役割も大きい。

　第4に，日本の賃金のうちボーナス（賞与）は通常，固定人件費ではなく柔軟性が高い。企業経営の状況変化に容易に対応できる。これが企業経営状態の悪化が直ちに人員削減に到る前に緩衝剤として用いられている。[11] ドイツでは「利益配分」制度がこれに相当するが，日本のボーナスほどの普及度，年間賃金に占める高い比重ではない。

　第5に，ドイツのような公的な高齢者早期引退促進制度，高齢者パート制度[12]はない。ドイツではブルーカラー労働者を中心に50代後半に現役引退に対する要望が強く，またそれを可能とする公的な財政支援により制度化されている。しかし日本では，子どもの教育費を親が負担する慣行があるなかで50代後半に引退することは，家計財政上，事実上困難である。公的な支援制度も乏しい。高年齢者雇用安定法にもとづく高年齢者雇用確保措置（9条）は，本書が論じている雇用調整的意義はなく，年金支給開始年齢までの雇用確保を促すものである。

　(3)　(a)　このようにみると，日本では総じて正社員（とくに若手・中堅）の雇用保障を最優先させ，その実現のため各種の弾力的な調整方法が用意されていることがわかる。時間外労働，配置転換，非正規雇用の活用およびボーナスでそれがいえる。これはまた，大企業労働組合の雇用調整に関する政策とも一

---

11) 日本ではボーナスは早い時期からそのように運用されてきた。昭和同人会編『わが国賃金構造の史的考察』（至誠堂，1960年）283頁によれば，1936年に官庁のなかで「賞与制度の改善」という文書で賞与制度を企業の利益の多少に応じて伸縮したものにすべきことが提案されている。

12) 本書・補論2，藤内2012・80-90頁。

致する。その結果，日本では雇用調整のしわ寄せが非正規労働者に片寄りがちである。それに対しドイツでは，まず「社会調和的な方法」によることが組合側から主張され，失業者の増加防止に重点が置かれ，限られた雇用量を分かち合う，換言すれば「雇用の痛み分け」をする傾向が強い。

（b）雇用，人事および賃金の柔軟性のレベルでは，多くの面で日本のほうが柔軟性が高い。その原因は，法的規制が緩やかであり（例，時間外労働，派遣労働，有期雇用），また企業横断的な労働協約による規制がなく（例，ボーナス），法律にもとづく従業員代表による規制が弱く（例，時間外労働），そして労働契約で担当職務の特定が少ないこと（例，配置転換）による。ドイツではそれらに関し法律・協約による規制が強いなかで，使用者側は1990年半ば以後，労働時間口座の普及によって効率性の向上をはかってきた。ここで「柔軟性が高い」とは，同時に労使関係においては使用者の裁量が大きく（例，配置転換），使用者の指揮命令に対する労働者の従属性が強いことを意味する。それは雇用保障面では雇用確保に有効に作用する。そのことはドイツの労働時間口座の位置付けにも妥当する。

（c）以上は雇用調整方法に関する検討である。他方で，雇用調整手続をみると，ここでも日独で大きな違いがある。ドイツでは事業所組織法により雇用調整にあたっての手続きが詳しく定められている。すなわち，時間外労働および操業短縮の実施には従業員代表の同意が必要であること（87条1項），中高年労働者の雇用保護が従業員代表の任務とされていること（80条1項6号），従業員代表が雇用保障，とくにパートタイム雇用および高齢者パートの促進を提案できること（92条a1項），事業所閉鎖等により労働者を解雇または配置転換する場合には実施にともない労働者に生じる不利益を緩和・除去するために補償計画を策定することが法律で定められている。手続きではないが，整理解雇にあたって被解雇者人選基準が定められている（解雇制限法1条3項）。なお，ドイツにはフレックスタイム制に関する法律規定はない。

それに対し日本では，雇用調整手続は労使自治に委ねられ，組合があれば組合との協議にもとづいて進められるが，組合がない場合には基本的に使用者側が一方的に実施する。ただし，一時休業（にもとづく雇用調整助成金の申請）には労使協定締結が必要である。このように手続きに対する法的規制の有無，程

度は日独で大きく異なり，日本では弱い。なお，手続きにつき，組合および従業員代表の関与として後述する。

　また，労使間の意思疎通として，ドイツでは使用者と従業員代表の定期協議が毎月行われている（事業所組織法74条1項）ので経営状況は従業員代表側に常時把握されている。そして雇用調整を必要とする状況下では，年4回開催される従業員集会で企業がおかれている経営状況を使用者が直接に説明し労働者の質問に答えるので，労働者がさほど不安に陥ることなく対応できることにつながっている。日本でも企業の経営状況，収益の「内部留保」状況が労働側に示されれば，雇用調整方法の協議にあたり，経営的に余裕がある企業における雇用調整はおのずと労働者にとって痛みの小さい，よりソフトな方法に収まるであろう。

　（d）なおドイツでは，1990年代から全国レベルの政労使および事業所レベルの労使間で労働者の雇用確保をめざす「雇用のための同盟」が議論され，そのための施策が議論されてきた。ここでは政府主導で雇用維持をはかる努力が行われ，リーマン・ショック後も労働大臣が大企業の代表を集めた全国会議で雇用維持への協力を呼びかけている。

　これに対して日本では，リーマン・ショック後に企業経営が立ち直った後も，企業経営の余裕を雇用維持・確保に回す姿勢は弱い。収益増加をめざす攻めのリストラ（人員削減）が目だつ。雇用に関する企業の社会的責任の認識が違うともいえる。この点，政府のイニシアティブおよび使用者側の協力姿勢が弱い。これは見方によれば，組合側のそのための働きかけが弱いともいえる。

## 2　時間外労働

　ドイツでは雇用調整にあたり労働時間口座が最も利用される方法であり，日本では残業規制に相当する。しかし，両者は必ずしもそのまま対応するものではなく，労働時間口座は一部に残業を組み込んでいる。労働時間口座にはむしろフレックスタイム制と重なる点が多いが，しかし労働時間口座はより多様であり，比較しがたい。そこでドイツでは残業規制が雇用調整で果たす役割は小さくなっているが，比較可能な対象として時間外労働に絞って比較してみる。

　（1）**日本の現状**[13]　まず，日本における時間外労働（残業）の長さは，**図表11-9**のとおりである。リーマン・ショック後の2009年の製造業にも，前年に比

図表11-10 時間外労働をめぐる日独比較

|  | 日本 | ドイツ |
|---|---|---|
| 平均的時間外労働数（月） | 10-12時間 | 4.5時間（または週1時間[1]) |
| 2007-09年の減少幅（月平均） | 1.8時間，16%（5人以上の事業所）ないし2.5時間，19%（30人以上事業所）減 | 1.04時間，25%減 |
| 時間外労働の法定上限 | 週15時間，月45時間，年360時間[2] | 1日10時間，年60日まで |
| 手当割増率（平均） | 28%（法定は25%） | 25% |
| 実施手続 | 三六協定締結 | 従業員代表の同意 |

注1)：ドルトムント社会調査研究所調査による。
注2)：ただし，特別の事情が生じた場合の例外扱いを認める。
注3)：日独比較に関する表作成は筆者による。以下，同じ。

べれば減ったとはいえかなりの時間外労働がある。ドイツでは1970-80年代前半に大幅に減少したのに対し，日本ではさほど減らなかった。[14]

図表11-10から，2007年と比較した2009年の時間外労働時間数の変動（パートタイムを含む）は，5人以上事業所で16%減，30人以上で19%減，製造業でみると，5人以上事業所・30人以上ともに37%減である。大幅な減少である。これを一般（フルタイム）労働者の総労働時間でみると，月当たり，07年170.6時間から09年164.7時間になり5.3時間減（＝年間70.8時間減）である。これを製造業・一般労働者に限定すると，月当たり07年173.9時間から09年160.5時間になり13.4時間減（＝年間160.8時間減）である。[15]

両国の取扱いを対比すると，図表11-10のとおりである。実施方法の難易度では，日本では三六協定締結（正確には，加えて時間外労働義務に関する就業規則等の定め等が必要である）が必要であり，ドイツではそのつど従業員代表の同意

---

13) 久本憲夫編『労使コミュニケーション』（ミネルヴァ書房，2009年）第3章〔小倉一哉〕。
14) エルンスト・173頁。
15) この点，ドイツの現状をみると（2007年），年間労働時間1,354時間×0.04（4%）＝54時間／年＝4.5時間／月となる。ただし，これは手当支給または時間補償されている時間外労働であり，労働時間口座の対象になっていて調整対象となる時間外労働（支払われない時間外労働）は含まれていない。

が必要であることに比べると，日本のほうが容易に実施できる。

(2) **日本で時間外労働が長い原因**　このように時間外労働の長さでは日独で大きな違いがある。日本で時間外労働が長いことの原因につき各種の調査・研究があるが[16]，私見によれば，第1に，使用者側の動機として，時間外割増率が低く，時間外労働によるほうが新規採用よりも人件費が安づくこと，すなわち均衡割増賃金率よりも実際の平均割増率28％強（2010年）[18]が低いことによる[17]。その結果，景気変動と関係なく恒常的な時間外労働がある[19]。時間外労働割増手当の趣旨の1つは，割増により使用者側に時間外労働実施を抑制させることに

---

16) 連合総研の勤労者短観調査，JILPT労働政策研究報告書 No. 22『日本の長時間労働・不払い労働時間の実態と実証分析』（2005年），鶴光太郎ほか編『労働時間改革』（日本評論社，2010年）8頁以下〔鶴光太郎〕など。

17) 久本編・前掲注(13)76頁〔小倉〕。
　均衡割増賃金率を試算する。労働費用は厚生労働省・就労条件総合調査により，労働時間は厚生労働省・毎月勤労者統計調査により把握する。『労働統計要覧・平成23年版』93頁，112頁，160頁によれば，常用労働者30人以上の民営企業における月平均労働費用は41万4,428円，決まって支給する所定内賃金は29万1,800円。そのために月149.0時間（以下「h」ともする）（うち所定内137.1h）働いた。そうすると，労働費用は，2,781円／h（＝41万4,428円÷149.0h）であり，所定内賃金は，2,128円／h（＝29万1,800円÷137.1h）となる。
　時間外労働手当算定には賞与，現金給与以外の労働費用を含まない。また家族手当（月給の2.4％），通勤手当（同1.1％）および住宅手当（同0.8％）は算定基礎には含まれない（労基法37条4項，労基則21条）。含まれない生活関連手当は4.3％になる。なおこの数字は，中央労働委員会・平成23年調査（中央労働委員会HP「平成23年賃金事情等総合調査」）による。本調査は労働者1,000人以上の企業を対象として，前記の賃金等のデータが労働者30人以上の企業を対象としていることと異なるが，当該事項に関してはこの調査からしか入手できないのでこれによる。
　これを計算すると，2,128円×0.957×1.365＝2,781円となり，36.5％割増で初めて新規採用コストと同じになる。よって，私の試算によれば，均衡割増賃金率は36.5％である（2011年）。2006年ではそれは61％であった（藤内2012・107頁）。
　なお，久本編・前掲注(13)76頁〔小倉〕は，厚生労働省による均衡割増賃金率の試算として，2002年の分につき52.2％という数値を紹介する。また，久本憲夫「今こそ割引労働としての残業をなくすべき」労働調査2003年8月号6頁は，2002年分につき，それを68％と試算する。

18) 日本生産性本部編『活用労働統計2012年版』142頁。

19) 労働省編『昭和61年版・労働白書』（日本労働協会，1986年）222頁。

あるが，この割増率ではそれを抑制する機能を果たしていない。[20)21)]

さらに，労働者の生活事情・意識として，現在の賃金レベルでは残業手当なしには生活に不足が生じ，一定程度の時間外労働を労働者が歓迎する傾向がある。

第2に，時間外労働に抑制がかからない法制上の原因として，厚生労働省告示により時間外労働の上限が週15時間，月45時間および年360時間等と定められているが，それは特別の事情が生じた場合に例外的取扱を認めるものである。[22)] また，残業の手続きが容易であり，そのつどの労働者本人または労働者側代表の同意を必要としない。この点では判例が時間外労働手続を緩やかな要件[23)]で認めていることも寄与している。それに対しドイツでは，時間外労働は労働時間口座に組み込まれている場合を除き，そのつど従業員代表の同意を必要とし容易ではない。[24)]

(3) **ドイツで時間外労働が短い理由**　まず，労働時間法により，上限は1日10時間，年60日までとする制約がある。[25)] つぎに，時間外労働には従業員代表

---

20) この点をドイツについてみると，ドイツでは割増率はほとんどの産業分野で最初は25％である（WSI, Tarifhandbuch 2010：正確にいえば，化学は一律25％，金属（自動車・電機）は週最初数時間は25％で，以後上がる。最初何時間まで25％であるかは協約地域により異なる。それに対し，公務では事務系職員は賃金等級により15／30％の2種がある）。ドイツでは1時間当たり労働費用は31-32ユーロであり（Statistisches Bundesamt, Arbeitskosten: Wo steht Deutschland in Europa?, 2007），2004年：31.15ユーロ／h，2008年フルタイムの賃金は特別支給抜きで18.34ユーロ／h，パート14.13ユーロ／h（Statistisches Bundesamt, Verdienste und Arbeitskosten 2008, S. 12），加重平均すると，17.5ユーロ／h。これに25％割増で21.9ユーロ／hであり，25％は均衡割増賃金率をはるかに下回る。
21) そのほかに使用者が時間外労働を強く求める一因として，日本では企業金融に占める借入金（他人資本）の比率が高く，その利息を節約するために減価償却を早めるべく施設設備の稼働時間・操業時間を長くする傾向がある。そのために交替制や夜間勤務が多いが，そのさいに時間外労働が組み込まれることがある。ただし，資本比率は最近，変動しつつある。
22) 実際に厚生労働省が定める時間外労働の限度基準を超えて，三六協定の特別条項を定める事例がしばしばある。熊沢誠『働きすぎに斃れて』（岩波書店，2010年）362頁。
23) 日立製作所武蔵工場事件・最判平3・11・28労働判例594号7頁。
24) 藤内「ドイツの労働時間短縮」労働83号（1994年）36頁。

の同意が必要であるが，労働組合が失業している組合員の雇用機会創出のために労働者に時間外労働の抑制を訴えているなかで，組合の影響を強く受けている従業員代表は時間外労働を一定範囲内に抑えようとしているという，労働側の対応の違いがある。

ドイツでも労働者のなかに「休暇を快適に過ごすために，一定程度の時間外労働をして手当を増やしたい」という声はある。それに対し，従業員代表が時間外労働抑制を呼びかけることに呼応して，職場の労働者のなかで活動的な労働者（組合職場委員会が中心）が下部から，組合員のなかにおける失業者への連帯感情に依拠してそれを支持する発言をするという構図がある。そして，一般労働者が従業員代表や活動的労働者の時間外労働抑制の主張を受け入れる背景の1つには，自由な時間が多いことを「豊かさ」の1つの内容としてそれを大切にする価値観があるように思われる。

## 3 操業短縮・一時休業[26]

(1) **日本の特色** 雇用調整助成金（雇調金）制度はオイル・ショックを契機に，ドイツの操業短縮手当制度を参考に，1975年に雇用調整納付金としてスタートし，1981年から雇用調整助成金になった。これは資金的には主に雇用保険財源からの支出であり，保険財源のこの部分は使用者側のみの負担である。これに一般財源（税金）による公的支援が追加されうる。日本版操業短縮といえる。従来日本では，この利用はさほど多くなかった。日本では各ピークは1975年約550億円，1994年657億円の給付（うち約85％が一時休業用）であったが，2009年には6,500億円と桁違いに増加し，金額ではそれまでのピークの10倍の伸び率である。この制度では異例の利用状況である。リーマン・ショック後の利用条件緩和により促進され，支給対象者数では，2009年7月には，教育訓練目的を含めて月間約253万人[27]にのぼった（図表11-7）。JILPT調査によれば，2008-09年に上場企業の25.6％で利用された[28]。雇用調整助成金による雇用維

---

25) 和田肇著・116頁。
26) ほかに，篠塚英子『日本の雇用調整』（東洋経済新報社，1989年）125頁以下。
27) 雇用調整助成金対象者253万人のうち1-2割は教育訓練目的であるといわれるので，その0.85を乗じると，一時休業という雇用調整に対するのは215万人になる。
28) JILPT調査シリーズNo. 71『今後の雇用ポートフォリオと人事戦略に関する調査』

持・確保効果は，150万人前後（非農林漁業）と推定されている[29]。労務行政研究所調査[30]によれば，2009年1-4月期に上場企業の34％で雇用調整が実施され，うち80％（全体の27％）で一時休業が実施された。企業規模が大きいほど助成金の利用頻度も高い。リーマン・ショック後の影響が非常に深刻な企業の44％で利用された。東日本大震災後，2011年7月には103万人余り（教育訓練目的を含む）に達している。労働者には60％に上積みされて，多くの企業で賃金の80％または100％の金額が支給されている[31]。

図表11-1と図表11-7を比較すると，助成金支給対象者数のピークは2009年8-10月であるが，事業所調査では「一時休業」のピークは09年1-6月であり，調査結果に時間差が現れている。

日本でこの制度を存続させることの是非が議論になることがあるが，2008-09年の雇用危機で存在意義を示し，制度を存続させる必要性は共通の認識になったと思われる。今回リーマン・ショック後の大量利用により，今後も重大な雇用危機時には，利用条件緩和の支援があれば利用が定着しよう。また，受給期間につき，日本では1年を超える必要はないという意見がある[32]。しかし，今回の雇用危機をみても2年間までの支給は必要であると思われる。それでも，この制度は短期的な対応に限られると心得るべきであろう。

(2) **比　較**　両国の制度を対比すると**図表11-11**のとおりである。財源負担者が日本では原則として事業主（使用者）だけであるのに対し，ドイツでは労使折半負担である点で大きく異なる。これは手当・助成金支給が，ドイツでは失業給付の一種とされ労働者に直接に支給されるのに対し，日本では事業主に対する助成金であるという支給回路の違いと深くかかわる。また，要件としてドイツのほうが厳しく，ドイツでは当該事業所で時間外労働が行われている場合には，「重大な仕事不足」があるとは原則として解されず要件を充足しな

---

　　（2010年）14頁。
29)　JILPT 資料シリーズ No. 99『雇用調整助成金による雇用維持機能の量的効果に関する一考察』（2012年）15頁〔梅澤眞一〕。
30)　労政時報3756号（2009年）60頁〔労務行政研究所編集部〕。
31)　労政時報3756号（2009年）63頁〔労務行政研究所編集部〕。
32)　篠塚・前掲注（26）125頁。

図表11-11 操業短縮・一時休業の日独比較

| 事　項 | 日本（雇用調整助成金） | ドイツ |
|---|---|---|
| 支給額・助成率（喪失賃金に対する比率） | 休業手当（賃金の60％以上）の3分の2（中小企業には4分の3）を使用者に助成[1] | 労働者に喪失賃金の60％または67％を支給 |
| 支給期間 | 上限3年間で300日<br>cf. 2008年までは上限150日だった | 原則として6か月（2009年には24か月）まで |
| 財源負担者 | 事業主（使用者）のみ（＋一般財源） | 労使折半（＋一般財源）[2] |
| 対象者数・利用者数（ピーク時，月間） | 215万人（＝253万人×0.85）（09年7月） | 170万人弱（1991年），149万人（09年5月） |
| 支給額・計（年間最大） | 6,500億円（2009年） | 100億ユーロ（2009年）[3] |
| 支給要件 | 売上高または生産高が最近3か月で前年同期に比べて5％以上減少など | 事業所に重大な仕事不足があること |
| 申請要件手続（労働者側） | 労使協定締結 | 従業員代表の同意があること |

注1）：2008年までは2分の1（中小企業では3分の2）であった。また，2010年現在，緊急雇用安定助成金制度により，中小企業には休業手当の5分の4が助成されている。
注2）：2009-10年には，そのうち半分が一般財源で賄われている。
注3）：約1兆2,000億円（1ユーロ＝120円とする）。その半分の50億ユーロが政府一般財政から支出された。

い。

　利用状況をみると，2009年，操業短縮手当ないし雇用調整助成金制度は大いに利用された。ドイツでは1991年の180万人弱には達しなかったが，1975年の約80万人を上回り，2009年5月には149万人に達した。対労働人口比では日独で同規模である。金額的には倍ほどなので，利用者1人当たりの短縮時間がドイツでは長かったことになる。ドイツでは操短は定着した雇用調整手段であり，頻繁に利用されている。それに対し，日本ではこれは雇用調整で下位の利用順になり，オイル・ショック時など深刻な雇用危機の場合にのみ一定程度利用されている。その主な理由は，エルンストが指摘するように[33]，日本では時間外労働削減という，より手っ取り早い雇用調整方法があることによる。また，よりソフトな調整方法が多くあるので，日本では最後の手段であるという認識

---

33）　エルンスト・172頁。

である。利用の優先順位を希望退職と比較してみると，希望退職という人員削減が先に行われる傾向にある。これに対しドイツでは，労働組合が「操短は社会調和的な手段だ」としてその積極的な利用を呼びかけ，現に利用されている。

なお，2008-09年の雇用危機では両国は操業短縮の利用促進のために利用条件を緩和し，臨時の財政出動をした点は共通する。それは実際に利用をはっきりと促進した。このように，いずれの国も支給期間は雇用状況に応じて大きく見直されており，状況に即した対応がされている。手当支給に関しては，日独とも脱法的な申請・受給があるが，受給にあたって認定の難易度は比較しがたい。

## 4 非正規雇用の活用

(1) **派遣労働** （a）日本企業で派遣労働者を受け入れている事業所の比率は，厚生労働省の派遣労働者実態調査（2008年10月）によれば，労働者数5人以上の事業所の14％，労働者30人以上の事業所の34％である。産業分野別にみると，最多は金融・保険業で41％，つぎに情報通信業36％であり，製造業は22％にとどまる（08年）。なお，2008年にはすでに2003年の労働者派遣法改正により製造業への派遣が認められている。

日本企業が派遣労働を雇用する理由につき，JILPT調査（2009年）によれば，「景気変動に応じて雇用量を調整するため」は，派遣労働者（事務系）で上場企業の25.5％，同（技術系）で33.3％，同（物の製造）で48.5％になっている。

派遣労働による雇用調整につき，2008年末の年越し派遣村の光景は日本国民に強い衝撃を与えたが，リーマン・ショックの前後で約97万人（約24％）の派遣労働者が減少したといわれている。

---

34) 野田・前掲注（4）126頁。
35) 労政時報3788号（2010年）101頁〔JILPT「今後の雇用ポートフォリオと人事戦略に関する調査」〕。
36) なお，総務省統計局の労働力調査（世帯調査）によれば，労働者派遣事業所の派遣社員の変動は，2008年4-6月131万人から09年同期105万人であり，26万人減である。同調査で2008年第3四半期の派遣労働者数は140万人であるのに対し，1年後の2009年同期のそれは102万人で，38万人減である。

図表11-12　派遣労働の日独比較

|  | 日　本 | ドイツ |
| --- | --- | --- |
| 人数・対労働者比率<br>(2009-10年) | 302万人・5％前後（2009年） | 約63万人・1.5-2.0％ |
| 2009年時減少幅 | 約97万人・24％ | 10万人余り |
| 派遣労働を受け入れている事業所比率，主たる産業分野 | 5人以上事業所：14％，30人以上事業所：34％（2008年）。金融・保険業，情報通信業で多い | 37％（2006年）。製造業が主 |
| 利用可能業務 | 原則として自由 | 原則として自由 |
| 利用可能期間の制限 | 業務により異なる | なし |
| 平等待遇原則の適用 | 適用なし | 原則として適用あり |
| 受入手続（労働者団体側） | とくになし。ただし，1年を超える受入に過半数代表の意見聴取 | 従業員代表が拒否権をもつ（同意を要す） |

注：日本では登録型派遣を含んだ数字である。
出典：数字の一部は厚生労働省「平成21年度労働者派遣事業報告の集計結果（確報版）」（平成22年10月6日）より。

　派遣労働を受け入れている企業のうち，リーマン・ショック後に派遣受入を減らした企業の比率は，JILPT 調査によれば，事務系派遣につき，上場企業の57％（派遣を受け入れている企業で77.6％〔4.5％＋28.7％＋44.4％〕から44.4％を除する），技術系派遣につき55％，物の製造系派遣につき69％である[37]。

　（b）日独比較すると（**図表11-12**），派遣労働が占める比率が日独で異なり，日本ではその比率が高い（労働者の5％前後）分だけ，雇用調整における比重も大きかったといえる。この派遣労働の比重の違いは，派遣先労働者の待遇格差の程度の違いと密接に関連し，それは派遣終了後に派遣先に直接に雇用される比率の違いにも現れている。

　そして，受入事業所側の労働者が派遣労働者と接する姿勢に違いを感じる。ドイツでは派遣労働者も従業員代表選挙投票権，従業員集会出席権を有し，彼

　　　その後2011年時点では，東日本大震災や円高の影響を受けて派遣労働者数は大きく減少している。それに対しドイツでは，ユーロ安などの影響で生産が伸び，派遣労働者数は大きく増加している。
37)　JILPT 調査シリーズ No. 71・前掲注（28）22頁。

らの意見が受入事業所の運営に反映されるように法律上整備されている。また，当該事業所で受け入れている派遣労働者の世話を従業員代表がするように労働組合が積極的に働きかけ，実際に接触がもたれている。それに対し，日本では受入事業所の労働者側からそのような働きかけはないように見受けられる。こうした接触の有無・程度の違いが，受入事業所の労働者側が派遣労働者の平等待遇を求めていくか否か，派遣労働者を派遣先労働者として採用することを受け入れるか否かの違いとして現れている。それはまた，派遣労働利用の目的の違いともかかわる。

(2) **有期雇用** (a) 日本では，有期雇用者数につき，厚生労働省は1,200万人程度と推計している（2009年）。うち1年以内の有期雇用は751万人（09年）である。08年以後の雇用調整にあたり，JILPT調査（図表11-4）によれば，上場企業の52％で「契約社員，臨時・パートタイム労働者の雇用契約の不更新」があり，連合調査（図表11-5 2008年11月）によれば，大企業の4.6％で，それまでの3か月間，および同8.5％ではその後3か月以内に，「パートタイム・契約労働者の雇い止め」の実施・予定とされている。振り返ると，期限つき雇用は，それまでは理由を問わずに可能な期間は原則として1年間までであったが，2003年労働基準法改正により原則として3年間まで可能になり利用できる条件が広がった。それにより実際に有期雇用は増え，総務省統計局の労働力調査「雇用形態別雇用者数」では，「契約社員・嘱託」は2002年年間平均は230万人であったのが，2005年年間平均は278万人に増えている。有期雇用者数が増えた分だけ，雇用調整にあたり雇い止めの対象者が増えたことになる。[38]

(b) ドイツでは，有期雇用の比率は約9％であり，また契約期間満了後に期限の定めない雇用に切り替えられる比率は，2008年52％から09年45％に低下している。とくに製造業で顕著であり，切り替え率は08年68％から09年38％に大幅減少した。

---

38) リーマン・ショック後の雇用調整で有期雇用労働者に対する契約打ち切りが行われた状況の一例として，いすゞ自動車では，一方で，正社員に対しては1か月に数日程度の個別の休業日を設定し賃金全額を支給しているのに対し，他方で，製造現場で作業に従事する栃木工場155人，藤沢工場398人，計553人の有期労働者全員に対して，仕事不足を理由に契約期間途中の2008年11月に解雇通告された。労働判例984号5頁以下参照。

図表11-13　有期雇用の日独比較

|  | 日　本 | ドイツ |
|---|---|---|
| 雇用全体に占める比率 | 1,200万人＝20数％（推定），うち1年以内751万人（09年） | 約9％（08-09年） |
| 新規採用における比率 | （不明） | 47％（09年） |
| 2008-09年の増減状況 | ＋7万人[1] | －0.5％ |
| 受入業務等の制限 | 制限なし | 原則として8事例に制限 |
| 雇用期間制限 | 原則として1回につき3年間まで[2] | 原則として最長2年間まで |

注1）：総務省統計局の労働力調査（世帯調査）によれば、契約社員・嘱託数は、2008年4-6月311万人から09年同期318万人で7万人増である。ただしこれには、パートタイムのなかの有期雇用は含まれていない。
注2）：2012年の労働契約法改正により、反復更新されて通算5年を超えたときは、労働者の申込みにより無期契約に転換することとなった。

　日独を比較すると，両国ともこの10年間に有期雇用を利用できる条件は法律改正により広げられたが，有期雇用をめぐる法規制は日本のほうが緩やかである。その結果，雇用のなかで有期雇用が占める比重は日本のほうが高く，雇用調整にあたり有期雇用が果たす役割も大きい。

　リーマン・ショック後に日本では有期雇用が7万人増えている（図表11-13）。この時期，厚生労働省「労働経済動向調査」によれば，「臨時・パートの停止」は6-12％の事業所で実施されているので，雇用先行きの不透明感から，企業は一方で採用を抑制し，有期契約を期間満了後に停止しつつ，停止を上回る人数の有期契約をあらたに結んだことになる。

　(3)　**日独比較**　　派遣労働と有期雇用の雇用調整における重要度を比較すると，日本でははっきりと派遣労働のほうが重要である。厚生労働省「非正規労働者の雇止め等の状況について」（2010年6月29日）によれば，2008年10月から2010年9月までの雇い止め（予定を含む）は，派遣労働者14万9,921人，期間工等6万8,000人であり，派遣労働が雇用調整で重要性がはっきりと高い。それは**図表11-5**（連合調査）でも裏付けられている。

　ドイツでも派遣労働のほうが重要である（図表4-3）。それでも**図表11-8**をみると，ブレーメン労働者会議所調査（図表4-5）は反対の傾向を示す。したがって，雇用調整における重要度につき一概にはいえない。人数的には有期雇用のほうが明確に多いが。

ドイツでは派遣労働でも有期雇用でも期間満了後に正規雇用として雇用される比率が高い[39]。そこには正規雇用につながる1つのチャンネルがある。ドイツで一部が正規雇用としてステップアップしている背景には，第1に，同一価値労働同一賃金原則が適用され，非正規雇用であることにより日本のように人件費が安くはならないこと，第2に，職業的資格の汎用性があることによる。派遣労働者の場合には，彼らも派遣先の従業員集会に参加し，従業員代表を仲介して派遣先の労働者と親しくなりやすい。しかし，日本では非正規雇用の位置付けが初めから正社員とは異なっている。ドイツでも非正規雇用は確かに雇用に不安定さがあり労働者から否定的にみられている。しかし，日本では，同一労働同一賃金原則の適用がないもとで，とくに賃金面で正社員とは待遇上の大きな違いがある。

総合的にみて，日本では有期雇用および派遣労働の比率が高く，かつ，正社員の雇用保障優先の傾向が強いので，雇用調整にあたり日本のほうが非正規雇用による雇用調整がより大きな役割を果たしている。それは，正社員の雇用保障のためには何らかの雇用調整弁が必要であり，非正規雇用労働者にそれが期待されていることによると思われる。日本では，非正規雇用が正規雇用にステップアップする道が極めて狭い。

## 5　配置転換

配置転換は日本では従来から頻繁に雇用調整として実施されてきたが[40]，ドイツでも実施されることが増えた。WSI調査で14％，ブレーメン労働者会議所調査で22％の事業所で実施されている。前述のように今回の雇用危機では人員削減を抑えるために企業内で従来にない規模で「要員調整」部門をおいて取り組まれている。大きな変化である。ドイツでは人員削減にあたり配転を検討することは解雇制限法に定められた解雇回避措置の1つであり，使用者にとっては整理解雇に先立つ法的義務である。ただし，同格のポストに空きがある場合だけにかぎられている。

担当職務や勤務地の変更に関する採用時の包括的合意は，ドイツで増えつつ

---

39)　藤内2012・67-68頁。
40)　本多淳亮『企業社会と労働者』（大阪経済法科大学出版部，1996年）43頁。

あるとはいえ、普及や変更範囲の程度は日本とはかなり異なる。ドイツでも今後包括的合意が広がれば、そのメダルの裏側で、雇用の安定と引き替えに、配置換えにつき労働者に対する使用者の指揮命令権の範囲が広がることになる。ただし、配置転換や転勤に従業員代表の同意が必要であるのは法律(事業所組織法)上の義務付けであり、この点の制約は引き続き残る。これは日独の明確な違いである。

また、関連して出向を取りあげると、ドイツでも一部で行われていることが紹介されている[41]。それによれば、「コンツェルン留保条項」が労働契約で合意されてコンツェルン内で企業を超えた労働者の異動が行われている。それに対し日本では、労務行政研究所調査(2009年)によれば[42]、上場企業の76%で出向が行われているが、そのうち17%(全体の13%)の企業で「自社の余剰人員対策として」行われている。日本における出向が企業グループ・系列内の企業相互の密接な結びつきを基礎にしていることから、その頻度には日独間で大きな違いがあろう。

このように、配置転換および出向では、日本における役割のほうがはるかに大きい。それは法制上の違いによるものではなく、労働契約の構造の違いに由来するものである。

## 6 人員削減

人員削減(希望退職、整理解雇)の内訳では[43]、希望退職が圧倒的に主であり、整理解雇は今やほとんど稀になってきた。ドイツで使用者側が希望退職を募集することのメリットは、大量解雇のように行政官庁の許可を得る必要がなく、

---

41) 久本憲夫1989b・134頁、荒木尚志=山川隆一=JILPT編『諸外国の労働契約法制』(JILPT、2006年)132頁〔皆川宏之〕、JILPT資料シリーズNo.79『欧米における非正規雇用の現状と課題』(2010年)55頁〔ザイフェルト〕。使用者と従業員代表が締結した人事選考指針のなかで、別企業への派遣(Entsendung)が定められていることがある。そこでは別企業からの復帰(Rückversetzung)が定められているので、日本の出向に相当しよう。藤内・実例①・160頁。
42) 労政時報3763号(2009年)10頁(労務行政研究所編集部「出向制度に関する最新調査」)。
43) 日本で整理解雇の法的判断基準に関する文献は多数あるが、さしあたり、神林龍編『解雇規制の法と経済』(日本評論社、2008年)117-156頁〔奥野寿・原昌登〕。

募集労働者の範囲をかぎるなど操作可能なことである。この点で整理解雇では被解雇者の人選基準が法律（解雇制限法1条3項）で定められていることが，使用者を希望退職に向かわせる誘因となっている。またドイツでは整理解雇でも補償計画策定が必要でありかなり高づくこと，最近は雇用同盟の普及により使用者に整理解雇しないことが約束させられることによっても減少している。ただし，日本では小規模企業では整理解雇がしばしば行われている。ドイツでも整理解雇を事業所規模別にみると（1974-75年），中小規模事業所で多く，大規模および零細事業所ではむしろ少ない。整理解雇による離職率は日本のほうが低い。整理解雇に対する使用者側の受け止め方として，日本では「終身雇用」という規範意識に支えられて，とくに大企業ではかなり回避されがちであるが，ドイツでは転職しやすい労働市場構造であることもあり，日本ほどタブー視されてはいない。

　また，整理解雇にあたり被解雇者に対する経済的補償の有無は異なる。日本でも整理解雇では退職金がよく上乗せされるが，法制化はされていない。

(1) **希望退職**　　2009年の実施状況につき，ドイツをみると，WSI調査で7％，ブレーメン労働者会議所調査で17％の事業所で実施されており，日本では厚生労働省「労働経済動向調査」によれば3-5％である（**図表11-1**）。人員削減は下位の実施順位である。日本では1990年代後半以後，「リストラ」の名称のもと人員削減がかなり広く実施されたが，労働経済動向調査（**図表11-1**）をみても2001-02年に比べてやや減っている。

　その実施手続きにつき，ドイツでは希望退職募集のほとんどの事例で従業員代表が関与している。

　希望退職実施にあたり労働者の退職受入が本人の自発的意思にもとづくか，それとも使用者の強い圧力のもとで行われたか（退職勧奨），不明である。ドイツでも労働者名を特定し使用者が個別に退職勧奨を行う例があるが，その頻度

---

44)　徳永重良編・70頁〔徳永〕。
45)　藤内2012・149-150頁。
46)　ただし，ドイツでも「50歳を超えた労働者が失業した場合，次の職場を見つけることはほとんどできない」といわれる。エルンスト・186頁。
47)　藤内「ドイツにおける合意解約の実情」岡法51巻1号（2002年）88頁。

は調査されていない。日本でも退職勧奨であってもマスコミでは通常「希望退職」という表現で報道されており，実態はわかりにくい。[48]

労働者が希望退職に応じるか否かの判断にあたり，失業時の失業手当の受給要件も考慮要素に入るろう。この点で，日本では失業者のうち失業手当受給者の比率が低いこと[49]は，労働者がこれに応じることを躊躇させるかもしれない。また，ドイツでは労働市場構造面で採用年齢制限はなく転職しやすく，転職にともなう賃金減額も通常はないので退職・転職にともなう大きな不利益を被らなくてもすむ。その分だけ真意にもとづく自己決定が可能といえる。

再就職後の労働条件レベルをみると，厚生労働省「平成18年・転職者実態調査」（調査表中の図表13）によれば，賃金の増減は半々であり，若い人は増額し，高齢者は賃下げになっている。容易に推測されるところである。転職による賃上げの恩恵を受けられるのは半数以下にとどまっている。それに対し，ドイツでは再就職後に労働条件はよくなることのほうが多い。[50]

希望退職にあたり，退職者に対し経済的補償が行われる。ドイツでは補償金支払であり，日本では会社都合退職時の退職金上乗せである。この金額を比較すると，ドイツではそれは月給の5-6か月分である。これに対し，日本では厚生労働省「平成20年・就労条件総合調査」（調査対象は労働者30人以上の企業）によれば，勤続20年以上かつ45歳以上の大学卒で，会社都合退職（1,812万円，34.5か月分）と自己都合退職（1,351万円，29.7か月分）で，月給約5か月分の違いであり，日独で似通っている。[51]

---

48) 希望退職募集で年齢が限定されている事例もある。熊沢誠『リストラとワークシェアリング』（岩波書店，2003年）64頁。
49) ILO資料によれば（2009年），失業者のうち失業給付を受けていない者の比率は，ドイツでは13％であるのに対し，日本では77％であるとされている。
50) 藤内2012・146-147頁。
51) 『活用労働統計2012年版』（日本生産性本部，2012年）85頁。なお，労務行政研究所が2008年に，上場企業およびそれに匹敵する非上場企業5,671社を対象に調査（回答率約6％）したところでは，勤続25年，47歳の大学卒で会社都合退職（1,133万円）と自己都合退職（978万円）では155万円の違いであり，厚生労働省「就労条件総合調査」に比べて，はるかに小さな格差になっている。労政時報3747号（2009年）48頁〔労務行政研究所編集部〕。

(2) **被解雇者人選基準** これにつき，日本では明確な基準はない[52]。概して労働力評価基準（能力や仕事ぶりの劣る者を優先的に対象者にする）によることが多いが，少なくない事例で年齢が基準とされることがある。年齢が基準とされる場合には，労働能力と賃金水準のコスト・パフォーマンスの理由で高齢者が優先的に解雇対象者とされることがほとんどである[53]。これらの点では日独で対照的である。このとき，日本では多くの労働組合は，整理解雇しなければならない企業の経営状況および解雇されずに残る労働者の要望を考慮して，（a）勤務成績等の労働力評価の基準にもとづく人選基準，または（b）中高年優先解雇の基準，に反対しない。このような労働組合の対応姿勢の背景として，日本では大企業労働市場が企業ごとに分断され，企業別組合はそれを前提に成立しているために，企業存続の利益を優先させて，解雇される労働者への配慮は弱くなっていることがある。

ちなみに，ILO 119号勧告は，勤続年数，年齢および家族の状況等を被解雇者選考の考慮要素に含めることができるとする（15項）。

(3) **整理解雇の難易度の日独比較**[54] この点では，総合的に判断して，ドイツのほうが緩やかに認められ，日本のほうが厳しい（図表11-14）。その理由は，

---

52) 解雇訴訟になった事案の被解雇者人選基準例につき，青木宗也他編『労働判例大系 5』（労働旬報社，1992年）242頁以下。

53) 野村正實『終身雇用』（岩波書店，1994年）123頁，189頁。また，大量整理解雇の是非が争われている日本航空事件では，まず休職，病気欠勤日数，人事考課基準により被解雇者が人選され，それでなお不足する場合に年齢基準によっている。その年齢基準として，55歳以上の機長，48歳以上の副操縦士，53歳以上の客室乗務員が被解雇者とされている。日本航空（乗員）事件・東京地判平成24・3・29労旬1774号（2012年）62頁，日本航空（客室乗務員）事件・東京地判平成24・3・30労旬1774号（2012年）81頁。

　厚生労働省「平成22年・雇用動向調査」表2「離職理由別」の年齢別分類をみると，「経営上の都合」による離職者（全体の7.2％）のうち，55-59歳16.6％，50-54歳10.5％，45-49歳11.3％と，中高年者が平均7.2％をはるかに上回っていることがわかる。

54) 西谷敏「人員整理の日独比較」労旬1470号（1999年）4頁は，法律もしくは判例法理による解雇規制だけを比較するのは狭すぎ比較は容易ではないという。労働裁判へのサクセスの難易度の違いは確かに日本は労働者にとって不利である。また，荒木尚志『雇用システムと労働条件変更法理』（有斐閣，2001年）120頁は，ドイツのほうが緩やかであろうとの印象を述べる。

図表11-14　整理解雇の日独比較

|  | 日　本 | ドイツ |
|---|---|---|
| 人員削減・整理解雇の必要性・司法審査 | あり | 原則としてない |
| 解雇回避措置 | 必要。ただし，削減の必要度により求められる程度は異なる。 | 必要。ただし，配置転換，転換訓練など（法定） |
| 被解雇者人選基準 | 合理性があれば可 | 社会的選考（法定） |
| 労働側との協議等 | 必要 | 解雇理由の通知，従業員代表との協議，補償計画策定（法定） |

つぎのとおりである（とくに，ⅰ，ⅱ）。ドイツではいくつかの基準や手続きが法律で明記されている点に特色がある。

（ⅰ）人員削減・整理解雇の必要性につき，ドイツでは原則として司法審査が及ばない。

（ⅱ）ドイツでも緊急な経営上の理由にもとづくことが必要であるが，解雇回避努力（措置）は日本ほど高度には求められない。

（ⅲ）被解雇者人選基準は，考慮すべき4指標が解雇制限法に明記されており，その具体化は使用者と従業員代表との間で協議・合意される。

（ⅳ）労働側との協議は，事業所組織法で解雇理由の通知，意見聴取，意見表明などが明記され，ルールが明確にされている。解雇理由が通知されていない場合には，その手続違反だけで解雇は無効とされるので，通常は遵守される。この手続き面ではドイツのほうが厳しいといえる。

なお，ドイツでは整理解雇は補償金支払のゆえに企業には高づく。それは使用者に整理解雇を回避させるように作用する。

（4）**大量解雇規制**　ドイツでは解雇制限法で詳しく定められる。日本でも雇用対策法が2001年改正によりやや整備された。両国を対比すると，**図表11-15**のとおりである。日独では，規制目的が労働市場対策である点は共通するが，ドイツでは従業員代表に強く関与させていること，届出義務違反の効力で違いがある。日本では過半数代表の関与は再就職援助計画作成にあたっての意見聴取だけであり（雇用対策法24条2項），ドイツのように従業員代表に詳しい情報（解雇理由，予定人数，被解雇者選考基準など）を提供させ，解雇の回避ま

図表 11-15　大量解雇規制の日独比較

|  | 日本（雇用対策法，同施行規則） | ドイツ（解雇制限法） |
|---|---|---|
| 届け出が必要な削減規模 | 30人以上（27条，施行規則8条） | 小規模事業所では6人から。 |
| 労働者側の関与 | 再就職援助計画作成にあたっての意見聴取（24条2項） | 従業員代表に対する情報提供と意見聴取、緩和措置の協議。従業員代表の意見を添えることが届出の要件。 |
| 届出義務違反の法的効力 | 使用者に対する罰金（38条1項） | 雇用機構の同意により初めて解雇は有効となる。解雇効力停止中に雇用機構は操業短縮を許可できる。 |

たは規模縮小，解雇による不利益を緩和する可能性の協議をさせることはない。解雇の回避・規模縮小および解雇による不利益の緩和を労使に協議させるかどうかで大きな違いがある。確かに日本でも再就職援助計画につき，行政機関の認定を受けることが必要であり，その内容が不適当と行政が判断するときは認定しないことができる（24条4項）。しかし，離職規模を企業の予定通りに認めるか否かにつき，日本では規制するという発想が乏しい。

なお，再就職支援の関係で補足すると，補論1で取りあげた再就職支援会社のアイデアは，解雇必至の労働者に対して解雇を先送りし，使用者による費用負担のもと雇用継続のチャンスをさぐる試みである。

## 7　労働組合および従業員代表の関与[55]

雇用調整にあたり，労働側は量的質的に，どの程度関与しているのであろう

---

55) 雇用調整にあたり従業員代表が関与する個別事例の紹介として，岸田尚友『経営参加の社会学的研究』（同文舘，1978年）166頁以下（ティッセン社，BASF社，ともに1975年），久本憲夫1989a・15-39頁（E鋼管B製造所＝80年代前半，鋼管会社R事業所＝1970年，ザルツギッター製鉄＝1979年，化学繊維企業2社＝1981年および1975年），徳永重良編・66-86頁（フォルクス・ワーゲン社＝1983年），深山明1995・81-97頁（ボッフム鉱山会社＝1959年），藤内「ドイツにおける従業員代表の活動事例」岡法52巻1号（2002年）187-212頁（ヘリオス社＝1978-79年），小俣勝治「ジーメンス社における企業再編と従業員代表の対応」会報8号（2007年）33-48頁（ジーメンス社＝2006年）がある。

各事例で適用される法律状態は時期により異なるが，従業員代表の関与状況につき，

**図表 11-16　雇用調整への労働側関与の枠組み条件**

|  | 日　本 | ド　イ　ツ |
|---|---|---|
| 法制（判例を含む） | ・時間外労働－労使協定<br>・一時休業・助成金－労使協定<br>・整理解雇－労働組合等と協議 | ・労使の定期協議，従業員集会における使用者による説明<br>・時間外労働・操業短縮・配置転換は従業員代表との共同決定<br>・解雇－事前に従業員代表に理由を通知し，従業員代表は意見表明する。<br>・組織変更－補償計画の策定義務 |
| 従業員代表および労働組合の基盤 | 〈労働組合〉正社員中心にその利益を代表 | 〈従業員代表〉事業所の全従業員の利益を代表 |

か。この点をみる。

（1）**比　較**　雇用調整実施に対する労働側の関与の仕方は，法律上，各雇用調整方法によって異なる。枠組み条件は**図表11-16**で示している。時間外労働および操業短縮では，ドイツでは従業員代表の共同決定事項としてその同意が必要であるが，日本でも法定基準を上回る時間外労働に関しては労使協定（三六協定）が必要であり，一時休業・雇用調整助成金申請は労使協定にもとづくことが必要である。

では，時間外労働および操業短縮に関して，労働側の関与に違いはあるであろうか。時間外労働および操業短縮ともに，使用者側が主導して提案する。また，ドイツでは時間外労働に代わって労働時間口座の役割が重要になりつつあるが，労働時間口座制では正確にはその制度設計によるが，通常は個々の労働

---

私には共通点のほうが印象的である。たとえば，久本論文で紹介されている5例では，従業員代表が事業所組織法が予定するとおりに雇用調整に関与していること，社会的選考も解雇制限法が定める基準にしたがって具体化されていること，なかには選考基準で年齢を勤続年数よりも重視する例もあること，配置転換は解雇制限法にもとづく解雇回避措置としてかなり頻繁に実施されていること，なかには集団的な転職もあること（26頁），整理解雇も少なくないこと，当時は希望退職は少ないようであったことなどを知ることができる。なお，「解雇」というとき，Entlassungの言葉が用いられる場合には，それは解雇と希望退職の両方を含意するところから，それがいずれに力点をおいた表現なのか，読みとりに苦労するところである。

図表 11-17　人事的事項への労働組合の関与度

(日本, %)

|  | 関与あり | 同意 | 協議 | 意見聴取 | 事前通告 | 事後通知 | その他の関与 | 関与なし |
|---|---|---|---|---|---|---|---|---|
| 解雇 | 69.8 | 6.6 | 25.9 | 8.9 | 12.7 | 8.7 | 7.0 | 29.2 |
| 配置転換 | 57.1 | 3.4 | 7.4 | 5.4 | 20.0 | 16.3 | 4.6 | 41.3 |
| 出向 | 55.2 | 4.8 | 11.0 | 4.8 | 17.6 | 12.3 | 4.7 | 43.2 |

注：これは労働協約に定められた，一般組合員の人事に関する取扱いである。「不明」の回答を除いているので，合計は100にはならない。
出典：厚生労働省「平成18年労働協約等実態調査」より作成。

者に労働時間貸し借りの判断は委ねられ，従業員代表は直接には関与しない。それに対し操業短縮では，実施には労使協定ないし従業員代表の同意が必要なので，労働側は労働量減少の要否を検討して，それをやむをえないと判断すれば受け入れ，同意を与える。したがって，これらの点では日独で労働側関与に大きな違いはない。

　しかし，それ以外の事項で，ドイツでは配置転換には従業員代表の同意が必要であり，解雇にあたり解雇理由を従業員代表に通知し意見聴取すべきことが定められている（事業所組織法102条）。また，事業規模縮小などの組織変更にあたり，それにともない解雇や配置転換される労働者に対する不利益を緩和・除去するために補償計画を策定することを義務付けられる。この点，日本では法定の手続要件はない。そこで日本で企業内に労働組合がある場合，労働組合はどの程度関与しているかを労働協約規定の分析を通じてみる。**図表11-17**のように，各事項につき一般組合員の人事に発言はしているが，その程度は協議または事前通告が多い。整理解雇にあたっても協議している。転職が労働者に不利に働くことが多い日本の労働市場構造のもとで組合員は雇用確保に関心が強く，組合も組合員の雇用維持には力を注ぐ。とくに何らかの形での雇用維持，解雇回避で努力する。それでも被解雇者の人選基準策定では日独で違いがみられ，ドイツでは使用者と従業員代表が社会的選考の具体的基準を合同で策定するのが一般的であるのに比べ，日本では使用者側が主導しているという印象を私は抱いている。[56]もっとも，人選基準を踏まえた具体的な被解雇者の氏名列挙では日独とも労働側は関与を嫌がり，ドイツでも候補者の氏名列挙に協力する

こと（名簿をともなう利益調整）は例外的である。配転でも組合は57％の事例で関与しているが[57]，その程度は事前通告または事後通告が中心であり，裁判で争いになる事案では使用者側が一方的に実施している事案が多い。

(2) **背景**　このような相違が生じる制度的な背景として，ドイツでは雇用調整実施におけるイニシアティブを使用者側に認め，組織変更（例，事業所縮小など）によって生じる労働者側への不利益を補償計画策定によって緩和・除去し労使間および労働者間で痛み分けをする手続き・制度が法律により整備されている。そして組合員のなかに失業者を含む産業別組合は社会調和的な雇用調整をめざし労働者間の痛み分けに貢献している。ただし，ドイツでは整理解雇実施には使用者のイニシアティブが認められており，日本のように人員削減の必要性は司法審査されることは原則としてない。事後的に組織変更により生じる不利益の緩和・除去に従業員代表の関与を認めているだけである。

それに対し日本では，雇用調整手続きに関する法的規定は少ないが，それでも整理解雇手続きに関しては，判例により「人員削減の必要性があったか否か」に司法審査が及ぶなかで，使用者側もかなり慎重である。また，企業内に組合がある場合，組合は「組合員のために」ということで主に正社員の雇用維持のために使用者側と交渉・協議する。その結果，失業者を含めた労働者全体で雇用の痛み分けということにはなりにくい。その意味では，組合が正社員だけの利益を代表しがちであるとして「正社員クラブ」と揶揄されることは，根拠がないとはいえない。

(3) **総合比較**　以上，日独比較すると，質的には雇用調整全般にあたり労働側の関与はドイツの従業員代表のほうが関与する程度が強いといえる[58]。ドイツではその手続きが法制化されている点に特色がある。しかし，整理解雇に関しては日本では人員削減の必要性の有無に司法審査が及び，正社員の雇用保障に限れば日本の労働組合の発言力は大きく，それを達成するために他の雇用調

---

56) 野村・前掲注（53）133頁，JIL編・久本憲夫＝竹内治彦著『ドイツ企業の賃金と人材育成』（JIL，1998年）195-196頁。
57) 配転に対する組合の関与例につき，仁田道夫『日本の労働者参加』（東京大学出版会，1988年）第3章など。
58) 同旨，久本憲夫1989a・29頁。

整方法が優先される。このように，ドイツの従業員代表および日本の組合は，各国の法制と選出基盤労働者層を異にし，それを前提とした政策・考え方をもち対応している。

　また量的にみると，関与する頻度は異なる。以上の関与に関する記述は，職場に労働組合ないし従業員代表がある場合のことである。それらの労働側代表の設置率は大きく異なる。日本では組合組織率は18％であるので，組合がある職場で働いている労働者の比率はそれよりもやや高くなるであろう。ドイツで従業員代表が選出されている比率（労働者比率）は，西部地域46％，東部地域38％であり[59]，ドイツのほうがはるかに上回る。ドイツでも従業員代表が選出されていない事業所では，使用者による単独決定である。

## 三　ドイツをめぐる諸論点

### *1*　雇用調整が社会調和的である背景

　ドイツの雇用調整方法は，（イ）時間外労働が少ないこと，（ロ）操業短縮の利用が頻繁であること，（ハ）非正規雇用の比率が低く非正規用が雇用調整にあたり果たす役割が小さいこと，また，（ニ）雇用調整手続きでは労働側代表が関与する程度が日本より強いなどの特色を有する。その結果，雇用調整は日本に比べて，派遣・有期雇用を含めて，失業者増加を抑制するなど社会調和的な傾向がある。

　このような日独の違いが生じる背景として，労働側の事情して，ドイツでは労働組合が産業別であるために失業者を組織し失業者の要望が組合政策に反映しているという事情がある。そこでは，組合が失業問題を政策課題に押し上げている。そして，失業している組合員が活発に行動している。この点で日本では失業者が組合にほとんど組織されない点で状況が大きく異なる。それはとくに失業問題が深刻な時期に組合政策の違いとして顕著であり，ドイツの組合は失業者増加抑制に必死に取り組むのに対し，失業者を抱え込んでいない日本の組合はさほど熱心に取り組むことはない。この点で，組合が内部に失業者およ

---

[59]　藤内著・223頁。

び非正規労働者を擁しているか否かにより，失業者および非正規労働者に配慮した方針をとるか否か，換言すれば正規労働者とそれ以外の労働者の間に連帯が形成されるかどうかに決定的な違いがでる。ちなみに金属産業労組では，1998年には組合員のうち12%が失業者であった。このように失業者らを組合員にかかえる労働組合がそれを積極的に働きかけ，従業員代表がそれに呼応した行動をとっている。

別の背景として，失業していることを個人的問題と捉えるか，それとも社会的な問題と捉えるかの意識の違い，スティグマ（汚辱）としての受けとめ方の違いも感じる。

ただし，（ロ）操業短縮の利用度が高いことに関しては，労働側の働きかけとともに，政府が財政出動により利用を促進した側面も重要である。この点は組合が産業別組合組織であっても国により操業短縮の利用度に違いが出る一因になっている。

（ハ）に関して，非正規雇用の比率が低いことの背景には，ドイツでは非正規雇用に対する法的規制が日本より厳しいこと，非正規雇用に関する法制で同一労働同一賃金原則が明記され適用されていること，その結果，雇用形態の違いによる処遇格差が小さく使用者にとって非正規雇用を利用するメリットが乏しいこと，組合や従業員代表の働きかけにより利用が少なく抑制されていること等の事情がある。

また，副次的な事情として，使用者側が人員削減を抑制することに協力的である。その背景には，共同決定法およびモンタン（石炭・鉄鋼業）共同決定法にもとづき労働者数2,000人以上の企業では監査役会の半数が労働者側であり，株主代表は半数にとどまるという企業トップマネジメントの仕組みにより，労働者側に一定の配慮がされること，最近では雇用のための同盟による政労使の協力関係があることが重要であると思われる[60]。換言すれば，企業の社会的責任の1つとして，雇用維持への努力が求められている。

さらにその背景として，組合がその政策を現実政治に反映させるうえでの取

---

60) 山崎敏夫「ドイツの労資共同決定制度とその現実的機能」同志社商学60巻5・6号（2009年）79-80頁。

り組みに違いがある。ドイツでは雇用・失業問題で「社会調和的な方法」によること，それを政府の責任で主導することを組合が世論に働きかけ現に影響を及ぼしている。この点，日本では組合が「世論に訴える」行動の取り組みに弱い。企業別組合は全体的状況を与件として，その枠内で自社でどう行動するかを考えるにとどまる。その結果，雇用・失業問題が深刻でも国政上の課題に押し上げられることは少ない。ただし，このような組合の取り組み姿勢の違いは，個人加盟制か，主にユニオン・ショップ制に支えられているかという，組合員の組合加入の自発性の違いに関係するかもしれない。

このようにみると，日独の相違の分岐点は，法制上の違い（とくに時間外労働，非正規雇用），組合の組織形態の違いに起因する組合政策の違い，失業抑制への政府の姿勢の違いなど多様な要素にある。

### 2　従業員代表と「雇用の置き換え」

ここで「雇用の置き換え」とは，企業内の中高年労働者の雇用が維持される代わりに新卒採用が抑制されることを指す[61]。従業員代表の存在は「雇用の置き換え」をもたらす傾向がある。すなわち，雇用調整にあたり内部的な柔軟性を重視し，採用を抑制する。それでも担当職務（ジョブ）が明示されて採用されるので，日本ほど頻繁に配置転換・出向は行われず，日本ほどの採用抑制ぶりではない。「事業所における中高年労働者の雇用を促進すること」（事業所組織法80条1項6号）が従業員代表の任務の1つになっていることもあり，中高年労働者の雇用保護では日本よりも徹底している。整理解雇の人選では勤続年数，年齢，扶養義務および重度障害が考慮される（解雇制限法1条3項），中高年に有利な人選基準であり，55歳以上で勤続10年以上の労働者を解雇できない旨を労働協約で定める例が多い。

日本と異なる点は，従業員代表は労働者全体の雇用機会の維持・創出に熱心であり，日頃から時間外労働の抑制に比較的熱心である。操業短縮も社会調和的な方法として重視する。また派遣労働者は派遣先事業所における従業員代表の選挙権を有することもあり従業員代表は彼らとの接触を保っている。それでも調査結果をみるかぎり，派遣打ち切りはかなり頻繁に行われている。した

---

61)　野田・前掲注（4）151頁。

がって,「雇用の置き換え」という傾向はあるといえる。確かに従業員代表は勤続年数の長い労働者を保護する傾向をもつが,「正社員クラブ」といわれるほどではない。これは従業員代表委員選挙権を事業所の労働者全員が有していることとかかわろう。その意味では日本の企業別組合も今後非正規労働者が多く加入するようになれば,広島電鉄で労働組合が契約社員の正社員化を要求して実現したように,その政策・行動スタイルも自ずと変わる可能性はある。

## 四　日本への示唆

以上の日独比較をつうじて,つぎのことを指摘できる。

第1に,雇用調整が非正規労働者など一部の労働者だけにしわ寄せされることを企業内で防ごうとすれば,その手続き面で労働組合または労働者過半数代表の関与を法律で強める必要がある。労働者過半数代表の場合には,専門知識の不足を補って使用者側と対等な協議・交渉が可能となるように企業外の労働組合団体（ローカル・センター,合同労組など）による援助を得られるようにすべきである。そして,それが企業エゴに陥らないためには,企業レベルだけでなく全国レベルで政労使による協力・連携体制が必要である。この点では,失業者に対して配慮した政策が可能なナショナル・センターおよびローカル・センターの出番である。

労働側代表の民主性との関係で,ここで労働組合や労働者過半数代表は当該事業所の労働者全体の利益を代表して雇用調整に関与する。したがって,それが労働者全体の意見を反映させるべく,労働者から懸案事項につき意見を集約

---

62) 非正規労働者に対する処遇の違いの背景の1つに,非正規労働者の組合加入資格を認めるか否かがある。加入できない場合には,組合が非正規労働者の待遇改善に取り組むことは考えにくい。この点で,非正規の代表例であるパートタイム労働者につき,加入資格を認めている組合の比率は31％である。厚生労働省『労働組合活動実態調査・2010年』第7表参照。

63) 河西宏祐『全契約社員の正社員化』（早稲田大学出版部,2012年）,朝日新聞2010年1月23日b1面。

64) 藤内著・469-470頁。

する機会をもつように制度設計する必要がある。

　第2に，雇用危機に直面したとき，それが社会的規模で一部労働者にしわ寄せさせず，痛み分けで乗り切るには，政府がイニシアティブをとることが重要である。ドイツでは「雇用のための同盟」の合意にもとづいて，全国，産業および事業所のレベルで3者または労使が雇用確保のための措置を協議してきた。そのなかでリーマン・ショック発生時に所管大臣は大企業トップを集めて雇用維持への協力を求めた。そのような所管大臣の行動は，たとえば，便乗した「攻めのリストラ」に対しては牽制の役割を果たすかもしれない。この点で，日本では産業活力再生法（1999年）により企業が人員削減計画を立て政府が認定すれば税制上の特例措置や金融面での支援を行うことにより人員削減を誘導する施策がとられている。ドイツとは対照的な政府の姿勢である。

　第3に，日本における時間外労働の長さは先進国内では異常である。とくに30代・男性正社員のその長さは労働者に健康上の障害を生じさせる直前であり，抑制措置が必要である。この点で厚生労働省告示（154号）により時間外労働の上限が「週15時間，月45時間，年360時間」等と定められているが，例外的に，「限度時間を超えて労働時間を延長しなければならない特別の事情が生じたときに限り，…労使当事者間において定める手続を経て」労働時間を延長することができる（3条）。このような例外的取扱いの定めを廃止すべきである。そのうえで時間外労働の長さに応じて段階的に割増率を高くすべきである。

　第4に，操業短縮の実施要件として，事業所内で時間外労働が行われているような場合に，操業短縮実施に先立ち当該時間外労働を一定程度までに減らすことを加えるべきである。日本では景気変動と関係なく恒常的に時間外労働が行われている現状をかんがみると，それが必要である。

　第5に，退職勧奨にあたっては労働協約に見られるような熟考期間や取消権の定めをおくことは有用である。[65]これはドイツでも確かに商業分野等の一部の労働協約に定められるにとどまっているが，日本ではリストラの一環としてし

---

65)　同旨，道幸哲也ほか『リストラ時代　雇用をめぐる法律問題』（旬報社，1998年）109頁〔島田陽一〕。

ばしば手荒い退職勧奨が報道されており，なかには労働者が不本意ながら退職勧奨に応じていることもあると推測されるところ，それに対して考えうる規制方法としては適切であろう。

第6に，整理解雇における被解雇者選考基準を見直すべきである[66]。日本では通常，整理解雇時には経営難であることから企業再建に必要な人材を残すために労働力評価観点にしたがって人選が行われる。その結果，概して中高年者にしわ寄せが集中することになる。しかし，ドイツの議論にみられるように，中高年者が再就職困難で，解雇による不利益が大きい年齢層であるのも事実である。少なくともこのような事情を考慮し，人選基準で年齢を含めない，また，「36歳以下の者」というような人選基準は合理的だと認めるべきである[67]。

また，日本で使用者側が中高年者の解雇を強く求める一因は，年功賃金体系による中高年者のコスト・パフォーマンスの悪さにある。その点では年功賃金体系の見直しも必要であろう[68]。

さらに，整理解雇では判例で確立している整理解雇4要件（ないし4要素）を法律に明記することが法的安定のために望ましい。

第7に，大量解雇規制として，予定解雇をそのまま認めるか否かにつき，必要とあれば規制するという発想を導入すべきである。そのためには企業内の労働者側代表の関与をより強める方法がとられることになろう。労使で人員削減・解雇計画の要否を協議すれば，解雇等の規模は自ずと必要最小限な程度に抑えられよう。それを労働局または職業安定所に届け出させることになる。この点で，ILO 166号勧告（使用者の発意による雇用の終了に関する勧告，1982年）は，人員削減にあたり労働者代表と協議することを勧告するが，現行の意見聴

---

66) 盛誠吾「整理解雇法理の意義と限界」労旬1497号（2001年）14-15頁，山田省三「雇用における高齢者処遇と年齢差別の法的構造」水野勝先生古稀記念論集編集委員会『労働保護法の再生──水野勝先生古稀記念論集』（信山社，2005年）305頁，318頁，高橋賢司著・242-243頁，253頁。

67) 高田製鋼所事件ではこれが1つの争点となり，大阪地判昭和55・9・29（労働関係民事裁判例集31巻5号951-985頁）は合理的であると判断したが，大阪高判昭和57・9・30（労働関係民事裁判例集33巻5号851-881頁）は，合理的ではないとした。

68) 藤内「賃金体系の見直し」労旬1657号（2007年）4-5頁。

取よりも強く，協議を義務付けるべきである。

また，届け出が必要な離職規模につき，現在の30人から引き下げて，事業所規模に応じて段階的に定めることも必要であろう。

第8に，合意解約にかぎられないが，ドイツでは整理解雇でも解雇される者に対して補償計画策定にもとづき，日本の退職一時金に相当する補償金を支給することが定められている。日本の現状でも，退職金算定にあたり会社都合解雇では加算されることが通常ではあるが，義務付けられてはいない。そこで，日本でも，整理解雇にあたり解雇される労働者に対して金銭補償を行うべきことが提言されているが[69]，検討に値する。経営難に起因する人員削減では解雇される者には従業員全体に及ぶ不利益が集中するが，彼らは相対評価の人選により運悪く解雇された「いけにえ」であり，代償として金銭支給によりその不利益を緩和する措置を講じることを義務付けることは妥当であろう。ただし，それは整理解雇の有効性いかんの判断とは関係なく，整理解雇が有効であるとされた場合，または労働者が解雇の効力を争うことなく受け入れて退職する場合の取扱いである。

第9に，やむをえず退職する労働者に対する再就職支援措置として，まず行政の責任で離職する労働者のキャリア形成・職業訓練の機会を提供するとともに，再就職支援計画の策定は，過半数組合（ないし過半数代表者）の意見聴取ではなく同意によるように改めるべきである。

第10に，日本では年休取得率が5割弱の低い状態が続いているが，年次有給休暇取得が低いことを放置したままで，雇用調整に着手することは不合理である。ドイツで労働時間口座の時間残高を年休に振り替えて雇用縮小に対応した経験を参考に，雇用調整では一定の段階でその取得を増やすことを取り込むべきであり，たとえば雇用調整助成金や臨時的な雇用安定助成金等の支給条件として一定比率の年次有給休暇取得を求めること，または，申請書類に年休取得状況の欄を設けることも検討されてよい。

---

69) 川口美貴「経営上の理由による解雇規制法理の再構成」労働98号（2001年）40頁，土田道夫『労働契約法』（有斐閣，2008年）614頁，根本到「雇用危機下の解雇法理と退職をめぐる法理」労旬1697号（2009年）24頁。

〈資料Ⅰ〉 S社・事業所協定「フレックスタイム制」(2004年時点)

　経営陣は，事業所操業時間の延長を，外国にある工場に対するヴァルトキルヒおよびロイテの所在地をさらに競争力あるように展開するために適した措置として理解する。労働時間口座（Arbeitszeitkonto）の拡大およびさらなる交代制勤務の導入により，操業時間は延長される。このほかに個人の生涯労働時間口座への第一歩が協定される。これは，たとえば個人的な研修のため，または家族介護のための「休暇」，早期引退の可能性，ならびに企業年金への有利な組み込みを含む。

1　適用対象：当社の労働者全員である。
2　枠組み条件
2-1　個人の合意

　労働時間の確定およびフレックスタイム制の運用に際しては，労働者の個人的なニーズが考慮されなければならない。ただし，緊急の経営上の必要性がある場合を除く。

　労働時間の決定にあたっては，事業所の利害と個人的利害は同等の重要さをもつ。グループ組織の場合には，労働時間の配分にあたり，労働者はグループと調整して，個人的な必要性と事業所の利益を考慮しなければならない。部門内部における調整は，友好的に，かつ，合意のうえで行われる。

2-2　労働時間

　月曜日から金曜日までの通常労働の基礎は，適用されている労働協約，および祝日と週末を連続して休日にするために休日となった平日の埋め合わせの労働時間に対応する。

　いずれの部門でも，必要な場合には土曜にも出勤が許される。その場合には，できるだけ適時に従業員代表に提案される。一般協約7条5.2の定めの影響を受けない。土曜勤務は一般協約10条1.4にもとづき手当が支給される。これは，製造部門およびそれ以外の時間外労働が使用者から指示されたすべての部門に当てはまる。

　間接部門の労働者が自己責任の範囲内で行う土曜労働は，フレックスタイムの枠内で手当なしに行われる。土曜労働には例外がおかれるものとする。従業員代表は土曜出勤した労働者につき，翌週に通知される。土曜出勤者の人数が間接部門の労働者の10%を繰り返し上回る場合には，このような取扱いは行われず，再び従業員代表の共同決定の対象となる。

　信頼に満ちた協力の原則は，ここでは特別な方法で運用される。

　労働時間法によれば，1日の労働時間の上限は，休憩を除いて10時間である。この10時間を超える労働時間分は，フレックスタイムのなかには含まれない。

　個々人の労働時間の選択にあたり，枠組労働時間は，平日（月曜日から金曜日まで）は6：30から19：00までと協定される。製造部門のような特定の部門では，枠組み

労働時間は，5：00から19：00までとされる。

　間接部門ではすべて9：00から16：30までの間は出社していなければならない。特殊なサービス部門（付属資料に別記）では，8：00から16：30までの間は連絡がとれるようにしておかなければならない。

2-3　時間把握

　労働時間は，時間把握システムによって把握される。3工場の労働者は全員，この適用を受ける。

2-4　交代制モデル

　投資に高額を要した部門では，弾力的に24時間を交代制勤務で稼働させることにつき，双方は交渉を行う用意がある。土曜日は，修理および整備に優先的に当てられ，フレックスタイムの適用対象とする。その場合には，特別な健康保護の措置が講じられる。組み立て部門に2交代制勤務を導入することが交渉される。

2-5　協約適用外職員

　協約適用外職員は一般的な時間把握は適用されず，1日の労働時間が8時間ないし10時間を超えるときには別記の様式に記入する。

　協約適用外職員は，上司による加重負担を理由とする正式の懇談を求める権利を有する。法律上の労働時間上限は遵守される。

2-6　生涯労働時間

　事業所当事者は，このテーマにつき，2004年8月末までに事業所協定を締結する。

2-7　休憩

　自由な休憩時間に関する規定が協定され，それは，本事業所協定の基本的な考えのもとに利用されるものとする。

2-7-1　朝食休憩

　6：30から8：45までの間に始業する者には，15分間の休憩が差し引かれる。

　この時間中に中断が生じるときには，それは休憩に繰り入れられる。始業が8：45より遅い者に対しては，朝食休憩は与えられない。15分間の大休憩は，いずれにせよ記録される。15分に達しない休憩は記録されない。

　事業所敷地から立ち去る場合には，同様に，退出時刻が記録される。

2-7-2　昼食休憩

　昼食休憩は，11：30から13：30までの間に取られる。12：00から13：30までの間では，原則として30分の休憩が差し引かれる。すなわち，あらかじめ，または事後に記録された時間は追加して差し引かれる。

　12：00から13：30までの間に中断が記録された場合には，それは30分間の差し引きに含まれる。

　フレックスタイムの縮小にあたっては，12：00以後の終業ならびに13：30より早い始業では休憩は差し引かれないことに注意すること。

〈資料Ⅰ〉S社・事業所協定「フレックスタイム制」(2004年時点)

例1：入構8：00　退出12：15。
　この場合には30分の休憩が差し引かれる。すなわち，朝食休憩15分（8：00から8：45までの間）と15分の昼食休憩（12：00から12：15までの間）。
例2：入構13：00　退出17：00。
　この場合には30分の休憩が差し引かれる。それは昼食休憩の30分（13：00から13：30の間）である。

3　実施
3-1　賃金の基礎
　賃金計算の基礎は，適用されている協約である。月例賃金は，実際に提供されている労働時間とは関係なく支給される。
3-2　フレックスタイム制——枠組みモデル

〈図表　略〉

(1)　まず，白地部分はプラス，マイナス月30時間（標準幅）
　フレックスタイムの枠を超えるか，それともその枠内で仕事をするかは，労働者本人が決め，その時間編成には本人が責任を負う。月30時間の幅を1か月を超える期間で上回る場合には，上司と本人の間で取り決められる。
(2)　点線部分は月30時間以上，60時間以内（生産能力上の予備）
　この労働時間規定の適用にあたっては，事業所当事者は，労働時間は通常白地部分（標準幅）のなかで収まることを基本とする。点線部分（生産能力上の予備）に達しても事業所当事者は，何らかの対策を講じることなく見守る。それでも，労働時間口座が白地部分に速やかに戻るのが望ましい。
　労働者が1か月間の経過のうちに点線部の上限を超えたとしても，月末までに再び点線部分の枠内に戻っている場合には，本協定の枠内であるものとする。月末時点で，なおわずかでもそれを超えている場合には，超過残高がなくなるか，もしくは，上層部が従業員代表で月末に労働者のために業務引き受けを提案する。超過残高の翌月への繰り越しは認められない。
(3)　斜線部分は月60時間を上回るものであり，従業員代表との調整ないし共同決定の対象となる。
　月60時間の上限超過が，超過が生じた暦月をまたがる場合には，時間外労働（Mehrarbeit）として申請される。さらに，上層部は，時間残高を減らすための措置を協定するために，従業員代表との協議を始める。そのさいには，超過の期間を知らせ，再び点線部の枠内に戻るための措置を知らせることが重要である。
(4)　調整期間
　上司と労働者は，24か月の調整期間内に少なくとも1回は，プラス，マイナス10時間の残高の範囲が通過されるように，フレックスタイム残高を運用する義務がある。

〈図表　略〉

　月61時間以上が時間外労働とされる。

3-3　製造部門のフレックスタイム制

〈図表　略〉

3-4　プロジェクト部門のフレックスタイム制

　これは，上司からプロジェクト参加労働者として認められた者に対してのみ適用される。誰がそれに該当するかは，従業員代表に通知される。そのさいには，限られた労働者のみが該当することを基本とする。その人数は30人を下回るものとし，それを超える場合には，使用者は従業員代表とあらかじめ協議する。関係労働者の労働時間はその80％以上がプロジェクト関係に充てられるものとする。

　この規定は，現在進行中のプロジェクトに関する期限またはそこにおける役割にもとづく作業につき，適用される。

〈図表　略〉

　月181時間を超える分が時間外労働とされる。

3-5　データは毎月，人事部から提供される

　従業員代表は常時，労働者ごとの労働時間残高を含め，計算単位部署（Kostenstelle）の労働時間残高をオンラインで閲覧することができる。

4　労働時間貸しおよび借りの減少

　労働者は上司との話し合いにもとづいて時間単位または日単位でフレックスタイムからの取り出すことができる。チーム作業に従事している労働者は，そのフレックスタイムから取り出しにつき所属するチームと合意しなければならない。2日を上回る減少にあたっては，上司と調整されなければならない。

5　喪失時間

　病気または有給の職務免除の場合には，協約上の1日当たり所定労働時間を基礎に，事前の回復時間が追加されて処理される。

6　時間外労働

　上司は，3色モデル（注：白地，点線部，斜線部の3区分を指す）の定めに応じて，従業員代表および人事部との適時の調整にもとづいて，時間外労働を協定することができる。

　フレックスタイムは，労働協約の意味における支払われるべき時間外労働とは，明確に区別される。

　フレックスタイムを事後に時間外労働に取扱変更することは許されない。

　時間外労働は特別な時間外労働口座にもとづいて運用される。

時間外労働は承認された場合にのみ支払われる。承認がない場合には，協約上の平均的な所定労働時間を超える労働時間はフレックスタイムにおけるプラス時間になるにすぎない。時間外労働の支払いは協約規定にもとづいて行われる。
7　出張
　出張時間は，出張費用規程にもとづいて時間残高に記帳される。
8　退職者の扱い
　労働者が退職する場合には，その者は退職日までに労働時間口座を清算する。解雇の場合には，残りの時間残高は支払われる。時間債務はそれに応じて賃金から控除はしない。上司がその時間調整を行う。
9　フレックスタイム記録
　労働者は，請求をすれば，月々のフレックスタイム記録をオンラインで受け取るものとする。
10　規程に従った取扱い
　本フレックスタイム規程は，信頼の原則にもとづく。フレックスタイム規程の不誠実な取扱いおよび個人的な利益を得ることは労働法上の問題を引き起こすことにつき労働者全員が理解することを，我々は望む。
　本事業所協定を規程通りに運用することにつき，労働者および上司は同様に責任を負っている。
　疑わしい場合には，フレックスタイム委員会が決定する。
11　フレックスタイム委員会
　従業員代表と経営陣は，それぞれ2人以上の同数で構成されるフレックスタイム委員会を指名する。両者は，1週間の猶予期間をもってフレックスタイム委員会を招集する権限を有する。
　当委員会は，必要なときに協議し，本事業所協定の妥当性を検討する。
12　むすび
　本事業所協定は署名の日より発効する。これは3か月間の猶予期間をもって半年ごとの末に解約することができる。
ヴァルトキルヒ　2004年6月30日（従業員代表および使用者の署名）

## 〈資料Ⅱ〉人事選考指針〈解雇〉7例

〈資料Ⅱ-Ⅳにつき，出所〉　Wolf Hunold, 50 bewährte Muster-Betriebsvereinbarungen zwischen Arbeitgeber und Betriebsrat, 1981
Günter Schaub, Arbeitsrechtliche Formularsammlung und Arbeitsgerichtsverfahren, 1990
Franz Jürgen Säcker, Aktuelle Probleme und Reform des Betriebsverfassungsrechts

Band 2, 1989
Aloys Vogt, Personal-Auswahlrichtlinien, 1987
Stege/Weinspach, Betriebsverfassungsgesetz, 6. Aufl., 1990

①人事選考指針モデル（Stege/Weinspach, S. 985 ff.）
〈解雇〉 1．前文
　この指針は緊急な経営上の必要性にもとづく解雇にあたっての社会的選考のためにのみ適用される。それ以外の解雇では関係する法律および協約規定が適用される。
2．選考
　イ．選考は，その職務（Tätigkeit）が比較でき，かつ，相互に代替可能であるような労働者の間でのみ行われる。代替可能性の有無は職務に係わる指標にもとづいて判断される。
　ロ．操業技術的，経済的およびそのほかの正当な経営上の必要性により，とくにその労働者が有する特別な知識，能力および業績（Leistung）に照らして正常な，もしくは収益性の高い（rentabel）操業・営業にとってその労働者を引き続いて雇用することがどうしても必要である（bedingt）者は選考対象から除外される。
　ハ．社会的選考は，原則として解雇による不利益が最も小さい労働者がまず優先的に解雇されるように，関係労働者の間で行われる。そのさいに使用者に知られている，もしくは解雇通知に先立ち労働者ないしは従業員代表から使用者に知られているあらゆる基本的な事情が考慮される。そのなかには，とくに勤続年数，年齢，家族状態および被扶養児童・家族数が含まれる。さらにたとえば，家族の収入，法律・協約・事業所内の規程（例，合理化保護協定，社会保険給付，事業所内の従業員福利厚生に関する約束（betriebliche Versorgungszusage））による，労働者の職場喪失に対する実質的な保護も考慮される。これらの事情に<u>明確な違いがない労働者の間では被解雇者の選考は業績観点にもとづく。</u>
　ニ．点数表の活用にあたっては，個々の事例における個々人の特別な事情が確実に考慮されなければならない。

②Ｒコンツェルン・グループの選考指針事業所協定（Vogt, S. 136-139）
〈解雇〉三．経済的理由の解雇
　イ．特定の職場で従業員数が減少することに関して事前に要員計画で協議および決定されることが解雇が経済的理由とされるための前提である。
　ロ．被解雇者の選考ではまず要員計画によって減少する予定の職務（Arbeitsplatz）担当者のみが問題となる。
　ハ．労働者が類似の職務に従事している限り，それらの労働者も選考の対象となりうる。いかなる職務が事業所組織法102条３項３号および４号の意味における類似の職務

〈資料Ⅱ〉人事選考指針〈解雇〉7例

であるかは使用者と従業員代表の間で取り決められる。
　ニ．この人的範囲内で業績評価を考慮して，社会的条件（年齢，勤続年数，家族状態，被扶養者数）にもとづいて，ランキングされる。勤続年数の長い者，より多くの被扶養者を抱える者がより厚く配慮される。
　ホ．この人的範囲内で，まず同一企業内の別の同格の職務で引き続いて雇用することが可能であるような労働者は除外される。
　ヘ．残った労働者のなかで，変更された契約条件のもとで引き続いて雇用することが可能な労働者も除外される。
　ト．労働官庁への書類提出等の大量解雇に必要な法定手続きが点検されて，つぎに以下の選考指針が適用される。
　　a．再訓練を行う可能性を考慮して専門的な適性．
　　b．勤続年数の長さ．
　　c．社会的観点（例，年齢，家族状態，被扶養家族数）

③人事選考指針モデル（Vogt, S. 139ff.）
7．解雇での選考指針
　ハ．経済的理由の解雇では，ある職務がなくなることが前提条件である。被解雇者の選考対象者には，職務がなくなる労働者のみが該当する。類似の職務に従事する労働者も対象者に含まれる。いずれの職務が類似しているかの判断は使用者と従業員代表が協定する。
　<u>この被解雇対象者は勤続年数の長さおよび社会的条件（例，年齢，家族状態）によってランキングされる</u>。専門的適性および再訓練によって別職務に配置換えされる可能性も考慮される。
8．情報提供
　この選考指針が確実に適用されるために，評価および決定のために，活用できるあらゆる情報資料が入手され考慮される。
9．例外的取扱い
　　個別事例で合理的理由があるときには，従業員代表との協定によってさらに別の指標および事実を選考過程に追加することができる。
10．決定手続き
　選考指針の適用につき使用者と従業員代表の合意が成立しないときには，仲裁委員会がこれを決定する。
　事業所組織法99条および102条にもとづく異議表明権は，選考決定によって影響されない。

④G社　選考指針事業所協定　（電力・ガス・水道供給業，Köln, 1993年入手）

〈解雇〉
(1) この指針は解雇制限法の意味における緊急な経営上の必要による解雇に対してのみ適用される。本人帰責事由および行為を理由とする解雇には適用されない。
(2) 選考はその担当職務が同種であり相互に代替可能であるような労働者の間で行われる。
(3) <u>選考は人物的，専門的および社会的観点で行われる。ここでは負担が過酷になることをできるだけ避けるために，知られているすべての重要な事情が考慮される。</u>
(4) 場合によっては詳細が取締役会と従業員代表の間で協定される。
六．社会的観点
　<u>この事業所協定で社会的観点とは，年齢，家族状態，被扶養者数，勤続年数，収入減少，就労の事情（事故後，重病後，もしくは再訓練目的），特別に配慮を必要とする事情，である。</u>

⑤解雇に関する選考指針例（Vogt, S. 145-147）
１．この指針は労働者の行為を理由とする解雇には適用されない。
２．<u>経済的理由および労働者の本人帰責事由を理由とする解雇は要員計画の活用によって回避されるようにする。</u>
３．解雇決定は，従業員代表の態度表明にあたり事業所組織法92条にもとづく要員計画のための情報提供および協議が行われることが前提である。そのさいに別の職務に配置換えすることにより，再訓練もしくは継続訓練により引き続いて雇用する可能性の有無が検討される。従業員代表の具体的な提案は人事部（PA）と従業員代表により合同で審査される。従業員代表との協議を経ない経済的理由の解雇は許されない。
４．解雇にあたり使用者は解雇決定のあらゆる理由を通知しなければならない。従業員代表との最終的な協議の前までに事後に追加して解雇理由を述べることは許される。
５．解雇予定の労働者が使用者から申し込まれた変更された労働条件を受け入れて引き続いて雇用されることを合意し，かつ，従業員代表がそれにともなう配転ないし格付け変更に同意すれば，それに反して行われる解雇はこの指針に違反する。
６．被解雇者の選考にあたり，まずは廃止される，ないし減少する予定の職務（Arbeitsplätze）に従事している労働者がその対象者となる。
７．労働者が類似の職務に従事していれば，その者も選考の対象者に含まれる。いかなる職務が類似しているかは使用者と従業員代表が協定する。
８．６および７における選考対象労働者のなかで，勤続年数および社会的観点（年齢，家族状態，被扶養者数，勤続年数—ママ）にもとづきランキングされる。勤続年数のより長い者および社会的義務のより大きな者がより強く配慮される。
　この労働者群のうちで，当該事業所の別職務で，もしくは変更された契約条件で引き続いて雇用される労働者は除外される。引き続く雇用に必要な再訓練の費用を使用者が

〈資料Ⅱ〉人事選考指針〈解雇〉7例

負担することを期待できるか否かは使用者と従業員代表が協議する。
　最終選考では，過去に行使されなかった，もしくは時間経過によって解消された懲戒処分は考慮されない。
9．意見対立の場合の取扱い
　この協定における選考決定は，人事部と従業員代表の間で迅速に，かつ，丹念に行われる。争いある点に関しては双方は合意形成のために誠意をもって交渉しなければならない。意見の対立を解決するために双方は提案を行うものとする（事業所組織法74条1項）。
　選考指針の解釈，選考指標の重要度ならびに手続きに関して意見が対立し合意が成立しないときには，事業所組織法76条にもとづき仲裁委員会が拘束力をともなって決定する。
　この選考指針は労働者の福利および事業所の利益の意義および目的にしたがって解釈される。
　この選考決定によって使用者および従業員代表のその他の権利は影響されない。
　事業所組織法111条にもとづく組織変更に関連する人事措置では，協定された補償計画の定めが考慮される。

⑥経済的理由の解雇にあたって点数表をともなう選考指針6例（Vogt, S. 158-160）
例（1）選考指針——社会的観点
　社会的条件は個々人の社会的地位・状態にもとづく。これは以下の指標により算定される。
1．勤続年数
　終了した勤続年数ごとに1点とする。さらに25年を超える者には5点を追加する。
2．年齢
1点――30歳以上，35歳未満，
2点――35歳以上，40歳未満，
4点――40歳以上，45歳未満，
7点――45歳以上，50歳未満，
11点――50歳以上，55歳未満，
15点――55歳以上，60歳未満。
3．家族状態
　税法上の意味で扶養義務を負う者1人につき，1点とする。さらに，その者が既婚者であり，かつ，主たる生計維持者であれば，2点加算する。
　被扶養者を有する者は，それを証明する文書を提出する。
例（2）選考指針
1．年齢

267

30歳未満＝1点，40歳未満＝2点，48歳未満＝3点，53歳未満＝4点，60歳未満＝5点，63歳未満＝4点，65歳未満＝2点，65歳以上＝0点。
2．勤続年数
　5年に満たない者につき，月当たり0.05点。以後，加算すること。
　5年以上＝1点，10年以上＝2点，15年以上＝3点，20年以上＝4点，30年以上＝5点。
3．家族状態
　扶養義務のない独身者　　　2点
　被扶養者1人ごとに　　　　2点
4．専門教育
　不熟練　　　　1点
　見習修行（Lehre）もしくはそれと同等の専門教育　2点
　当該企業内における見習修行　　4点
5．最近2年以内の就業規則違反行為の有無
　口頭の警告1件当たり　　マイナス1点
　戒告（Verweis）・書面による警告1件につき　マイナス1点
　再度の違反に対しては解雇するという脅しをともなう厳しい戒告　マイナス5点
6．最近2年以内の無断（unentschuldig）欠勤1日につき　　マイナス2点
7．世帯内複数稼得者
　別企業での稼得者　　マイナス5点
　当社での稼得者　　マイナス3点
　別に2人以上の稼得者　　マイナス5点
8．差し押さえ（Pfändung）
　1件につき　　マイナス1点

例（3）利益調整における選考指針
1．50歳以上の労働者全員に対して早期退職が勧告される。
2．被解雇者選考ではつぎの点数評価にもとづく。
　a．勤続年数1年ごとに1点，
　b．40歳を超える者につき，40歳を超える1歳ごとに1点，
　c．被扶養家族1人ごとに1点，
　d．最近2年2か月間の欠勤（なお，労災による欠勤，年間初回の病気による欠勤を除く）のうち年間平均20日を超える分につき，1日ごとにマイナス…点。

例（4）選考指針をともなう利益調整
　経営上の理由による操業停止に先だって労働者が解雇されるときには，つぎの基準で社会的選考が行われる。点数の少ない者から順に解雇される。
　勤続年数1年ごとに　　　3点，

〈資料Ⅱ〉人事選考指針〈解雇〉7例

　　被扶養家族1人につき　　　2点，
　　既婚者　　　　　　　　　1点，
　　年齢：40-49歳で2点，55-60歳で3点，それより高齢者は4点。
例（5）解雇される労働者の人選は以下の指標による。点数の低い者から順に解雇される。
1．年齢　　40歳未満＝0点，40-45歳＝5点，45-50歳＝10点，50-55歳＝15点。
2．勤続年数　　1年未満＝0点，1-2年＝1点，2-3年＝2点，3-4年＝3点。
それ以上は1年ごとに1点を加算する。
3．被扶養児童数　　1人当たり1点。
例（6）解雇のための社会的選考指針（Hunold, S. 130-131）
1．勤続年数　　1年ごとに1点。
2．年齢　　30歳以上で1点，35歳以上で2点，40歳以上で4点，45歳以上で7点，50歳以上で11点，55歳以上で15点。
3．家族状態　　既婚者であれば2点，子ども1人につき1点，ほかに稼得者がいなければ1点。

⑦経済的理由による解雇における選考指針事業所協定（Vogt, S. 142-145）
現在の経済的状況および継続的な注文量の不足は職務の削減を必要としている。解雇されるべき労働者の選考につき協定する。
1．人的適用範囲
イ．事業所組織法の適用下にあるすべての労働者に適用される。
ロ．ただし，つぎの者は除外される。重度障害者法，母性保護法，職場保護法（Arbeitsplatzschutzgesetz）および解雇制限法15条および協約規定により解雇できない者，解雇制限法による解雇保護の適用対象とならない者。
2．選考原則
イ．被解雇者の人選は，担当職務（Arbeitsplatz），必要とされる資格，責任およびそのほかの基準となる（maßgeblich）労働条件に照らしてその職務（Tätigkeit）を相互に代替できる労働者グループごとに行われる。
ロ．選考には，操業技術上，経済的もしくはそのほかの経営上の必要性，とくに特別な専門知識，経験，能力および業績により，支障なき操業のためにはその者を引き続いて雇用することがどうしても必要な労働者は除かれる。
3．選考指針
　社会的選考は，解雇による不利益（Härte）の少ない者を先に解雇するように行われる。
　個々の労働者の社会的条件の予備審査のために，つぎの点数制度が用いられる。
a．勤続年数―1年ごとに1点

b，年齢—30歳以上で1点，35歳以上で2点，40歳以上で4点，45歳以上で8点，50歳以上で12点
　c，家族関係—家族関係は通常所得税等級に反映しているので点数算定にあたり税金等級を利用する。
　　税金等級3は4点，既婚者でその者が単独で，または主に家計維持者である。
　　税金等級4は0点，既婚者である，配偶者に収入がある。
　　税金等級1および2は0点，独身，死別もしくは離婚により独り者である。
　　児童およびそのほかの家族—税法上の意味で経済的に依存している児童1人ごとに，税金等級1，2および3では2点，等級4では1点とする。それ以外の納税カードに記載されている被扶養家族1人ごとに2点とする。
　　選考グループの労働者中で，持ち点が最も少ない者は解雇にともなう不利益が最も小さい者として取り扱われる。上記の事情のほかに，解雇通知前までに明らかになっている基本的な社会的事情（例，家族の収入）も考慮される。労働者は求められればあらゆる社会的観点を従業員代表に通知し，さらに場合によってはそれを証明する義務がある。
　　選考対象労働者中で社会的条件にさほど違いがないときには，選考は業績観点にもとづいて行われる。
4，異なる結果
　従業員代表が労働者本人から聴取して明らかになった追加すべき事情が存在するために予定されている選考を修正変更する必要があると判断すれば，従業員代表はその旨を遅滞なく使用者に通知する。
　個別事例で従業員代表がその事情を異なってウエート配分し，その結果，提案されている選考を不公平であると判断すれば，従業員代表はその具体的な理由と代替提案を遅滞なく示すものとする。
5，従業員代表の権利
　この事業所協定に定められていない従業員代表の協議権および共同決定権はこの協定によって影響されない。


## 〈資料Ⅲ〉 利益調整2例

① （Hunold, S. 159-160）
1条，両社の最大限の生産能力と競争能力を達成するために，A社の下記部門とB社の対応する部門を合併することに双方は合意する。
2条，この目的のために，販売，管理，開発（Konstruktion）および全社生産計画の部門があらたな機構として編成される。そのさいに経済的理由により中枢機能は1か所に集中される。本事業所協定の具体化に必要な措置は遅くとも1981年7月31日までに着手

〈資料Ⅲ〉利益調整2例

され，遅くとも1981年9月30日までには終了する。
3条．それは次の方法で実施される。すなわち，
イ，販売部門は…（場所）に機能をともなって併合される。
ロ，経理部は…に集中される。
ハ，購入部は…に集中される。
ニ，発送部門はその業務を分割され，変更可能な業務は残され，それ以外の業務は販売部に吸収される。
ホ，中央倉庫は…（場所）に置かれ，その機能の一部（商品入荷等）は…で担当される。
ヘ，人事管理のうち，賃金計算およびこの事業所で就労する従業員に関する人事関係は…に残される。
ト，開発につき，基準統一，研究および調査という基幹的機能は中央集権的に行われ，他方でA社の3つの開発グループはそのまま残される。……
チ，本社の工場生産計画の範囲内で，加工，作業準備，組立およびプログラミングという一部の業務を…に移転し，作業準備および期間管理という製造に不可欠な業務は…に残す。
4条．この機構改革の後にも，88人減らされた従業員が雇用されうる。そのために必要な人員削減は次の方法で行われる。すなわち，
イ，配置換えによって空きになるポストは補充されない。あらたな人員補充が経営上の理由により必要になっても，その欠員募集は事業所内で行われる。事業所内で欠員補充できず，かつ，以後の人事措置により空きポストになる職務が問題となるときには，採用には従業員代表の同意を必要とする。
ロ，<u>賃金グループ6以下の現業労働者および賃金グループ3以下の職員全員に対して使用者は希望退職を勧告する</u>。88人までは希望退職によって解約するものとする。その人数を上回る応募者がいたときには，勤続年数を基準に，短い者を優先的に受け入れる。
a 希望退職にあたっては法律，労働協約および個別契約上の解約予告期間が遵守される。使用者は雇用事務所に，<u>労働関係終了が事業所組織法111条にもとづく利益調整によるものであり，労働者本人の自己都合によるのではないことを伝える</u>。
b 希望退職の提案は関係者全員に対して1981年7月31日までにドイツ語で通告される。これに応じる労働者は1981年8月14日までに人事部に書面で申し込む。
ハ，<u>希望退職応募および欠員不補充によってもなお必要な人員が確保できないときには，使用者は1981年8月17日から8月30日までになお不足する人数分を経営上の理由により解雇する</u>。事業所組織法102条1項にもとづく手続きは念のため早めに着手されうる。
　解雇されるべき従業員の選考は次の指標にもとづいて行われる。より低い点数の者が解雇の対象者となる。
a 年齢――40歳未満は0点，40-44歳は5点，45-49歳は10点，50-54歳は15点とする。

271

b　勤続年数――1年未満は0点，2年未満は1点，3年未満は2点，4年未満は3点，それ以後，1年ごとに1点加点される。
　c　扶養児童――1人につき1点とする。
　持ち点15以上で，かつ，勤続5年以上の者はこの人事措置の対象外とする。また，55歳以上の者も同じである。
ニ，前記の希望退職および解雇の対象者は補償金を支給される。その詳細は補償計画の定めによる。
5条，(1)　前記により労働関係が終了する者は退職する日まで労働義務を負う。解雇予告期間到達前に使用者を労働者を契約上の賃金を支払って早期に解約する，または労働義務を免除する，もしくはより早い時期に解約する旨を合意することは有効である。
(2)　使用者は労働者の再就職活動を援助する。使用者は職探しする労働者に丸3日の労働義務を有給で免除する。休みの期日は使用者と事前に合意する。
(3)　使用者は重大な理由および労働者の本人帰責事由または行動を理由とする解雇を行うことを妨げられない。

②利益調整に関する勧告をともなう仲裁委員会裁定（Säcker, S. 322）
　企業から予定されている132人の解雇に関する利益調整のために設置された仲裁委員会手続きで仲裁委員会はつぎのように決定する。
　仲裁委員会は企業につぎのことを勧告する。
イ，予定されている132人の解雇のうち，販売部の10人とマーケティング部門の7人のみ解雇される。
ロ，予定されている受注の半分が…までに達せられたときには，6か月の経過後に，さらにC部門の7人が解雇される。それでも少なくとも販売部門の80人の職場およびC部門の57人の職場は残される。
ハ，さらに，特定の職場にもはや仕事がなく，かつ，企業内に当該労働者に担当させるべき仕事がないという状態になるまでは，<u>さしあたり解雇を見送り，できるだけ操業短縮を行う</u>。


〈資料Ⅳ〉補償計画2例

①（Hunold, S. 164-169）
1条，受注および収益のかなりの低下にもかかわらず企業をなお存続させるために機構再編が行われ，人員状態はこの利益調整にもとづく範囲内で減らされる。
2条，(1)　この補償計画の定めは，事業所組織法の意味における労働者，および1979年1月31日の連邦労働裁判所判決を考慮して上級管理職員であり，かつ，雇用調整により解雇される，または希望退職により退職する者に適用される。

〈資料Ⅳ〉補償計画2例

(2) この補償計画の定めは，解雇保護訴訟を提訴し，その手続きにもとづいて合意解約する労働者および上級管理職員には適用されない。
3条．(1) 最近の利益調整の結果，職場を失う者にはつぎの基準に従って支給される。
a 　通常に解雇され，かつ，12か月間の失業の後にもまだ早期年金支給の対象とならない者に対しては，勤続1年につき額面月給の30％が支給される。
b 　12か月間の失業の後に60歳に到達し早期引退年金を受給できる労働者に対しては，月給の40％の12倍の金額で支給される。失業手当でなお不足する部分がそれによってカバーされる。
(2) 補償金は退職時に支払い満期になる。
(3) 休暇請求権は退職までに行使される。金銭による補償は行われない。
4条．(1) 人事措置が行われる従業員はすべて1981年につき完全にクリスマス手当を支給される。
(2) 人事措置が行われる従業員には，協約にもとづいて財産形成給付を受給していれば，新しい労働関係への橋渡しのために，312マルクの調整一時金が支給される。
5条．補償金受給資格を有する従業員は，個別にそれよりも有利な内容の合意がないかぎり，前貸しやローンを従来の方法で返済する。失業が証明されれば，返済は猶予される。
6条．永年勤続褒賞金は退職まで通常と同じに取り扱われる。それが退職後1年以内に支給されるはずであったときには，25年勤続者にはその100％に当たる350マルクが，40年勤続者にはその50％に当たる500マルクが支給される。
7条．社宅に住む者は1981年6月30日までに55歳に到達していれば，無期限に引き続いて社宅に住むことができる。
　55歳に達していない者は，次の期間だけ引き続いて社宅に住むことができる。すなわち，退職時の年齢が50歳以上，55歳以下の者は5年間，45歳以上，49歳以下の者は4年間，40歳以上，44歳以下の者は3年間，35歳以上，39歳以下の者は2年間，30歳以上，34歳以下の者は1年間である。

②大規模企業の補償計画（Schaub, S. 304-311）
　前文．補償計画は，従業員がすでに決定された，もしくは補償計画策定中に決定される構造的および合理化措置の結果被る経済的不利益を調整または緩和するために締結される。
〔一節．適用範囲〕
1条．(1) 補償計画は，事業所組織法が適用される労働者のなかで，補償計画策定中に企業のリストラ（Umstruktuierung）もしくは合理化のための人的措置に関係する本企業のすべての労働者に適用される。
(2) 補償計画は，労働関係が使用者から解約されたか，それとも双方の合意にもとづい

て解約されたかにかかわらず，終了の契機が1項が定める措置である限り，適用される。

(3) 本人帰責事由もしくは行為を理由に解雇された労働者は補償計画にもとづく給付を受給する資格を欠く。

2条．補償計画は…に発効し，…まで効力を有する。人的措置がこの時点までにまだ完全には確定しなければ，計画の一方当事者の申請により…まで延長される。

〔二節．企業内の配転・転勤にあたっての給付〕

3条．(1) 従業員が協約適用範囲内で同格の職務に配転されるときには，従来の賃金等級が維持され，契約上の賃金が引き続いて支給される。契約上の賃金とは個別労働契約で最も新しく確定された金額を指す。

(2) 協約上同格ではない職務へ配転されれば，新しい賃金格付けはその協約賃金ランクとされる。格付け変更が必要であっても，格下げは2ランクを超えては行われない。<u>従来の契約上の賃金額と新しい職務の賃金額との差額が配転後1年間にかぎり，個人手当として支給される。</u>ただし，その間に協約改訂が行われても，改訂にともなう変更は考慮されない。

(3) 協約適用外職員の配転では，個別契約の合意は従業員代表が関与する。<u>配転後1年間は従来の賃金額が保障される。</u>

4条．(1) 従業員が別の協約適用地域に，もしくは協約が適用されていない事業所に配転されたときには，従業員の賃金格付けはこの地域に適用されている協約にもとづいて行われる。<u>新しい契約上の賃金が従来よりも少ないときには，その差額は協約上の賃上げに左右されない個人手当として支給される。</u>

(2) 別の勤務地に配転されてもなお従来の住所にとどまる従業員は，配転にともなう通勤費用の増加分を公共交通手段を使用したときの費用を基準にして1年間にかぎり支給される。支出増加分として，通常は別居手当および帰省旅費手当につき，事業所協定の規定が準用される。

(3) 別の勤務地に配転された従業員が新しい職場から通勤範囲（Einzugsgebiet）内に住居を探すのを企業は手伝う。住居探しのために適度の広告費用および不動産仲介手数料が企業と事前に合意されて支給される。引っ越し費用は事業所協定にもとづき…マルク支給される。

(4) <u>住居探しのために必要な時間が有給で与えられる。</u>…km以上の住居探しのための現場視察は出張として取り扱われる。そのための費用は…マルクが事業所協定にもとづいて支給される。

(5) 従業員が新しい勤務地の従来と同じ水準の借家のために従来よりも多くの家賃を支払わなければならないときには，旧家賃と新家賃の差額分は引っ越しから2年間にかぎり企業から負担される。

5条．(1) 従業員を従来と同格の職務を提供することなしに受け入れる事業所の使用者

〈資料Ⅳ〉補償計画2例

は，引き受け後12か月以内に従来と同格の職務をその者に提供するように努める。
(2) 配転される従業員は新しい職務につき情報提供される機会を与えられる。そのための費用は事業所協定にもとづいて支給される。
(3) 別事業所に配転される従業員の応募はその者が従来の事業所に戻ることを希望するかぎり，優先的に考慮される。
(4) 配転にともなって必要となる再訓練または継続訓練のための費用は，それが公的な訓練チャンスがないかぎり，企業が負担する。
6条．引き受けられた事業所の給付が勤続年数に左右されるならば，企業は，その者の従来の勤務が算定にあたり考慮されることを確保する義務を負う。
〔三節，早期引退プログラム〕
7条．(1) <u>55歳以上，59歳未満の従業員は，25年以上の勤続期間があり，かつ，解雇が予想されるときには，合意解約により退職することができる。</u>その者は9条にもとづく補償金と並んで暫定的な年金を支給される。
(2) 暫定的な年金額は，従業員が退職の時点で年金支給要件が充足されたであろうときに請求権を取得する金額とする。
(3) 公的年金保険者の了解を得て，退職した従業員は企業年金規程にもとづき年金を支給される。企業年金規程で予定される保険財源計算上の減額は行われない。
(4) 受給権者が暫定的な企業年金受給期間中に死亡したときは，受給権者に与えられた給付を遺族が受け取る。
8条．(1) 59歳に達し企業年金規程にもとづいて受給資格をすでに取得している従業員は，解雇が予測されるときには使用者との合意にもとづき退職することができる。彼およびその遺族は補償金と並んで企業年金規程にもとづいて年金を支給される。
(2) 補償計画の発効時にすでに公的年金の申請をしている，もしくは65歳に達している従業員はこの補償計画にもとづく補償金を支給されない。
(3) 年金額確定の後に<u>受給権者は65歳まで年金額と従来の賃金額の差額を支給される。</u>差額支給期間中はその間に生じた賃上げは考慮されない。
(4) 65歳に達したら，1項にもとづいて退職した従業員は企業年金規程にもとづいて給付を支給される。その金額はその者が65歳まで働いた場合に得たであろう金額とする。早期引退により支給される公的年金額が減少するときには，その減少分は毎月使用者から調整額として支給される。
(5) 受給権者が65歳に達する前に死亡したときは，企業年金規程にもとづく給付は遺族に支給される。支給される金額はその者が死亡まで働いた場合に生じる金額である。それと併せて，遺族は，早期引退のために公的年金が減額された分だけの調整額を毎月支給される。
9条．(1) 55歳以上，59歳未満の従業員は使用者から通常の解雇予告期間に従って早期引退を通告されうる。早期引退の対象となりうる従業員は従業員代表の関与権に従い使

用者から選考される。選考にあたっては経営上の利害が優先される。
(2) 早期引退する労働者は遅くとも退職の当日までに所管の雇用事務所で失業手当または失業扶助を申請する義務を負う。年金申請は早期の，もしくは弾力的な年金給付の請求権発生の遅くとも3か月前までに所管の社会保険事務所で行われる。従業員が希望すれば，人事部の援助を得ることができる。
(3) 早期引退する従業員は，次のものを支給される。すなわち，

a 失業期間中はその者が早期引退する，もしくは弾力的な年金給付，または障害年金を支給される時点まで解雇制限法9条および10条にもとづいて調整支給される。調整支給は労働者が退職前12か月間の平均月給を超過することはない。失業手当または労働者が受給資格を有する失業扶助は調整支給にもとづいて算定される。労働者が病気手当を支給されているときにも準用される。

　調整支給は退職時に確定され，毎月支給される。

b 従業員が早期引退の，もしくは弾力的な老齢年金の受給権を取得すれば，本人の希望にもとづき年金支給開始まで繋ぎに金銭貸与（Überbrückungsdarlehen）される。この場合にはその者は年金受給権を譲渡する，もしくは企業から年金受給を取り消すことなしに授権しなければならない。

c 早期引退によって生じる年金受給額の減少は，その分だけ企業から上乗せ支給される。保険期間のうち，企業年金支給から63歳までの期間が算定される。上乗せ支給額は月30マルクとする。公的年金支給開始年には6か月までは月15マルクまで，その後は完全に考慮される。パートタイマーはその上乗せ支給額を，協約上の標準的な労働時間に対するその者の契約上の所定労働時間の比率に応じて支給される。

　従業員が63歳到達以前に死亡したときは，遺族は上乗せ支給額を持ち分に応じて支給され，寡婦は死亡時に支給されていた金額の60％を，両親遺児（孤児）はその金額の30％を支給される。

10条，(1) 59歳以上，63歳以下の従業員は通常の解雇予告期間を経て使用者から早期に年金支給され得る。早期引退の対象者は従業員代表が関与して，使用者から選考される。選考にあたっては経営上の必要性が優先される。
(2) 早期引退し年金を支給される労働者は，遅くとも退職の翌日には所管の雇用事務所で失業を申告し失業手当申請の手続きを取らなければならない。従業員は希望すれば人事部の援助を得る。
(3) 年金を早期支給される従業員は，公的年金支給開始までの失業期間中は解雇制限法9条，10条にもとづき補償金を，従来の賃金額と支給される失業手当（または失業扶助）の差額分だけ支給される。

〔四節，補償金〕
11条，従業員が前文で述べた理由にもとづいて退職するときにのみ，補償金が支給される。

〈資料Ⅳ〉補償計画2例

12条. (1) 従業員は退職にあたり，付属の補償金表に記載された金額分だけの補償金を支給される。
(2) 年齢および勤続年数の算定基準日は退職日である。
(3) <u>補償金の算定基礎は退職直前の月給である。</u>出来高給の場合には最後の3か月間の平均月額である。
13条. 重度障害者およびそれと同一扱いされる者は9条にもとづく補償金と並んで，さらに…マルクの上乗せ補償金を支給される。
14条. 勤続22年以上で25年表彰に達せずに退職する従業員は…マルクの追加補償金を支給される。勤続37年以上で40年表彰に達しない者および47年以上で50年表彰に達しない者の補償金額は，月給…か月分である。
15条. (1) 別の同格の職場が企業内に，または耐え得る距離内で提供され，かつ，それを拒否した従業員は補償金を支給されない。
(2) 配転されたが，新しい職務に耐え難いために配転後3か月以内に労働関係が終了した従業員は，この補償計画にもとづく補償金を支給される。<u>職務が耐え難いか否かは本人の申立にもとづき，使用者側2人および従業員代表委員2人で構成される委員会が決定する。</u>
16条. 配転されたが，1年以内に経営上の必要性により解雇された従業員はこの補償計画にもとづく補償金を支給される。

※「資料」の下線は紹介者による。

〈訳語一覧〉

Abfindung　補償金
Abgansgrat　離職率
Altersteilzeitgesetz　高齢者パート法
Anpelkonto　信号口座
Anwesenheitszeit　勤務時間
Arbeit auf Abruf　呼び出し労働
Arbeitnehmerkammer　労働者会議所
Arbeitsausfall　仕事不足
Arbeitsförderungsgesetz　雇用促進法
Arbeitsintensität　労働密度
Arbeitskapazität　生産能力
Arbeitszeitschwankungen　労働時間変動
Arbeitszeitsouveränität　労働時間主権
Arbeitszeitkonto　労働時間口座
Arbeitszeitkorridor　労働時間回廊（労働時間ゾーン）
atypische Beschäftigung　非正規雇用
Aufhebungsgespräch　退職懇談
Aufhebungsvertrag　希望退職，合意解約，退職勧奨
Ausgleichsquittung　雇用関係清算証明書
Ausgleichszeit, Ausgleichszeitraum　調整期間，清算期間
Aushilfe　臨時手伝い
außerordentliche Kündigung　非常解雇
Auswahlrichtlinien　選考指針
Bandbreitenmodelle　時間変動幅モデル
Beschäftigungsförderungsgesetz　就業促進法
Beschäftigungsgesellschaft　雇用会社
Beschäftigungssicherungsvereinbarung　雇用保障協定
betriebliche Bündnisse für Arbeit　事業所レベルの雇用のための同盟
Betriebsänderung　組織変更（事業所変更，事業変更）
betriebsbedingte Kündigung　整理解雇，経営上の理由による解雇，会社都合解雇
Betriebsrat　従業員代表，従業員代表委員会（事業所委員会，経営協議会）
Betriebsrätegesetz　従業員代表法（経営協議会法）

Betriebsvereinbarung　事業所協定（経営協定）
Betriebsverfassungsgesetz　事業所組織法（経営組織法）
Betriebsversammlung　従業員集会（事業所集会）
Bundesagentur für Arbeit = BA　連邦雇用機構（連邦雇用エージェンシー）
Dienstvereinbarung　勤務所協定
Eigenkündigung　自己都合退職
Einigungsstelle　仲裁委員会
Entlassung　人員削減（解雇と希望退職の両方を含む）
Ermessensspielraum　裁量の余地
Erwerbsfähigkeit　就業能力，稼得能力
Erwerbslosenunterstützung　失業者扶助
Erwerbstätigenquote　就業率
Fluktuationsquote　離職率
Fortbildung　能力開発訓練，継続訓練
Frühverrentung　早期引退
Funktionszeit　フレックスタイム時間帯
Gleitzeit, gleitende Arbeitszeit　フレックスタイム制
Gratifikation　特別給付
Kurzarbeit　操業短縮
Kurzarbeitergeld　操業短縮手当
Leistungsprämien　業績手当
Manteltarifvertrag　包括協約，基本協約
Mehrarbeit　法外超勤，超過労働
Normalarbeitsverhältnissen = NAV　正規雇用，標準的雇用関係
Notfallklausel　非常時条項
ordentliche Kündigung　通常解雇
Personalabbau　人員削減
Personalabgang　離職
Personalanpassungsmaßnahmen　雇用調整
Personalbeurteilung　人事評価（人事考課）
Personaleinsatzplan　配置計画
Personalplan　要員計画（人事計画）
personelle Auswahlrichtlinien　人事選考指針
Qualifizierungsgesellschaft　資格向上会社，職業訓練会社
Rahmentarifvertrag　枠組協約（基本協約）
Regelungsabrede　規制合意

〈訳語一覧〉

Sonderschicht　休日出勤，土曜出勤
Sonderzahlung　特別支給
Sozialauswahl　社会的選考
Sozialplan　補償計画（社会計画）
Sprecherausschußgesetz　管理職代表法
Stammbelegschaft　常用雇用
Standortsicherung　立地確保
Subunternehmen　下請企業
Transfergesellschaft　再就職支援会社
Transferkurzarbeitergeld　再就職操短手当
Transfersozialplan　再就職補償計画（再就職社会計画）
Treugeber　信託者
Treuhändler　受託者
Treuhandanstalt　信託公社
Treuhandkonto　信託口座
Übergangsgeld　移行手当
Überstunde　時間外労働，残業
Ultima-ratio-Prinzip　最終手段の原則
Umschulung　転換訓練
Umsetzung　配置転換
Ver. di.　統一サービス産業労働組合
versetzte Arbeitszeit　変則的交替制勤務
Versetzung　配置転換
Vertrauensarbeitszeit　信頼労働時間
Vorruhestand　早期引退
Weiterbildung　職業訓練，継続教育
Wertguthaben　価値残高
Zeitfreiheit　時間決定の自由
Zeitguthaben　時間残高（時間貸方，貸し時間）
Zeitschuld　時間債務（時間借方，借り時間）

# 索　引

## か　行

解雇回避措置　27
監査役会　187
企業主決定　185
希望退職　8, 11, 23, 26, 29, 37, 68, 158
休暇規定変更　60
共同決定法　56, 215
均衡のとれた従業員構成　188, 196
景気変動的操短手当　117
景気変動的な操業短縮　45
経済社会科学研究所　59
高齢者パート　68, 70, 107, 149
雇用機構　116, 149, 128
雇用同盟／雇用のための同盟　40, 44, 47, 50, 60, 76
雇用保障（雇用同盟）協定　44, 46-48, 53, 120

## さ　行

最終（最後的）手段の原則　189
最終手段　37
再就職支援会社　62, 65, 126, 140, 214
再就職操短手当　116, 124
再就職補償計画　140
刷新・競争力向上同盟　43
資格向上会社（企業）　37, 114
自己都合退職　28, 160, 168
社会機会研究所　76
社会的選考／社会的観点　16, 21, 31-33, 35, 38, 153, 164, 170, 188, 197, 215
熟考期間　168, 183, 256
信号口座　89
人事考課（評価）　25, 79

人事選考指針　153, 189, 190
信頼労働時間　85, 111
選択労働時間制　90
先任権　19-21
早期引退　15, 23, 28, 36, 37, 68, 103, 107, 108, 160, 167, 169
操業短縮　60, 113, 194
操業短縮手当　113, 115
組織変更　14, 115, 187, 211

## た　行

退職勧奨　8, 26
退職懇談　165
男性稼ぎ手モデル　108
点数表　34, 35, 39, 208
ドルトムント社会研究所　76

## は　行

パートタイム　146, 150
配置転換／配置換え　27, 30, 60, 68, 152, 192
派遣労働（者）　63, 68, 127, 143
被解雇者名簿　25, 39, 198
フォルクス・ワーゲン社　66, 86
付随的労働費用　137
プフォルツハイム協定　42
フレックスタイム制　75, 80-82, 111
閉店時間法　90
ベルリン社会研究センター　106
補償計画　213

## ま　行

ミニジョブ　146
モンタン共同決定法　11

## や　行

有期雇用　65, 145
要員計画　157, 191
要員調整課　154
呼び出し労働　89

## ら　行

利益調整　25, 26, 167, 212
連邦職員労働協約／連邦職員に適用される労働協約　78, 203, 214

労働時間回廊　80, 85, 88, 103, 104, 111
労働時間口座　41, 45, 48, 51, 58, 60, 68, 73, 93, 131
労働時間主権　100–111
労働時間短縮　27, 37, 41, 45, 49, 74, 88
労働市場・職業研究所　58
労働条件変更　193

## わ　行

ワーク・ライフ・バランス　108

■著者紹介

藤内　和公（とうない　かずひろ）

1952年　大分県生まれ
1977年　九州大学法学部卒業
1982年　九州大学大学院法学研究科博士課程単位取得退学
1982年　岡山大学法学部助手
1984年　同助教授
1992年　同教授（現在に至る）

**主要著書**
『ドイツの従業員代表制と法』法律文化社，2009年

Horitsu Bunka Sha

## ドイツの雇用調整

2013年6月1日　初版第1刷発行

著　者　藤　内　和　公
発行者　田　靡　純　子
発行者　株式会社　法律文化社

〒603-8053
京都市北区上賀茂岩ヶ垣内町71
電話 075(791)7131　FAX 075(721)8400
http://www.hou-bun.com/

＊乱丁など不良本がありましたら，ご連絡ください。
　お取り替えいたします。

印刷：中村印刷㈱／製本：㈱藤沢製本
装幀：白沢　正
ISBN 978-4-589-03515-8

©2013 Kazuhiro Tonai Printed in Japan

JCOPY　＜(社)出版者著作権管理機構　委託出版物＞

本書の無断複写は著作権法上での例外を除き禁じられています。複写される
場合は，そのつど事前に，(社)出版者著作権管理機構（電話 03-3513-6969
FAX 03-3513-6979, e-mail: info@jcopy.or.jp）の許諾を得てください。

藤内和公著
## ドイツの従業員代表制と法
A5判・506頁・10500円

ドイツの従業員代表の法制，運用の実際と意義を総合的に解明した論文集。近時，議論されている労働者代表法制など，日本の集団的労働条件法理への示唆を与える著者の研究の集大成。実務家・研究者必携の書。

高橋賢司著
## 解　雇　の　研　究
―規制緩和と解雇法理の批判的考察―
A5判・360頁・7560円

失業対策と労働市場活性化を名目として唱えられた解雇法制の規制緩和論を，EU法・ドイツ法の比較研究を踏まえて批判的に考察。社会的包摂を包含する法理の発展を探求するとともに，日本の解雇法制への規範的視座を提示する。

大橋範雄著
## 派遣労働と人間の尊厳
―使用者責任と均等待遇原則を中心に―
A5判・222頁・3675円

規制緩和の進む派遣法に歯止めはかけられないのか。派遣労働関係における使用者責任と労働者の権利を日本とドイツの派遣法の比較を通して考察・検証し，日本の（法の）あるべき方向を探る。ドイツ派遣法の全訳を収載。

名古道功・吉田美喜夫・根本 到編［NJ叢書］
## 労　働　法 I　集団的労働関係法・雇用保障法
A5判・290頁・3045円

吉田美喜夫・名古道功・根本 到編［NJ叢書］
## 労　働　法 II　個別的労働関係法
A5判・388頁・3675円

法律や判例の抽象的な説明にとどまらず，労使関係の実態をふまえて基本事項を解説した体系的教科書。初学者以外に働く人びとにも理解しやすく丁寧に叙述し，学説・判例は客観的に解説した。I，IIで労働法全体をカバーし，変動する労働世界に即応できる問題意識と法的思考力を養う。

―― 法律文化社 ――

表示価格は定価（税込価格）です